KB266399

다크 팩터

벤야민 E. 힐비히·모르텐 모스하겐·잉고 제틀러 지음 | 박규호 옮김

# 다크 팩터

## 우리 안에 숨은 악의 본성

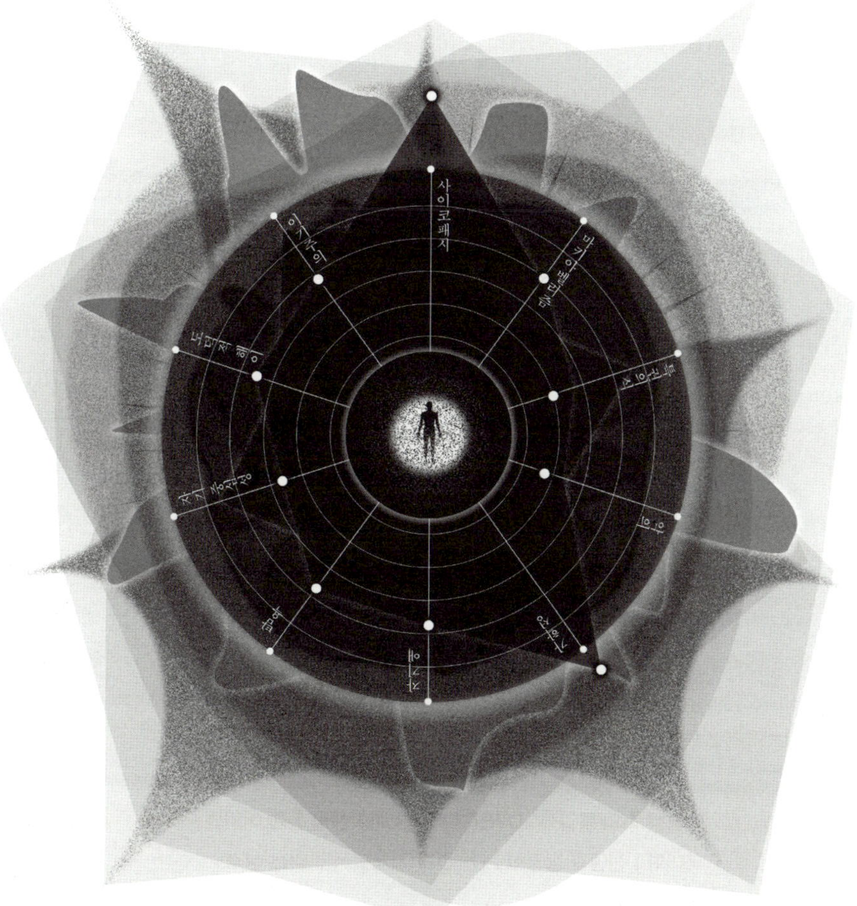


은행나무

다크 팩터 – 우리 안에 숨은 악의 본성. 왜 이 책일까요? 그리고 왜 이 세 명의 저자들이 이 책을 썼을까요? 훌륭한 서문이라면 아마도 이렇게 시작할 것입니다. 이 책의 저자들은 범죄 드라마 《타토어트(Tatort)》의 모든 에피소드를 줄줄이 꿰고 있고, '범죄 실화' 팟캐스트 없이는 (아니면 덕분에?) 잠들지 못하며, 오랜 시간 유명한 악한(惡漢)들의 전기를 탐독해 왔노라고 말입니다.

우리는 형사나 법의학자, 혹은 형사 사건 전문 변호사일지도 모릅니다. 아니면 실제로 교도소에 수감된 적이 있거나, 극단주의 테러 조직에서 탈퇴한 경험이 있거나, 수십억 규모의 경제 스캔들을 폭로한 내부 고발자일지도 모르지요.

하지만 그 어떤 것도 사실이 아닙니다. 우리는 과학자입니다. 잠깐, 그렇다고 당장 이 책을 덮지는 말아주십시오.

'악'이란 살인이나 폭행 같은 극단적인 범죄만을 의미하지는 않습니다. 형법에 규정된 내용만으로 한정되지도 않습니다. 악은 우리 모두와 관련되어 있으며, 의외로 흔하고 일상적인 행동에서부터 시작됩니다. 예를 들면 불륜, 혐오 댓글, 거짓말, 부정 행위 등이 그러합니다. 이보다 훨씬 더한 행위도 충분히 가능합니다. 모든 사람의 마음속에는 많든 적든 악한 행동을 할 수 있는 잠재력이 있습니다. 바로 이것이 이 책의 주제인 '악한 성향의 본질'입니다.

인간의 성향은 심리학의 한 분야인 '성격 연구'에서 일반적으로 다루는 대상입니다. 여기서는 사람들이 일반적으로 어떤 특성에서 서로 다른지를 연구합니다. 어떤 사람은 다른 사람보다 더 불안해하거나 더 지적이거나 더 관대하거나 더 조급해하는 등 다양한 차이가 나타납니다.

왜 그럴까요? 왜 모든 직원이 새 보스의 취임사를 좋아하는 것은 아닐까요? 왜 누구나 다 길에서 주운 지갑을 분실물 센터에 가져가지 않는 걸까요? 왜 어떤 사람은 가장 좋은 실적을 훨씬 수월하게 뽑아낼까요? 왜 누구는 남보다 더 악한 성향을 지니고 있을까요? 또 그러한 성향은 어떻게 우리 삶의 다양한 영역에 영향을 미칠까요?

그동안 우리는 성격 특성과 사람들 간 행동 차이에 대해

15년 넘게 함께 연구해 왔습니다. 그 과정에서 특히 세 가지 반의 사실이 큰 도움이 되었습니다.

1. 우리는 언제나 함께였습니다.

과학, 특히 심리학의 여러 분야는 팀 스포츠와도 같습니다. 우리는 연구를 시작할 때 주제 선택의 자유와 막대한 지원을 받을 수 있었습니다. 많은 뛰어난 동료들과 협력할 기회를 얻었고, 젊은 연구자들을 지도하는 행운도 누렸습니다. 그들은 우리 연구에 영감을 주고, 함께 이끌어 가고, 때때로 근본적인 발전을 가능하게 해주었습니다. 이런 조건이 없었다면 이 책의 토대가 된 연구는 적어도 지금과 같은 규모로는 진행하지 못했을 것입니다.

2. 우리는 형사도 변호사도 아닐 뿐만 아니라, 애당초 성격 심리학에서 연구를 시작한 것도 아니었습니다.

처음에는 주로 판단과 의사 결정 연구, 방법론과 통계, 산업 심리학과 조직 심리학 분야에서 일했습니다. 말하자면 성격 연구 분야에 '외부자'로 들어온 셈입니다. 이것이 오히려 장점이 되었습니다. 특정 학파(고집 센 기성 학자들)의 영향에서 자유로웠기에 비교적 편견 없이 연구할 수 있었고, 멘토나 상급자에게 제지당하지 않고 기존 학계의 합의에 의문을 제기할 수 있었습니다.

　3. 우리의 각자 다른 연구 배경은 특히 '악한 성격' 연구에서 매우 훌륭하게 서로를 보완했습니다.

　벤은 윤리적, 사회적 의사 결정에 초점을 맞추었습니다. 사람들이 어떤 상황에서 서로 협력하기보다 타인을 이용하려 드는지, 또 진실보다 거짓을 택하는지를 연구했습니다.

　모르텐은 통계적 측정과 분석 방법을 연구했습니다. 이러한 방법은 흔히들 감추려고 하는 문제 행동, 이를테면 불륜 행위 같은 것에 대해 신뢰할 만한 추정을 가능하게 해주었습니다.

　잉고는 직장에서의 문제 행동, 예컨대 회사 물품 절도나 동료 따돌림 같은 것들을 연구하고, 어떤 근무 환경에서 어떤 사람들이 이런 행동에 더 쉽게 기울어지는지를 살펴보았습니다.

　이렇게 서로 다른 관점을 한데 모으는 방식으로 우리는 악한 성격 연구에서 다양하면서도 서로 잘 보완되는 시각을 얻을 수 있었습니다.


　3½. 우리는 우연 덕분에 만날 수 있었습니다.

　벤과 잉고는 본 대학교에서 우연히 함께 공부했고, 벤과 모르텐은 만하임 대학교의 같은 부서에서 우연히 박사후연구원으로 함께 근무했습니다. 대학 동기나 동료라고 해서 모두 함께 연구하고 싶어 하는 것은 아닐 테니 개인적인 화합도 분명 중요한 역할을 했을 것입니다. 우리가 이렇게 함께 책을 쓸 생각을 한 것만 봐도 적어도 서로 전혀 맞지 않는 사이는 아니란 것을 알 수 있습니다.

박사학위를 막 마친 이 세 명의 심리학자는 우연히 서로 만나 각기 다른 능력을 보완하며 악한 행동을 이해하려는 공통 관심사를 공유하게 되었습니다. 그리고 우선 연구자들이 일반적으로 하는 것처럼 이 주제에 대해 다른 학자들이 이미 써놓은 글을 가능한 한 많이 읽는 것부터 시작했습니다.

실제로 많은 심리학자들은 이미 사람들 간의 차이를 설명하고, 악한 행동을 이해하는 데 중요한 역할을 한다고 여겨지는 여러 가지 '어두운 성격 특성'들을 규정해 놓았습니다. 잘 알려진 예로는 탐욕, 자기애, 사이코패스 성향, 가학성 등이 있습니다.

우리가 이 주제에 대해 더 많이 읽고 학회 등에서 더 많이 들을수록, 그리고 각 성격 특성을 자세히 살펴볼수록 한 가지 사실이 점점 더 분명해졌습니다. 본질적으로, 그리고 핵심적인 특징에 있어서 이른바 '어두운 성격 특성'들은 서로 크게 다르지 않다는 점입니다.

다양한 자동차 모델을 떠올리면 이해가 쉽습니다. 겉모습은 제각각이고 내장재나 엔진도 다릅니다. 하지만 기본적으로 모든 자동차는 같은 요소(프레임, 핸들, 엔진, 바퀴)로 구성되어 있으며, 사람을 한 지점에서 다른 지점으로 이동시키는 공통된 기능을 수행합니다. 물론 어떤 자동차는 부를 과시하거나 환경 의식을 드러내는 용도로 쓰이기도 합니다. 그렇다고 해도 본질적 기능은 같습니다.

이 책에서 다루는 어둡고 악한 성격 특성들의 핵심도 이와 마찬가지입니다. 우리는 이러한 악한 성격의 본질을 성격의 '다크 팩터(Dark Factor)', 줄여서 'D-인자(D-Factor)'라고 부릅니다. D-인자는 한 개인이 이런저런 악한 행동을 보일 가능성을 결정합니다. D-인자를 연구하고 이해하는 것이 더욱 중요한 이유는 누구도 악한 행동의 피해자가 되고 싶어 하지 않기 때문입니다.

자신이 특별히 악하지 않더라도 모든 악한 성격 특성이 하나의 공통된 핵심으로 연결되어 있다는 사실을 명확히 인식한다면, 이 세상과 자신의 개인적, 직업적 삶을 훨씬 더 잘 이해할 수 있습니다. 그리고 이런 공통된 핵심의 존재는 곧 하나의 악한 성격 특성이 거의 언제나 다른 악한 성격 특성과 함께 나타날 수 있다는 뜻이기도 합니다.

거짓말을 잘하는 사람은 타인의 신뢰를 악용하거나 부당한 이익을 취하거나 남을 깎아내리는 소문을 퍼뜨릴 가능성도 큽니다. 비록 당신 자신은 그렇지 않을지라도 주변에서 이런 모습을 본 적이 분명히 있을 것입니다.

모든 어두운 성격 특성에 공통된 핵심 사항이 있다는 생각을 우리가 처음으로 한 것은 아닙니다. '거인의 어깨 위에 올라서서 본다'는 말이 있듯이 우리는 모두 위대한 선배들의 업적 위에 서 있습니다. 그러나 이 주제를 우리만큼 집중적으로 연구한 곳은 거의 없다고 자부합니다. 우리는 2012년부터 D-인자 개념을 발전시켜 왔고, 2018년에는 핵심 이론과 최초의 주요 연구 결과를 발표했습니다.

어두운 성격 특성의 공통된 핵심을 설명하는 데이터를 우리만큼 방대하게 축적한 연구자도 거의 없다고 말할 수 있습니다. 지금까지 우리의 D-인자 연구에는 전 세계 거의 모든 나라에서 약 250만 명이 참여했습니다.

우리는 D-인자에 대해 우리가 아는 거의 모든 내용을 이 책에 담았습니다. 먼저 모든 악한 성격 특성이 갖는 공통적인 핵심 사항이 무엇인지, 사람마다 D-인자를 어떻게 측정하고 비교할 수 있는지, 성별이나 학력이나 지능 같은 다른 특성들과 어떤 관계가 있는지를 살펴보려 합니다. 그런 다음 이것이 나이에 따라 어떻게 변하는지, 유전적 요인이 있는지, 사회적 환경은 어떤 영향을 미치는지 등도 다룰 것입니다.

D-인자의 영향력도 살펴보려 합니다. 가치와 도덕, 정치

적 태도, 나아가 국가 차원의 기후 환경 정책과 어떤 관련이 있는지, 높은 D-인자를 지닌 리더는 어떤 모습을 보이는지, 파트너십에는 어떤 영향을 미치는지 등을 탐구할 것입니다.

더 근본적인 질문에도 답하려 합니다. 악하게 사는 것이 과연 이득일까요? 그것이 결국 행복과 만족으로 이어질까요? 아니면 외롭고 병들게 할까요?

우리의 목표는 D-인자와 그 영향에 대해 지금까지 축적된 지식을 명확하고 간결하게 설명하는 것입니다. 여기서 '명확하고 간결하게'라는 말은 복잡한 현실과 연구 방법의 정밀함, 통계적 명증성, 수년에 걸친 학문적 작업 과정 등을 단순화하고 일반화한다는 뜻이기도 합니다. 이는 의도적인 선택입니다. 우리가 약 380쪽 분량의 이 책을 통해서 하려는 일은, 최대한 많은 독자에게 우리의 주제를 소개하고 현재 연구 현황에 대한 통찰을 제공하는 것입니다.

물론 학술적으로 철저하게 검토된 독자적인 연구도 존재합니다. 세세한 부분까지 논리적으로 검증되고, 전문 용어로 표현되며, 복잡한 수학적 통계적 모델을 기반으로 하고, 소수점 셋째 자리까지 정확히 기술된 그런 연구입니다. 더 깊이 알고 싶으신 분들을 위해 이 책의 끝(참고문헌)에 연구 이론과 방법, 성과를 학술적으로 상세히 설명해 놓은 관련 저술들을 소개해 두었습니다.

이 책은 앞서 언급한 학문적 저술뿐 아니라 방대한 양의 추가 자료를 바탕으로 하고 있습니다. 여기서 우리가 D-인자나 사람들의 이런저런 악행에 대해 구체적으로 언급할 때, 그것은 언제나 예외 없이 이미 확보된 광범위한 데이터에 근거한 것입니다. 아직 학술지에 정식으로 실리지 않은 데이터라 할지라도 마찬가지입니다.

우리는 단지 연구 성과를 나열하는 데서 그치려는 것이 아닙니다. 이 책을 통해 여러분은 아마도 높은 D-인자를 지닌 사람을 어떻게 알아볼 수 있을지에 대한 힌트를 얻고, 그 덕분에 실제로 그런 사람과 마주치는 일을 피할 수 있게 될지도 모릅니다. 아마도 자기 자신과 자신의 신념을 다시 돌아보거나 타인의 행동을 더 잘 이해하고 판단하는 방법을 배우게 될지도 모릅니다. 아마도 어떤 조건을 없애거나 또는 만들어 내야 직장에서, 동호회에서, 조직에서, 아니면 사회 전체 차원에서 악행의 싹이 움트는 토양을 줄여갈 수 있을지 알게 될지도 모릅니다.

이 책과 그 토대가 된 오랜 연구가 여러분 개인과 주변 사람들이, 우리 모두가, 나아가 미래 세대가 조금이라도 더 '나은' 삶을 함께하는 데 도움이 된다면 그것만으로도 충분히 보람 있는 일일 것입니다.

한 가지 분명히 해둘 것이 있습니다. 우리가 D-인자를 연구했다고 해서 그것에 대한 면역력이 생기거나 세상에서 가장 낮은 수준의 D-인자를 갖게 된 것은 아닙니다. 다만 이 주제에 깊이 천착함으로써 우리 자신과 다른 사람들의 행동을 더 잘 이해하는 데 큰 도움을 얻을 수는 있었습니다. 여러분도 같은 경험을 하시길 바랍니다.

D-인자를 제대로 이해하기 위해서는 먼저 '악한 행동이란 무엇인가'부터 명확히 해야 합니다. D-인자는 모든 형태의 악한 행동에 관여하기 때문입니다. 그러므로 악한 행동의 근본적 특징과 이를 설명하는 성격 심리학의 기본 개념부터 살펴보려 합니다.

본격적으로 D-인자를 배우기 전에, 여러분 스스로의 D-인자를 편견 없이 확인해 볼 좋은 기회가 있습니다. 다음의 사이트를 방문해 보십시오.

https://qst.darkfactor.org/

즐거운 독서의 시간이 되기를 바랍니다.

벤, 모르텐, 잉고

# 1장

# 악한 행동이란 무엇인가?

악한 행동이란 무엇인가?

대부분의 사람들은 '악하다'라고 부를 만한 행동을 어렵지 않게 머릿속에 떠올릴 수 있습니다. 사기, 절도, 혐오 발언, 부패, 학대, 따돌림, 살인, 탈세, 불륜, 기물 파손 같은 것들입니다. 그런데 악한 행동이란 정확히 무엇일까요?

언뜻 보기에 악한 행동은 쉽게 알아볼 수 있을 것 같습니다. 가령 누군가를 때리는 것은 악한 행동입니다. 하지만 그 사람이 상대로부터 먼저 공격을 받아 방어하기 위해 때렸다면 어떨까요? 판단은 좀 더 복잡해집니다. 권투 경기에서 상대를 때리는 경우라면? 이것을 악한 행동이라고 말하는 사람은 아마도 거의 없을 것입니다.

그 밖에 문화적 차이도 존재합니다. 어떤 사회에서는 아이를 '교육적인 이유'로 때리는 것이 사회적으로 용인되지만,

다른 사회에서는 악한 행동으로 여겨집니다. 그렇다면 이 책에서 말하는 '악한 행동'은 정확히 무엇을 의미할까요?

따로 책 한 권을 쓸 수 있을 만한 주제이지만 여기서는 세 가지 핵심 특징으로 간단히 정리하겠습니다.

1. 타인에게 해를 끼친다.
2. 상호 합의에 의한 것이 아니다.
3. 사회적 관점에서 윤리적·도덕적으로 정당화될 수 없다.

## 악한 행동의 세 가지 특징

첫째, 악한 행동은 타인, 사회, 무수히 많은 사람들, 나아가 인류 전체에까지 해를 끼칩니다. 타인에 대한 폭행, 탈세(사회에 해를 끼침), 환경 파괴(무수히 많은 사람에게 해를 끼침), 대량 살상 무기의 사용(인류 전체를 위협함) 등이 그렇습니다.

둘째, 악한 행동은 상대방의 의사에 반하여 합의 없이 해를 가합니다. 다시 말해서 피해를 입는 개인이나 집단이 스스로 그 피해에 동의하거나 허락하지 않았다는 뜻입니다. 물론 누가 피해를 입는 데 동의하겠느냐고 반문할 수도 있겠지만, 누군가가 피해를 입어도 그것을 악한 행동이라고 말하지 않는 상황이 실제로 있습니다.

권투 경기에서 두 선수가 서로 타격을 가할 때가 바로 그런 상황입니다. 엄연히 신체적 손상이 일어나지만 두 선수는 사전에 권투 경기라는 특정 규칙 안에서 서로 때리기로 합의했습니다.

얼굴에 강한 펀치를 날리는 행위가 길거리나 술집에서 벌어진다면 악한 행동으로 평가되겠지만, 권투 경기에서는 합의가 있기 때문에 '악하다'고 말하지 않는 것입니다. 반대로 같은 경기 안에서도 상대방의 귀를 물어뜯는 등 합의된 규칙에서 벗어나는 행위는 악한 행동으로 간주됩니다.

셋째, 악한 행동은 사회적 관점에서 윤리적·도덕적으로 정당화될 수 없습니다.[*] 이것은 매우 중요하면서도 결코 간단히 판단할 수 없는 특징입니다. 이것이 왜 중요한지, 구체적으로 어떤 어려움이 있는지 다음에서 좀 더 자세히 살펴보겠습니다.

---

[*]  윤리와 도덕은 유사하지만 동일하지는 않습니다. 윤리는 옳고 그름에 관한 보편적인 원칙을 의미하는 반면, 도덕은 특정 집단 안에서 옳거나 그르다고 여겨지는 구체적 규범과 규칙을 말합니다. 실제 상황에서는 윤리적 원칙과 도덕적 규범이 대체로 같은 결론을 내리므로 이 책에서는 두 개념을 구분하지 않고 함께 다루겠습니다. 다만 7장에서는 다시 한 번 그 차이를 짚어 보려 합니다.

한 사회 안에서 공유되는 윤리와 도덕의 기준을 고려하는 것은 왜 중요할까요? 그 이유는 개인에게 합의 없이 해를 끼치지만 사회적으로 용인되거나 심지어 지지받는 행위가 존재하기 때문입니다. 이런 행위는 '악한 행동'으로 간주되지 않습니다.

이는 형벌 제도를 보면 잘 드러납니다. 징역형은 판결을 받은 사람에게 분명한 해를 끼치지만 합의 없이 실행됩니다. 대부분의 피고인은 감옥에 가는 것에 스스로 동의하지 않습니다. 만약 '악한' 행동의 기준이 단순히 상대방이 합의하지 않은 상태에서 피해를 입었는지 여부라면 판사나 형 집행관의 행동은 악하다고 보아야 합니다.

그러나 사회는 이를 악으로 보지 않습니다. 왜냐하면 우리는 일정한 조건하에서 징역형을 선고하는 것을 정당하게 여기기 때문입니다. 범죄 억제, 타인 보호, 피해 회복 같은 특정한 목표가 있다면, 누군가에게 그 자신의 의사에 반하여, 즉 합의 없이 해를 가하는 것도 사회적 관점에서 정당화됩니다. 징역형을 선고하고 집행하는 것은 사회가 공유하는 윤리와 도덕의 틀 안에서 이루어지므로 '악한 행동'으로 간주되지 않습니다.

반면에 사회가 공유하는 윤리와 도덕의 기준에 명확히 부

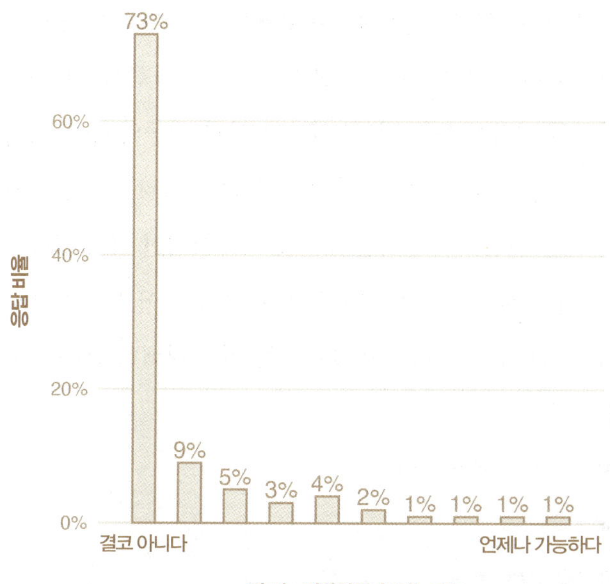


그림 1. 66개국 약 10만 명을 대상으로 절도가 정당화될 수 있는지를 설문 조사한 결과. 표시된 수치는 모두 반올림한 값.

합하지 못하는 행위는 집단적 관점에서 거의 혹은 전혀 도덕적으로 정당화될 수 없습니다. 2017년부터 2023년까지 66개국에서 약 10만여 명이 참여한 국제적 설문 조사에 따르면, 응답자의 73%가 절도는 결코 정당화될 수 없다고 답했습니다(그림 1 참조). 독일의 응답자 약 1,500명 가운데서는 그 비율이 무려 90%에 달했습니다. 나머지 응답자들 중 거의 대부분이 역시 절도를 정당화될 수 없는 행위라고 보고 있었습니다.

다시 말해서 절도는 일반적으로 통용되는 윤리적·도덕적 관념에 부합하지 않는다는 강력한 사회적 합의가 존재합니다.

이러한 결과를 놓고 볼 때 절도는 악한 행동의 좋은 예시가 됩니다. 1. 절도는 다른 사람에게, 즉 도둑맞은 사람에게 해를 끼칩니다. 2. 피해자는 도둑맞기로 합의한 적이 없습니다. 3. 다른 사람의 것을 훔치는 일은 사람들이 윤리적으로나 도덕적으로 정당하다고 생각하는 것에 명백히 반하는 행위입니다.

여기까지는 좋습니다.

### 단언할 수는 없다!

절도는 정말로 결코 정당화될 수 없는 것일까요? 사실 그렇게 단순하지는 않습니다. 서로 다른 여러 윤리적·도덕적 원칙이 대체로 비슷한 판단에 도달하는 것은 맞지만, 특정 원칙이 서로 충돌하는 예외적인 경우도 존재합니다. 이를 도덕적 딜레마라고 부릅니다. 그 대표적인 사례 중 하나가 바로 '하인츠 딜레마'입니다.

하인츠의 아내가 죽어가고 있습니다. 하지만 아내를 살릴 수 있는 약이 있습니다. 이 약은 어느 약사가 개발했는데, 오직 그 사람만이 제조할 수 있습니다. 약사는 재료비로 200유로를 들여 만든 작은 약병 하나를 2,000유로에 판매합니다. 보험사는 약값을 보장해 주지 않고, 하인츠의 수중에는 1,000유로밖에 없습니다. 하인츠는 약사에게 아내가 죽어 간다고 호소하며 약을 더 싼 값에 팔아 주거나, 아니면 나머지 금액을 나중에 지불할 테니 일단 약을 줄 수 없겠냐고 부탁합니다. 그러나 약사는 "안 됩니다. 이 약은 내가 개발한 것이고, 나는 돈을 벌어야겠소!"라고 단호하게 말합니다.

하인츠는 약국에 몰래 침입해서 아내에게 줄 약을 훔쳐야 하는 걸까요? 그런 절도는 정당화될 수 있을까요, 아니면 악한 행동일까요? 여러분이 하인츠라면 어떻게 하시겠습니까?

하인츠 딜레마가 보여 주듯이 어떤 행동이 합의되지 않은 상황에서 남에게 피해를 주는 방식으로 이루어졌더라도 곧바로 '악하다'고 규정하기 어려울 때가 있습니다. 서로 다른 윤리적·도덕적 원칙들이 각기 다른 판단을 내릴 수 있기 때문입니다.

이런 도덕적 딜레마에 대해서는 7장에서 다시 자세히 다루기로 하겠습니다. 지금은 어떤 행동이 윤리적·도덕적으로 정당화될 수 있는지 여부가 언제나 명확하게 판정될 수 있는 것은 아니라는 사실 정도만 염두에 두시기 바랍니다.

그런데도 사회 다수가 공유하는 윤리적·도덕적 신념을 살펴보는 것은 우리의 논의를 위한 좋은 출발점이 됩니다. 투옥이나 절도 사건처럼 아주 많은 상황에서 그러한 평가가 명확히 내려집니다. 심지어 하인츠 딜레마와 같이 복잡하고 경계가 모호한 상황에서도 어느 정도 합의는 이루어지기 때문에 더욱 그렇습니다.

실제로 많은 사람들은 이 사례에서 약을 훔치는 행위가 예외적으로 정당화될 수 있다고 보았습니다. 그 이유는 무엇보다도 피해를 본 약사가 악한 사람으로 여겨지거나, 그의 행동이 약국에 침입해 약을 훔치는 행위보다 더 악하다고 판단되기 때문입니다.

철학적으로 표현하면, 재산권보다 생명권이 일반적으로 더 큰 가치를 가진다고 본 것입니다. 본래 악한 행동이지만 더 악한 행동을 방지한다거나 지독히 악한 사람을 상대로 행해진다는 이유로 정당화될 수 있다는 원칙이 작용한 것입니다. 이는 다른 사람들을 도덕적으로 평가할 때나, 〈헝거게임(The Hunger Games)〉의 '캣니스 에버딘'이나 '로빈 후드' 같은 허구적 인물을 도덕적으로 판단할 때도 작용합니다.

많은 경우에 우리는 집단적으로 공유하는 윤리적·도덕적 정당성을 기준 삼아 행동을 평가할 수 있습니다. 물론 이것은 어디까지나 하나의 기준일 뿐입니다. 무엇이 용인될 수 있고 무엇이 바람직한지에 대해서는 사회마다 시대마다 상당히 다른 관점을 가질 수 있기 때문입니다.

처음에 언급했듯이 어떤 사회에서는 아이에 대한 체벌이 여전히 합법적이고 일반적이지만 다른 사회에서는 금지되고 낙인찍히기도 합니다. 현재 체벌이 금지된 사회에서도 과거에는 그것이 합법이었던 경우가 많습니다. 독일만 해도 2001년까지는 허용되었습니다. 이처럼 일반적으로 공유되는 윤리적·도덕적 관념은 사회마다 다를 수 있고, 시간이 흐름에 따라 변할 수 있습니다.

이 점은 앞서 소개한 국제적 설문 조사에서도 분명히 드러납니다. '남편이 아내를 때리는 행동이 정당화될 수 있는가?'라는 질문에 독일 응답자의 약 96%가 절대 정당화될 수 없다고 답했습니다.[*] 볼리비아에서는 75%, 홍콩에서는 60%만이 같은 답을 했습니다. 하지만 불과 10년 전만 해도 독일인 응답자 가운데 남성이 아내를 때리는 행동이 결코 정당화될 수 없다고 답한 비율은 80%에 못 미쳤습니다.

그러므로 어떤 행동이 그 사회 다수의 윤리적·도덕적 신념에 부합하지 않기 때문에 '악하다'고 말하려 한다면, 다른 사

---

[*] 나머지 4%의 응답자 중에서도 대부분은 '거의 정당화될 수 없다'고 답했습니다.

회나 다른 시대에서는 판단이 달라질 수도 있다는 사실을 항상 염두에 두어야 합니다.


## 악한 행동은 실제로 얼마나 자주, 얼마나 심각하게 일어나는가?


악한 행동이란 앞서 정의했듯이 타인에게 해를 끼치고, 서로 합의되지 않았으며, 사회가 공유하는 윤리적·도덕적 관념에 어긋나는 행위입니다. 그렇다면 이런 악한 행동은 실제로 얼마나 자주 일어나고, 얼마나 큰 피해를 초래할까요? 이에 답하기 위해 비교적 신뢰할 수 있는 수치가 존재하는 형법 관련 영역부터 살펴보겠습니다. 물론 이것은 어디까지나 부분적인 예시에 불과합니다.

가장 명확한 형태의 악한 행동 중 하나는 타인에 대한 신체적 폭력입니다. 국제 연합(UN)의 추정에 따르면 매년 40만 명 이상이 살해당하고, 수백만 명이 신체적 공격을 당하고 있습니다. 독일의 경우 경찰 범죄 통계에 따르면 2024년 한 해 동안 인질극, 폭행, 살인과 같은 폭력 범죄가 21만 7,277건이나 발생했습니다. 세계 보건 기구(WHO)는 전 세계 여성의 약 30%인 10억 명이 넘는 여성들이 평생 한 번 이상 신체적 혹은 성적 폭력을 경험하는 것으로 추정합니다. 독일만 보더라도 2024년 경찰 통계에 따르면 1만 3,000건 이상의 강간, 성적 강요, 중대한 성폭력과, 1만 6,000건 이상의 아동 성학대 사건이 보고되었습니다. 경찰에 신고조차 되지 않은 사건들은 말할 것도 없습니다.

폭력 행위로 인해 발생하는 신체적 피해와 빈번히 그에 동반되는 정신적 피해 말고도 많은 고통을 초래하는 또 다른 형태의 악한 행동들이 있습니다. 여러 연구에 따르면 전체 청소년의 약 25~50%가 한 번 이상 사이버 또는 온라인 괴롭힘(Mobbing)의 피해자가 된 경험이 있으며, 성인의 10% 이상이 직장 내 괴롭힘이나 성희롱을 최소 한 번 이상 겪은 것으로 추정됩니다. 특정 국가나 업종에서는 이 수치가 80%를 넘어서는 경우도 보고되고 있습니다. 괴롭힘의 피해자들은 심각한 정신적 후유증과 자살 시도의 위험을 겪는 것으로 알려져 있습니다.

마지막으로 타인의 신체적, 정신적 안전을 직접적으로 위협하지는 않지만 개인이나 사회 전체에 큰 피해를 주는 악한 행동에 관한 몇 가지 수치를 살펴보겠습니다. 유럽 연합(EU)에서는 2022년에 약 510만 건의 절도와 120만 건의 주거 침입이 경찰에 신고되었습니다. 유로폴(Europol)의 조사에 따르면 EU로 수입되는 상품의 약 5%가 위조품이나 불법 복제품이며(EU 내에서 생산된 위조품은 여기에 포함되지 않습니다), 전 세계적으로 위조품과 불법 복제로 인한 피해는 연간 4,500억 달러(USD) 이상으로 추산됩니다.

공공 재정의 관점에서도 유사한 문제가 존재합니다. 적발되지 않은 범죄들 때문에 정확한 수치를 산정하기는 어렵지만 여러 연구들[특히 한스 뵈클러 재단(Hans-Böckler-Stiftung)의 분석]에 따르면 독일은 불법 노동, 사기 범죄, 다양한 형태의 탈세로 인해 매년 최소 1,000억 유로 이상의 세수 손실을 보는 것으로 추정됩니다. 이 금액은 2024년 독일 연방 정부의 국방, 교육/연구, 보건, 경제, 기후 환경 관련 부처 예산을 모두 합한 것과 맞먹는 수준입니다.

그뿐만이 아닙니다. 2018년에 UN과 인터폴의 의뢰로 진행된 조사에 따르면 환경 범죄로 인한 연간 피해액은 무려 2,590억 달러에 이를 수 있다고 합니다. 세계은행(World Bank)이 2019년에 실시한 연구에서는 불법 벌목, 불법 어업, 야생 동물 불법 거래로 인한 피해 규모가 연간 1조 달러 이상에 이를 것으로 추산되었습니다.

이처럼 형사적으로 처벌 가능한 범죄 행위 외에도 수없이 많은 악한 행동들이 존재합니다. 예를 들어 일생에 한 번 이상 배우자나 연인에게 배신당할 확률은 무려 80%에 이른다는 추정도 있습니다. 이러한 행동들은 당연히 부정적인 결과를 초래하지만 그 영향을 통계나 수치로 명확히 측정하기는 어렵습니다.

악한 행동은 어떤 식으로든 신체적, 정신적, 관계적, 경제적 피해를 일으키기 마련입니다. 그러므로 악한 행동의 원인을 이해하는 것은 중요합니다. 그렇게 함으로써 악한 행동의 발생 빈도나 심각성을 줄일 방안을 마련할 수도 있을 테니까요.

## 사람들은 왜 악하게 행동하는가?

악한 행동은 인류가 공동체를 이루어 살기 시작한 이래 언제나 존재했습니다. 그러니 '사람들은 왜 혹은 어떤 상황에서 악하게 행동하는가?'라는 질문이 꾸준히 제기된 것도 놀라운 일은 아닙니다. 개인적인 평가 외에 생물학, 범죄학, 철학, 법학, 종교학, 사회학, 경제학 등 여러 학문 분야에서도 이 문제에 대해 중요한 설명들을 제시해 왔습니다.

여기서 앞서 언급된 여러 설명들을 모두 포괄적으로 다루거나 서로 비교하려는 것은 아닙니다. 그보다는 대표적으로 잘 알려진 몇 가지 설명을 간단히 살펴본 뒤 이를 바탕으로 성격 심리학, 그중에서도 특히 D-인자가 얼마나 독자적인 방식으로 악한 행동을 설명할 수 있는지를 이해해 보려 합니다.

악한 행동에 대한 오래된 설명 가운데 하나는 오리게네스(Origenes, 기독교 학자, 약 185~254년)와 아우구스티누스(Augustinus, 로마 주교, 약 354~430년)에게서 비롯되었습니다. 그에 따르면 사람들이 악한 행동을 하는 이유는 자신에게 주어진 '자유 의지'를 이기적인 목적으로 사용하기 때문인데, 이기적인 행동은 타인에게 해를 끼치는 결과로 이어질 때가 많다는 것입니다. 우리는 스스로 어떻게 행동할지 결정할 자유를 가지고 있으므로 자기중심적인 행동이 강할수록 타인에게 피해를 주기 쉽습니다.

또 다른 전통적인 설명에 따르면 사람들은 때로는 의식적이고 자발적으로 악한 행동을 선택한다고 합니다. 여기서는 사람들이 악한 행동에서 얻을 수 있는 이익이나 보상을 그에 따르는 손해나 위험보다 높게 평가한다는 점을 강조합니다.

아이디어는 단순합니다. 예컨대 누군가가 절도를 저지를지 말지를 고민할 때 그 행위로부터 얻게 될 결과를 따져 본다는 것입니다. 우선 얼마나 많은 돈을 훔칠 수 있는지를 알아봅니다. 그리고 그 행위를 준비하고 실행하고 숨기기 위해 필요한 시간과 노력을 계산하고, 적발될 가능성과 그에 따른 처벌의 무게도 함께 고려하여 행동을 결정합니다.

이와 같은 '비용-편익 계산'이 악한 행동의 원인 중 하나가 될 수 있다는 생각은 매우 중요하게 받아들여집니다. 이는 사회가 부과하는 법적 처벌이 억제 수단으로도 작용한다는 점에서 잘 드러납니다. 실제로 과속에 부과되는 벌금이 보여 주듯이 처벌은 인간의 행동을 통제하는 효과를 가지고 있습니다. 속도위반에 대한 벌금이 전혀 없거나 매우 낮다면 운전자들이 속도 제한을 따를 동기도 거의 사라집니다.

사람들이 악한 행동의 예상되는 이익과 비용을 저울질하는 것이 사실이라면 강한 처벌은 당연히 효과적인 억제 수단으로 작용합니다. 이러한 생각은 이미 인류 역사상 가장 오래된 법전들에서도 찾아볼 수 있습니다. '우르남무 법전(Codex Ur-Nammu, 기원전 약 2100년, 수메르어)'이나 '함무라비 법전(Codex Hammurapi, 기원전 약 1800년, 아카드어)'이 그 좋은 예입니다. 강한 처벌이 바람직하지 않은 행동을 억제할 수 있다는 생각은 이후 거의 모든 문명에서 계승되어 오늘날까지 이어지고 있습니다. 법학에서는 이를 '억제 이론', 경제학에서는 '비용-편익 분석'이라고 부릅니다.

실제로 이러한 원리는 기본적으로 잘 작동합니다. 처벌의 위협과 실제 집행은 악한 행동의 가능성을 줄입니다. 그러나 흥미롭게도 처벌이 강해질수록 반드시 더 효과적인 것은 아니라는 사실은 이미 잘 알려져 있습니다. 일부 국가에서는 여전히 사형 제도가 존재하며, 이는 분명히 매우 가혹한 처벌임에 틀림없습니다. 그런데도 중부 유럽처럼 사형이 폐지된 지역보다 이들 국가에서 관련 범죄가 통계적으로 뚜렷하게 더 적게 나타나는 것은 아닙니다.

악한 행동에 대한 잘 알려진 설명 중 하나는 얻을 수 있는 이익이 실제로 예상되는 손해나 비용보다 높게 평가된다는 것입니다. 이때 개인이 지불해야 하는 '비용'은 단지 국가의 형벌이나 법적 제재를 통해서만이 아니라 단체나 모임 또는 친구들 사이에서도 발생할 수 있습니다. 예를 들어 어떤 사람의 탈세 사실을 주변에서 알게 되면 그 사람은 다음 번 가든파티나 동호회 모임에 초대받지 못할 수도 있습니다. 예상되는 이런 사회적 배제도 당사자에게는 엄연한 불이익일 수 있습니다.

이익과 손실을 따져 보는 비용-편익 분석에서는 당사자가 어떤 결과를 예상하느냐가 결정적인 역할을 합니다. 이로써 우리는 악한 행동에 대한 또 다른 설명으로 나아가게 되는데, 이는 캐나다계 미국인 심리학자 앨버트 반두라(Albert Bandura)와 밀접하게 연관되어 있습니다. 그에 따르면 사람들은 타인, 특히 권력 있고 중요한 존재로 생각되는 이들이 악한 행동을 하는 모습을 보면서 자신도 악하게 행동하게 된다고 합니다. 악한 행동을 통해 이익을 얻는 것처럼 보이는 타인의 행동을 모방하는 것입니다. 예를 들어 다른 선수들이 도핑 약물을 복용하여 성공하는 모습을 본 프로 선수가 도핑 약물의 유혹에 넘어가는 경우를 생각해 볼 수 있습니다.

반두라의 이론은 관찰 학습 또는 모델링 학습으로 잘 알려져 있습니다. 실제로 사람들이, 특히 아이들이 관찰을 통해 학습한다는 사실은 이론(異論)의 여지가 없습니다. 다행스러운 점은 타인의 악한 행동뿐만 아니라 선한 행동도 따라 한다는 것입니다.

권력 있고 중요한 인물의 모델로서의 영향을 강조하는 반두라의 이론과 유사하게, 철학과 정치사회학에는 '평범한' 사람들의 악행을 권력 있고 중요한 사람들과 연관시켜 설명하려는 이론이 있습니다. 테오도어 아도르노(Theodor W. Adorno)의 권위주의적 성격 이론입니다. 그에 따르면 어떤 사람들은 권위적 영향력에 특히 취약하기 때문에 악한 행동을 보인다고 합니다. 권위에 복종적이기 때문에 명령이나 압박에 의해 악행에 가담하게 된다는 것입니다. 정치 권력자나 조직의 우두머리(Capo)처럼 권위자로 여겨지는 인물이 악한 행동을 직접 명령하거나 암묵적으로 부추기면 그에 순종하여 악한 행동을 하는 것입니다.

권위의 부재 또한 악한 행동의 원인이 될 수 있다는 이론도 있습니다. 여기서 특히 중요한 것은 사회 제도나 규범이 지닌 간접적 권위입니다. 범죄학의 사회 해체 이론에 따르면 사람들이 악한 행동을 하는 이유는 가족, 학교, 이웃과 같은 사회적 기관이 개인을 제대로 통제하거나 지원하지 못하기 때문입니다.

그 밖에도 사람들이 대체로 사회적 규범과 규칙을 따르긴 하지만 극심한 압박이나 스트레스 상황에서는 극단적이고 악한 행동을 보일 수 있다는 점을 강조하는 사회학 이론도 있습니다.

물론 악한 행동에 대한 이런 여러 설명들이 배타적인 것이 아니라 서로 보완되거나 중첩된다는 사실은 분명합니다. 예를 들어 비용-편익 분석에서는 사회적 규범과 규칙을 어길 경우 평판을 잃을 위험이 얼마나 큰지에 대한 고려가 중요할 수 있습니다. 자신의 파트너를 폭행했을 때 주변 사람들로부터 얼마나 강하게 비난받을지를 생각하지 않을 수 없다는 것입니다.

하지만 이러한 모든 설명이 악한 행동을 이해하는 데 일정한 기여를 하는데도, 매우 분명한 사실 하나가 여전히 충분히 주목받지 못하고 있습니다. 그것은 바로 사람마다 악한 행동을 보이는 성향에서 차이가 난다는 사실입니다. 똑같은 상황, 똑같은 사회 규범, 똑같은 이익, 똑같은 처벌 위험이 존재하더라도 모든 사람이 똑같이 행동하지는 않습니다.

## 똑같은 상황이라고 해서
## 모두 똑같이 (악하게) 행동하지는 않는다

'기회가 도둑을 만든다'는 독일 속담이 있습니다. 그 이면에 깔린 생각은 분명합니다. 사람들은 손쉽게 그리고 결과에 대한 두려움 없이 자신이 갖고 싶은 것을 훔칠 수 있는 상황에 놓이면 누구든지 도둑질을 할 수 있다는 것입니다. 이 속담은 앞서 설명한 여러 악한 행동의 이론들과 직접 연결됩니다.

비용-편익 분석의 관점에서 보면 절도 행위가 발각되지 않을 경우 비용은 더 낮아집니다. 기회가 좋고, 얻을 이익이 예상되는 불이익을 명백히 능가한다면 사실상 모든 사람이 도둑이 되어야 할 것입니다.

'기회가 도둑을 만든다'는 속담을 두고, 기회만 주어진다면 절도는 윤리적·도덕적으로 용인되는 것이며 오히려 그것을 하지 않는 것이 순진하다는 식으로 해석할 수도 있습니다. 하지만 과연 기회가 정말로 모든 사람을 도둑으로 만들까요? 이를 확인해 볼 수 있는 간단한 실험 방법이 있습니다.

여러분이 주사위를 던져서 10유로를 벌 수 있는 어떤 과학적 연구에 참여한다고 상상해 보시기 바랍니다. 연구의 과제는 주사위를 한 번 굴리고, 다른 사람에게는 보여 주지 않은 채 자신만 결과를 확인한 후(예를 들어 주사위 컵을 통해 혼자만 볼 수 있게 합니다), 공개적으로 주사위 숫자를 발표하는 것입니다. 이때 특정한 숫자, 예를 들어 6이 나왔다고 말하면 여러분은 10유로를 받고, 다른 숫자가 나왔다고 말하면 아무 보상도 받지 못합니다.

여러분이 던진 주사위가 4가 나왔다고 가정해 보겠습니다. 여러분은 어떻게 하시겠습니까? 6이 나왔다고 주장하시겠습니까? 6이 나온 주사위의 보상이 10유로가 아니라 100유로라면 어떻게 하시겠습니까?

이와 비슷한 방식의 연구가 이미 전 세계 수천 명의 참가자를 대상으로 시행되었습니다. 연구자들은 실제 주사위 결과를 (정말로!) 확인할 수 없고, 참가자는 단지 특정 숫자가 나왔다고 말하기만 하면 되는 방식이었습니다. 분명히 이 상황에서는 거짓말하기가 매우 쉽고 이득도 큽니다. 실제로 6이 나오지 않았더라도 6이 나왔다고 주장만 하면 됩니다. 당사자 외에는 아무도 실제 결과를 알지 못하므로 거짓말을 했을 때 처벌이 따를 위험도 없습니다. 게다가 참가자의 답변은 그가 거짓말을 하는지 여부에 대해 아무것도 말해 주지 않습니다. 왜냐하면 컵 속의 주사위가 실제로 6이 나왔을 가능성은 언제나 6분의 1만큼 있기 때문입니다. 따라서 답변만으로는 아무런 의심도 받지 않습니다.

요컨대 상황은 매우 유리합니다. 누구나 쉽게 거짓말을 해서 돈을 벌 수 있고, 들킬 일도 없으며, 자신이 거짓말을 했다고 인정할 필요도 없습니다. 심지어 의심조차 받지 않습니다. 주사위의 결과는 1부터 6까지 모두 같은 확률로 나올 수 있으니 어떤 숫자를 말하더라도 충분히 그럴듯한 결과이기 때문입니다.

이것이 '기회가 도둑을 만든다'는 말이 정말 모든 사람에게 적용되는지 알아내는 데 어떻게 도움이 될까요? 우리는 참가자 중 누가 실제로 거짓말을 했는지는 알 수 없지만 전체적으로 얼마나 많은 사람이 거짓말을 했는지 추정할 수는 있습니다. 참가자가 수백 명에서 수천 명 이상으로 충분히 많다면 확률적으로 대략 여섯 명 중 한 명에서 실제로 6이 나올 것이기 때문입니다. 공정한 주사위를 사용한다면 당연히 그래야 합니다. 물론 주사위의 공정성은 사전에 확인해야 합니다.

따라서 모든 참가자가 정직하게 응답했다면 전체의 약 6분의 1 정도만이 6이 나왔다고 응답해야 합니다. 만약 여섯 명 중 네 명이 6이 나왔다고 주장한다면 전체 참가자의 절반인 세 명은 거짓말을 했다고 추정할 수 있습니다. 개별적으로 누가 거짓말했는지는 모르더라도 전체적으로 얼마나 많은 사람이 거짓말을 했는지는 알 수 있는 것입니다.

그렇다면 실제로 얼마나 많은 사람이 이런 상황에서 거짓말을 할까요? 순수한 비용-편익 분석이 추측하게 하듯이 모든 사람이 그럴까요? 정말로 모든 사람이 똑같은 상황에서 똑같은 행동을 보일까요?

전혀 그렇지 않습니다. 실제로는 20%에서 35% 정도의 참가자만이 거짓말을 했습니다. 심지어 보상 금액이 훨씬 커지거나(예를 들어 6이 나왔다고 하면 150유로 지급) 금전적 보상이 아니라 따분한 과제를 면제해 주는 식의 다른 이익으로 바뀌어도, 거짓말 비율은 여전히 이 범위를 벗어나지 않습니다. 다시 말해서 악한 행동을 하기에 아주 쉽고 안전해 보이는 상황에서도 그 유혹에 넘어가는 사람은 소수에 불과합니다.

또 한 가지 중요한 점이 있습니다. 거짓말을 하는 사람은 전체의 약 3분의 1이나 4분의 1 정도에 불과하지만, 한 번 거짓말을 한 사람은 이후에도 거짓말을 반복할 가능성이 높습니다. 모든 사람이 동일한 상황에서 똑같이 행동하지는 않지만, 동일한 사람은 비슷한 상황에서 비슷한 행동을 보이는 것입니다. 그리고 이런 행태는 오랜 시간이 지나도 좀처럼 변하지 않습니다.

앞서 설명한 주사위 실험을 몇 달 뒤에 같은 방식으로 다시 실시하면, 이전 실험에서 '운이 좋았다'고 주장한 사람은 다음 실험에서도 놀랄 만큼 높은 확률로 다시 운이 좋은 듯이 보입니다. 물론 예외적인 경우가 있을 수 있습니다. 어떤 사람이 정말로 여러 번 운이 좋았을 수도 있습니다. 참고로 세 번 연속으로 6이 나올 확률은 0.5% 미만으로 평균 216명 중 단 한 명에 불과합니다. 하지만 실제로는 그보다 거의 20배 많은 약 9% 이상의 참가자가 세 번 연속으로 '운이 좋았다'고 주장합니다. 한 번 거짓말한 사람은 확실히 또다시 거짓말을 하는 것으로 보입니다.

## 사람들은 '악한 행동'을 보이는 성향에서 차이가 난다

앞서 살펴본 것처럼 어떤 사람들은 비슷한 상황에서 비슷하게 행동하는 한편, 또 다른 어떤 사람들은 똑같은 상황에서도 타인과 다르게 행동합니다. 모든 사람이 결코 똑같이 행동하지 않습니다. 동시에 사람들은 어느 정도 자기 자신에게 충실합니다. 한 번 정직한 사람은 다시 정직할 가능성이 높고, 한 번 거짓말한 사람은 다시 거짓말할 가능성이 높습니다. 이는 사람들이 서로 다른 '성향'을 지니고 있음을 보여 줍니다. 어떤 사람들은 항상 더 정직하고, 어떤 사람들은 항상 더 정직하지 않습니다.

이러한 관찰 결과는 성격 심리학이 악한 행동을 설명하는 단초가 됩니다. 그에 따르면 사람들이 악한 행동을 보이는 성향(또는 경향)은 서로 다르다고 합니다. 사람들의 성향은 장기간에 걸쳐 다양한 상황에서 관찰됩니다. 다시 말해서 사람들은 저마다 더 악하게 혹은 덜 악하게 행동하는 일정한 성향을 지니고 있습니다.

어떤 사람이 일정한 성향을 지녔다고 말하려면 그 사람이 여러 다양한 상황과 서로 다른 시점에서 비슷한 행동을 반복적으로 보이는지를 살펴보아야 합니다. 다음 장에서는 사람들의 각기 다른 성향과 그들이 처한 다양한 상황이 어떻게 상호 작용을 하는지 좀 더 자세히 들여다보겠습니다. 그리하여 우리가 정확히 언제 한 개인의 성격 특성을 언급하게 되는지, 모든 악한 성격 특성의 본질이라고 할 D-인자가 어떤 상황에서 사람들의 행동에 영향을 미치는지 규명해 보려 합니다.

# 2장

# 사람들은 서로 다르다: 성격 특성

앞 장에서 우리는 비슷한 상황에서 비슷하게 행동하는 사람들이 있는 한편, 동일한 상황에서 타인과 다르게 행동하는 사람들도 있다는 사실을 살펴보았습니다. 기회가 있다고 해서 모두 다 도둑이 되는 것은 아닙니다. 하지만 한 번 거짓말한 사람은 다시 거짓말할 가능성이 큽니다. 다시 말해서 거짓말은 한 번으로 끝나는 경우가 드뭅니다.

이러한 관찰은 그 기저에 어떤 성격 특성(Personality Trait)이 자리 잡고 있음을 시사합니다. 어떤 성향을 성격 특성이라고 말할 수 있으려면 몇 가지 조건이 필요합니다. 어떤 사람이 특정한 성향을 가지고 있고(자신의 이익을 위해 거짓말을 한다), 이 성향을 통해 다른 사람들과 구별되고(남보다 거짓말을 더 잘하거나 더 많이 한다), 반복적으로 이 성향에 따라 행동하며(한 번 거짓말한 사람은 두 번 세 번도 거짓말을 한다), 서로 다른 상황에서도 똑같은 행태를 보인다면(배우자에게 거짓말하는 사람은 상사에게도 거짓말을 한다), 이것을 우리는 성격 특성이라고 부를 수 있습니다. 좀 더 정확히 말하면, 성격 특성은 특정한 방식으로 생각하고 느끼고 행동하려는 비교적 일반적이고 지속적인 성향이라고 정의할 수 있습니다.

성격 특성의 간단한 예는 불안입니다. 불안한 사람, 즉 성격 특성으로서의 불안 성향이 강한 사람은 대체로 상황을 위협적으로 인식하고(생각), 부정적으로 느끼고(감정), 위험을 회피하려는(행동) 경향을 보입니다. 그리고 이러한 경향은 불안감이 작용할 수 있다는 공통점이 있는 한 매우 다양한 상황에서 나타납니다. 예를 들어 불안 성향이 강한 사람은 선뜻 번지 점프대 위에 오르지 못하고, 시험을 앞두고 몹시 긴장하며, 조금만 아파도 최악의 상황을 걱정합니다.

성향은 다양한 상황에서 드러날 때 비로소 성향이라고 할 수 있습니다. 이때의 상황들은 특정 성격 특성이 드러나거나 표현될 수 있다는 공통점만 있다면 얼마든지 다양할 수 있습니다. 하지만 예를 들어 꽃에 물을 주는 장면을 볼 때 불안은 그 사람의 생각이나 감정이나 행동에 거의 아무런 영향도 미치지 않을 것입니다.

이와 같은 논리를 바탕으로 우리는 다양한 성격 특성들을 구분할 수 있습니다. 모든 성격 특성이 동일한 상황에서 동일하게 발현되는 것은 아닙니다. 오히려 각기 다른 성격 특성들은 다양한 상황에서 우리의 생각과 감정과 행동에 특히 중요한 영향을 미칩니다. 예를 들어 꽃에 물을 주는 상황에서 불안 성향은 이에 거의 관여하지 않지만, 성실성이라는 성격 특성은 중요한 역할을 할 수 있습니다. 반면에 번지 점프처럼 위험이 수반된 상황에서는 성실성보다는 불안 성향이 훨씬 더 큰 영향을 미칠 것입니다.

## 성격 특성은 비교적 안정적이다

어떤 성향은 즉흥적으로 표출되거나 매일, 심지어 매시간 달라지며 아주 드물게 나타나기도 합니다. 따라서 우리는 어떤 성향이 다양한 상황에서 반복적으로 관찰될 뿐 아니라 일정한 시간적 지속성을 보일 때에만 그것을 성격 특성이라고 부릅니다. 다시 말해서 성향은 일정 시간에 걸쳐 비교적 안정적이어야 합니다.

물론 부분적으로 상호 연관된 측면이 있습니다. 어떤 행동이 다양한 상황에서 비슷하게 나타난다면 시간이 지나도 비슷하게 유지될 것이기 때문입니다. 그러나 여기서 말하는 '비교적 안정적'이라는 말은 다른 의미를 내포합니다. 어떤 성격 특성을 지니기 위해 그 사람이 수십 년 혹은 평생 동안 똑같아야 하거나 늘 완전히 동일한 성향을 유지해야 하는 것은 아닙니다. 그보다는 다른 사람들과 비교했을 때 그 성향이 시간이 지나도 비슷한 정도로 나타난다는 것이 중요합니다.

이 차이는 신체적 키를 예로 들면 쉽게 이해할 수 있습니다. 사람의 키는 시간이 지나면서 변합니다. 우리는 대략 생후 20년 동안 성장합니다. 즉, 수십 년 동안은 같은 키를 유지하지 않습니다. 대략 50cm 정도로 태어나 20년이 채 지나지 않아 3배나 4배 가까이 커집니다.

그러나 남들과 비교되는 우리의 키는 시간이 지나도 비슷한 수준을 유지합니다. 여섯 살 무렵에 또래 중에 키가 큰 편이었던 사람은 스무 살 때나 여든 살이 되어 다시 키가 조금 줄어들었을 때에도 대부분 여전히 동년배 중에서 키가 큰 편에 속할 가능성이 높습니다. 즉, '절대적인' 키는 안정적이지 않지만, 남들과 비교되는 '상대적인' 키는 매우 안정적인 편입니다.

불안 성향이나 다른 성격 특성도 마찬가지입니다. 시간이 지나면서 변할 수 있겠지만, 그 변화는 대부분의 사람들에게서 비슷한 방식으로 진행됩니다. 예를 들어 사람들은 대부분 20세에서 60세 사이에 평균적으로 불안 성향이 줄어듭니다.

그리고 나중에 좀 더 자세히 살펴보겠지만, '악한 성향'도 감소합니다. 그러나 20대 초반에 또래보다 더 불안한 사람은, 60대 초반이 되었을 때에도 여전히 동년배들보다 더 불안할 가능성이 매우 높습니다.

그러므로 불안 성향이 안정적이라는 말은 오랜 시간이 지나도 그 수준이 변하지 않는다는 뜻이 아니라, 남들과 비교했을 때 상대적으로 그러함을 의미한다고 하겠습니다. 어떤 사람이 또래보다 상대적으로 더 키가 크거나, 더 불안해하거나, 더 악한 성향을 보인다면 수십 년이 지난 후에도 대체로 키가 크거나, 불안해하거나, 악한 성향을 보일 것입니다. 그 사람 자신은 그사이에 키가 더 자랄 수도 있고, 불안 성향이나 악한 성향이 줄어들 수도 있겠지만 말입니다. 물론 다른 대부분의 사람들도 마찬가지입니다. 이렇듯 모든 사람이 (비슷한 정도로) 키가 자라거나 덜 악해진다면 개개인의 성향은 남들과 비교해서 상대적으로 안정적이라고 할 수 있습니다.

## 있거나 없거나가 아니라 많거나 적거나

결국 문제는 어떤 특성이 남들과 비교해서 얼마나 두드러지게 나타나는가 하는 것입니다. '많거나 적거나'라는 표현이

암시하듯, 성격 특성은 어떤 사람에게 그 성향이 '있거나 없거나'의 문제가 아니라 정도의 차이만 있을 뿐 누구나 다 가지고 있는 것이라고 말할 수 있습니다. 다시 강조하자면, 신체적인 키가 전혀 없는 사람은 아무도 없으며, 기껏해야 남들에 비해 키가 작을 뿐입니다. 마찬가지로 불안 성향이 전혀 없는 사람은 아무도 없으며, 그 정도가 다른 사람에 비해 아주 낮게 나타날 뿐입니다.

이렇듯 성격 특성은 공무원 신분이나 혀 피어싱처럼 개인이 가지고 있거나 가지지 않은 특성 범주가 아니라, 키가 크거나 작은 것처럼 단지 정도가 다를 뿐 모든 사람이 가지고 있는 것입니다. 그리고 특정 성격 특성이 극단적으로 두드러지는 경우가 매우 드문 것도 키와 비슷합니다. 독일어권 성인의 약 1%만이 키가 150cm 미만이거나 2m 이상이고, 대부분은 160cm에서 180cm 사이의 평균 범위에 속합니다. 마찬가지로 전혀 불안하지 않거나 전혀 악하지 않은 사람은 거의 없고, 반대로 완전히 불안하거나 완전히 악한 사람도 거의 없습니다. 대체로 우리들은 대부분의 성격 특성에서 중간 정도 수준을 보입니다.

성격 특성은 이처럼 두드러진 정도의 차이만 있는 성향이므로 특정한 '성격 유형'으로 사람을 구분하려는 시도는 그다지 유용하지 않습니다. 물론 일상적으로 말할 때는 '작은 사람'이나 '큰 사람'이라고 부르고, 누구는 '겁이 없는 타입'이라거나 '불안한 타입'이라고 나누기도 합니다. 그렇다고 해도 모든 사람에게 신체적 키가 있듯이 모든 사람이 불안 성향을 지니고 있다는 사실에는 변함이 없습니다. 정도의 차이가 있을 뿐입니다. 그런 점에서 성격 특성을 유형으로 분류하는 것은 결국 자의적일 수밖에 없습니다.

예를 들어 키가 190cm 이상인 사람만을 '큰 사람'이라고 정의한다면, 189cm인 사람은 큰 사람이 아닌 것으로 분류되겠지만, 실제로 두 사람 사이에는 실질적인 차이가 거의 없습니다. 이처럼 사람을 유형이나 집단으로 구분하는 방식은 일상에서는 편리할지 몰라도 궁극적으로는 오해의 소지가 있습니다.* 이것은 악한 성격과 관련된 유형들에도 그대로 적용됩니다. 가령 사이코패스(Psychopath), 나르시시스트

---

* 이것은 임상 진단에서도 큰 문제로 지적됩니다. 진단은 사람을 '질병이 있는 집단'과 '없는 집단'으로 구분하려는 목적이 있기 때문에, 반드시 특정한 임계값을 정해서 그 값을 넘어서면 질병이 존재하거나 치료가 필요하다고 간주해야 합니다. 예를 들어 우울증 진단을 내리기 위해서는 증상의 빈도와 중증도를 정확히 파악해야 하며, 다양한 중증도(예를 들어 경증, 중등도, 중증)와 과도기적 영역(경증에서 중등도까지)을 설정하기도 합니다. 그러나 이러한 구분 역시 어느 정도는 자의적일 수밖에 없습니다. 최근 2주 동안 주요 우울 증상(우울감, 수면 문제, 부정적인 기분 등)이 5개 이상이면 우울증 진단을 내린다고 가정할 때, 같은 기간에 4개의 증상을 보이는 사람은 우울증이 아니므로 치료가 필요 없다고 단정할 수 있을까요?

(Narcissist), 사디스트(Sadist) 같은 단어들은 일상적으로 흔히 사용되고 있지만 실제로는 모호하고 신뢰하기 어려우며 대부분 자의적으로 구분한 것입니다. 사이코패스, 나르시시스트, 사디스트 등이 뚜렷한 경계로 구분되는 '집단'으로서 존재한다고 보는 것은 오해입니다. 오히려 모든 사람은 사이코패스 성향(Psychopathy), 자기애(Narcissism), 가학성(Sadism)과 같은 성격 특성을 어느 정도 지니고 있으며, 이들 특성을 지닌 정도가 어느 수준 이상이면 그 사람을 사이코패스, 나르시시스트, 사디스트로 간주해야 한다는 자연스럽고 객관적인 기준은 존재하지 않습니다.

정리하자면, 성격 특성이란 모든 사람에게 존재하지만 사람마다 그 정도가 크게 다른 성향으로서, 우리로 하여금 오랜 시간에 걸쳐 다양한 상황에서 특정한 방식으로 생각하고 느끼고 행동하게 만드는 요인입니다. 하지만 그렇다고 해서 우리의 행동이 언제나 똑같거나 미리 정해져 있다는 뜻은 아닙니다. 성격 특성은 한쪽 방향으로 기우는 성향이지 확고하게 결정된 어떤 것이 아닙니다. 불안 성향이 강한 사람이라도 용기를 낼 때가 있고, 악한 성향을 지닌 사람이라도 '항상' 거짓말하거나 타인을 해치는 것은 아닙니다. 우리의 행동은 여전히 상황에 따라 달라지기 때문입니다.

## 행동은 개인과 상황의 상호 작용이다

앞서 살펴본 주사위 실험을 다시 떠올려 보면 이 점이 명확하게 드러납니다. 우리가 던진 주사위에서 실제로 6이 나오는 행운이 따르지 않더라도 그 상황이 우리에게 특정한 행동을 강요하지는 않습니다. 반드시 거짓말을 해야 하는 것도 아니고, 절대로 거짓말을 해서는 안 되는 것도 아닙니다. 우리는 정직하게 말할지, 아니면 속일지를 비교적 자유롭게 결정할 수 있습니다. 따라서 우리의 성격, 즉 정직한 성향 또는 부정직하거나 악한 성향은 이때 매우 직접적으로 행동에서 드러날 수 있습니다. 바꾸어 말하면, 누군가가 거짓말을 할지 안 할지 여부는 이런 '열린' 상황에서 악한 성격 특성과 뚜렷한 연관성을 보입니다.

그러나 이런 연관성이 언제나 성립하는 것은 아니라는 사실은 주사위 실험을 약간만 변경해서 실행해 보면 금세 분명하게 드러납니다. 실험 참가자들은 연구자가 실제로 주사위에서 어떤 숫자가 나왔는지 확인할 수 있다는 사실을 알게 되면 거의 아무도 더는 거짓말을 하지 않습니다. 심지어 거짓말이든 아니든, 주사위에서 실제로 어떤 숫자가 나오든 전혀 상관없이 그냥 6이 나왔다고 말하기만 하면 금전적 이익을 챙길 수 있다는 사실이 완전히 확실할 때조차도 마찬가지입니다.

자신이 거짓말한 것을 다른 사람들이 알아차릴 수 있다는 사실은, 확실히 거의 모든 사람들에게 거짓말을 하지 못하도록 막는 장치인 것으로 보입니다. 그 누구도 자신이 거짓말했다는 사실을 남들이 알게 되는 상황을 원하지 않는 것입니다. 그로 인한 실질적인 불이익이 전혀 없더라도 말입니다. 다시 말해서 그와 같은 상황에서는 거의 모든 사람이 동일한 행동 경향을 보이며, 우리의 성격(정직하거나 악하게 행동하려는 성향)은 이때 거의 작용하지 않습니다. 평소에 부정직한 성향을 가진 사람이라 하더라도 이런 상황에서는 거짓말을 피합니다.

어떤 상황에서는 이처럼 거의 모든 사람이 같은 행동을 하게 되지만, 또 다른 상황에서는 개개인의 성격에 따라 행동이 달라집니다. 그래서 '강한 상황'과 '약한 상황'으로 구분지어 말하기도 합니다. 상황이 강력할수록 사람들을 특정한 방식으로 행동하게 만드는 명확한 규칙, 기대, 강한 동기 등이 존재합니다. 그 결과 대부분의 사람들이 똑같이 행동하며, 성격의 차이는 거의 작용하지 않습니다.

예를 들어 단속 카메라가 설치된 빨간 신호등 앞은 상당히 강한 상황입니다. 여기에는 빨간 신호등을 그냥 지나치지 말고 차를 멈춰야 한다는 명확한 규칙과 강한 동기가 존재합니다. 따라서 조급함이나 위험 행동 성향이 얼마나 강하든 상관없이 대부분의 사람들이 똑같이 멈춰 서게 됩니다.

반대로 약한 상황에서는 명확한 규칙, 기대, 동기 등이 부족하므로 자신의 성향에 따라 행동할 여지가 커집니다. 한적하고 시야가 탁 트인 시골길에 단속 카메라가 없다면 속도 제한을 지키려는 강한 동기 또한 존재하지 않는다고 볼 수 있습니다. 동시에 이런 상황은 당연히 아무에게도 속도 제한을 초과하도록 강요하지 않습니다. 따라서 상황은 조급함, 준법성, 위험 행동 등에 대한 개인적 성향에 크게 좌우되는 행동이 나타날 여지를 제공합니다. 상황은 다양한 행동을 허용하는데 이때 어떻게 행동할지는 성격의 문제이기도 한 것입니다.

그러나 성격 특성이 (언제) 중요하게 작용하는지 여부를 상황만이 결정하는 것은 아닙니다. 반대로도 마찬가지입니다. 상황이 우리 행동에 영향을 미치는지 여부를 성격 특성이 결정할 수도 있습니다. 이것은 주사위 실험을 통해서도 확인할 수 있습니다. 우리는 6이 나왔다고 말한 사람이 받게 되는 금액을 바꾸어 볼 수 있습니다. 고전적인 비용-편익 관점에 따르면, 금액이 커질수록 거짓말을 하게 만들 동기가 증가해야 합니다. 따라서 6이 나왔다는 진술에 대한 보상으로 10유로 대신 50유로를 제시한다면, 거짓말하는 빈도도 높아져야 합니다. 하지만 실제로는 모든 사람이 그렇게 행동하지는 않습니다.

정직성에 대한 성향이 강한 사람들은 50유로가 걸려 있어도 거짓말을 하지 않습니다. 100유로를 제시해도 마찬가지입니다. 이들은 성격상 상황이 달라지는 것(거짓말의 보상이 10유로든 50유로든 100유로든)에 거의 의미를 두지 않습니다. 정 직하기 때문입니다. 반면 정직성의 성향이 약한 사람들은 상 황의 변화에 훨씬 민감하게 반응합니다. 보상이 100유로일 경우 10유로일 때보다 2배 가까이 거짓말을 합니다.[*] 결국 여기서 드러나는 것은 성격과 상황의 상호 작용입니다.

한편으로는 상황이 성격 특성의 발현 여부와 방식을 결정 합니다. 악한 행동의 성향이 나타나려면 악한 행동이 실제 로 가능하고 또 다양한 방식으로 허용되는 그런 상황이 필요 합니다. 바꾸어 말하면, 악한 성향을 가진 사람들이 그에 상 응하는 행동을 하지 못하도록 막으려면 '이론적으로' 충분히 '강한 상황', 예를 들어 악한 행동이 두드러지게 눈에 띄고 식 별 가능한 상황이 필요하다는 의미입니다.

다른 한편으로는 상황의 차이가 행동에 미치는 영향을 성 격이 결정하기도 합니다. 악한 행동에 대한 성향이 매우 약하

---

[*] 물론 예외적인 경우도 있습니다. 어떤 사람들은 금액의 크기와 상관없이 늘 거짓말을 합니다. 금액이 커질수록 오히려 거짓말을 덜 하는 사람들도 있 습니다. 후자의 경우 10유로를 위해 거짓말하는 것은 주관적으로 '사소한 잘 못'이나 '가벼운 장난'으로 치부할 수도 있겠지만, 100유로를 위한 거짓말은 이미 사기에 가까울 수 있기 때문입니다. 어쨌든 이 모든 사실이 보여주는 것 은, 상황의 차이가 행동에 영향을 미치는지 여부와 그 방식은 개인의 성격에 도 달려 있다는 점입니다.

거나 매우 강한 사람은 유혹의 정도가 다른 여러 상황에서도 행동에 큰 차이를 보이지 않습니다. 따라서 악한 행동을 유발하는 동기를 줄이려는 조치가 별다른 효과를 보이지 못하거나, 단지 일부에게만 행동의 변화를 일으킨다고 해도 그리 놀라운 일은 아닙니다.

마지막으로, 성격은 우리가 어떤 상황과 마주하게 되는가에도 영향을 미친다는 점이 고려되어야 합니다. 우리는 단순히 우연이나 실수에 의해서만 어떤 상황에 놓이게 되는 것이 아닙니다. 오히려 사람들은 종종 삶의 환경을 적극적으로 선택하며, 반복적으로 처하게 되는 상황 또한 스스로 선택하거나 만들어 나갑니다. 그리고 이러한 선택은 대개 그 사람의 성격과 잘 맞아떨어집니다.

불안한 사람은 위험한 진로나 직업을 선택할 가능성이 낮습니다. 조용하고 내성적인 사람은 여가 시간에 사람이 많고 시끄러운 파티에 가기를 꺼려합니다. 지적인 사람은 지적 수준이 비슷한 사람들과 어울리거나 그런 사람과 결혼할 가능성이 높습니다. 정직하지 않은 사람은 자신에게 유리하게 거짓말할 수 있는 상황을 적극적으로 찾아 나섭니다.

결국 우리의 성격은, 서로 다른 상황이 행동의 차이를 가져오는지 여부를 결정할 뿐만 아니라 애초에 우리가 어떤 상황에 처하게 될 것인지도 결정합니다. 이렇듯 성격 특성은 우리의 경험과 행동에 복합적으로 작용합니다.

요약하자면, 성격 특성은 우리가 생각하고 느끼고 행동하는 방식에 일정 부분 책임이 있다고 하겠습니다. 물론 그것이 행동의 유일한 원인은 아닙니다. 하지만 상황이 이런저런 다양한 행동의 여지를 허용하거나 우리가 스스로 어떤 상황에 들어갈지를 선택할 수 있을 때, 성격은 매우 중요한 요인으로 작용합니다.

따라서 성격 특성이나 다른 안정된 특성(예를 들어 성별)이 우리 삶에 미치는 영향은 매우 다양할 수 있습니다. 거의 영향을 미치지 않을 수도 있고, 반대로 매우 강력한 영향을 미칠 수도 있습니다. 이러한 차이를 여기서 몇 가지 예시를 통해 설명하고자 합니다. 이 예시들은 이어지는 장들에서도 반복적으로 언급되며 다양한 상관관계(Correlation)들을 이해하는 데 도움을 줄 것입니다.

## 상관관계의 강도는 서로 다르다

특정한 성격 특성은 우리 삶의 어떤 영역, 어떤 결정, 어떤 행동 방식에 전혀 영향을 미치지 않습니다. 예를 들어 성실성이라는 특성과, 채식이나 비건 식단을 선택하는 결정 사이에

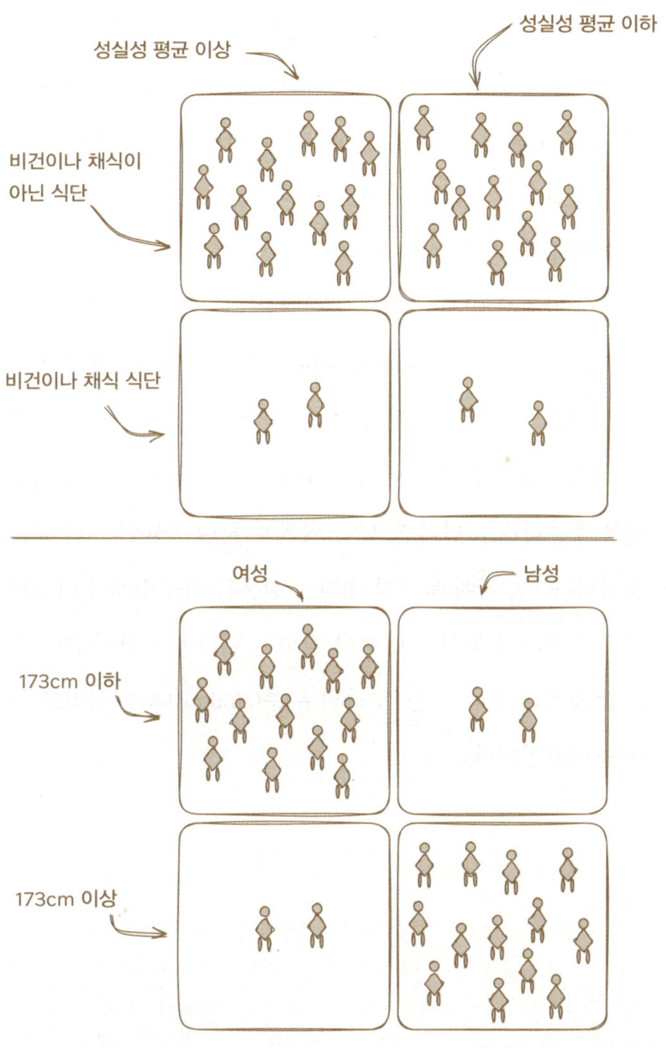


그림 2. 성실성과 비건/채식 식단 사이의 상관관계(그림 위: 상관관계 없음) 및 성별과 키 사이의 상관관계(그림 아래: 매우 강한 상관관계).

는 아무런 상관관계도 없습니다. 그림 2는 이를 보여줍니다. 비건이나 채식 식단을 따르는 사람은 그렇지 않은 사람에 비해 그 수가 훨씬 적습니다. 하지만 두 집단에서 모두 평균 이하의 성실성을 지닌 사람과 평균 이상의 성실성을 지닌 사람이 거의 같은 비율로 존재합니다.

다시 말해서 비건이나 채식 식단을 따르는 사람 가운데 약 50%는 평균 이상으로 성실하며, 이는 비건이나 채식이 아닌 식단을 따르는 사람들도 마찬가지입니다. 따라서 성실성을 바탕으로 식습관을 예측하거나, 식습관을 바탕으로 성실성을 추론하려고 한다면, 맞을 확률과 틀릴 확률이 거의 같을 것입니다. 즉, 이때 우리가 내리는 결론은 아무렇게나 마음대로 추측하거나 동전을 던져서 맞히는 것과 비슷한 수준에 불과할 것입니다. 이것을 '무작위 수준(random level)'이라고 부르는 이유입니다.[*]

---

[*] 통계에 관심 있는 독자들을 위해 덧붙이자면, 연구자들은 실제로 이렇게 평균 이상과 이하의 두 집단을 나누어 비교하지 않습니다. 대신, 상관관계와 같은 특정한 관련성 측정값을 계산하여 한 특성의 측정 가능한 수준(예를 들어 매우 낮음, 다소 낮음, 보통, 높음, 매우 높음 등으로 구분된 성실성)과 다른 특성의 측정 가능한 수준(예를 들어 비건, 채식, 육식 등)을 서로 대응시켜 분석합니다. 이 책에서 선택한 단순화는 이러한 확률적 진술을 최대한 알기 쉽게 설명하기 위한 것입니다.

상관관계의 정도가 무작위 수준보다 조금 높은 경우도 있습니다. 예를 들어 영성/종교성과 삶의 만족도 사이의 상관관계가 그렇습니다. 평균적으로 더 영적인 사람이 덜 영적인 사람보다 조금 더 삶에 만족하고 있지만, 그 차이는 미미합니다. 영성이 평균 이상인 사람들 중 약 55%가 삶의 만족도에서도 평균 이상을 보입니다. 이것을 우리는 '약한 혹은 낮은' 상관관계라고 말할 수 있습니다. 이 정도면, 영성을 통해 삶의 만족도나 불만족도를 예측할 경우, 단순히 동전을 던질 때보다 약간 더 높은 확률로 맞힐 수 있을 뿐입니다.

이에 비해 시험 불안과 성적 사이의 상관관계는 좀 더 뚜렷하게 나타납니다. 시험 불안이 평균 이상인 사람들의 약 65%는 시험에서 평균 이하의 성적을 보이며, 나머지 35%만이 평균 이상으로 성취합니다. 이 경우는 시험 불안으로부터 성취 수준을 어느 정도 예측할 수 있으므로 '중간 강도'의 상관관계로 불리며, 시험 불안이 높을수록 성적은 낮아지는 이른바 '음의 상관관계'라고 하겠습니다.

반면 지능과 학교 성적 간의 관계는 '강한 혹은 높은' 상관관계로 볼 수 있습니다. 지능이 평균 이상인 사람의 약 75%가 학교 성적에서도 평균 이상을 기록합니다. 학교 성적에 영향을 미치는 요인이 매우 다양함을 고려할 때(동기 부여, 가정의 사회경제적 지위, 신체적 매력, 교사의 역량 등) 75% 대 25%라는 차이는 상당히 큰 의미를 지닙니다. 따라서 학교 성적을 보고 그 사람의 지능을 추정하거나 반대로 지능을 보고 성적을 추정하면 대체로 맞을 가능성이 높습니다.

마지막으로, 성격보다는 좀 더 일반적인 특성과 관련되지만 '아주 큰 혹은 아주 강한' 상관관계를 잘 보여주는 예가 있습니다. 바로 성별과 키의 관계입니다. 그림 2의 하단 그림에서 볼 수 있듯이, 독일어권 지역에서는 남성의 약 85% 이상이 전체 성인 평균 키(약 173cm)보다 크며, 15% 미만만이 그보다 작습니다. 여성의 경우는 그 반대입니다. 따라서 한 사람의 성별을 보고 그 사람의 키를, 혹은 키를 보고 성별을 추정하는 것은 대체로 정확한 편입니다.

그림 2에서도 알 수 있듯이, 성별과 키의 경우처럼 매우 강한 상관관계라 하더라도 필연적인 것은 아닙니다. 평균적으로 남성이 여성보다 확실히 키가 크기는 하지만, 그렇다고 해서 모든 남성이 모든 여성보다 큰 것은 아닙니다. 가령 무작위로 남성과 여성을 한 명씩 뽑아 짝을 짓는다면, 대부분의 경우 남성이 여성보다 키가 크겠지만, 모든 커플이 그렇지는 않을 것입니다. 이것은 다른 특성들, 특히 성격 특성들 간의 관계에서도 마찬가지입니다. 가장 강한 상관관계조차도 필연적인 관계는 아닙니다.

게다가 성격 특성들 사이의 상관관계는 대부분 성별과 키의 관계만큼 강하지 않습니다. 오히려 더 약한 경우가 많습니다. 하지만 상관관계가 약하다고 해서 그것이 중요하지 않다거나 무의미하다는 뜻은 아닙니다. 상관관계의 강도는 그 관계의 의미나 중요성과는 별개의 문제이기 때문입니다. 예를 들어, 간접 흡연과 폐암 사이의 상관관계는 통계적으로 무작위 수준을 간신히 넘는 약한 관계이지만 그 중요성은 두말할 필요도 없습니다.

### 그렇다면 '악한 행동'은 어떨까?

앞서 살펴본 여러 상관관계의 예들은 악한 성격 특성이나 악한 행동과 직접적으로 관련된 것은 아니었습니다. 하지만 악한 행동의 영역에서도 마찬가지로 약한 상관관계부터 강한 상관관계까지 유사한 범위의 상관관계가 존재합니다. 예를 들어, 마키아벨리즘(전략적 조작과 무자비한 행태의 성향)과 배우자에게 폭력적으로 행동할 가능성 사이에는 약하지만 무작위 수준을 넘어서는 정도의 상관관계가 나타납니다.

자기애(이기심과 자기 과대 성향)와 직장에서의 악한 행동(예를 들어 회사 물품을 훔치는 행위) 사이에서는 조금 더 강한 상관관계가 발견됩니다. 그리고 사이코패스 성향(공감 결여와 충동적 폭력 성향)과 공격성 및 범죄 행위는 강한 상관관계를 보입니다.

이 세 가지는 악한 성격 특성과 악한 행동 사이의 상관관계를 보여주는 대표적인 예에 불과합니다. 실제 사례들은 무수히 많습니다. 세상에는 훨씬 더 많은 악한 행동들이 존재하니까요. 그뿐만이 아닙니다. 세상에는 또한 수많은 악한 성격 특성들이 존재하며, 이것들은 그에 못지않게 많은 악한 행동들과 연결되어 있습니다. 그리고 이 모든 악한 성격 특성들과 악한 행동들의 근저에는 '하나'의 악한 성격 특성이 자리 잡고 있습니다. 바로 'D-인자'입니다.

# 3장

# 악한 성격 특성의 핵심: D-인자

사람들에게 아무거나 구체적으로 '악한 행동'을 떠올려 보라고 하면 한 가지 사실이 금세 분명해집니다. 악한 행동에는 정말 다양한 방식이 존재한다는 것입니다. 사기나 절도를 통해 부당하게 이익을 취하고, 전 연인에 대해 악의적인 소문을 퍼뜨리고, 부하 직원을 괴롭히고, 다른 사람의 공로를 가로채고, 분노를 참지 못하고 폭력을 휘두르는 등 악행의 목록은 끝이 없습니다.

우리는 이러한 행동들에 책임이 있는 다양한 악한 성격 특성들의 존재도 생각해 볼 수 있습니다. 예컨대 이기심이 절도를 통해 이익을 취하려는 성향을 강화하고, 자기애가 타인의 성취를 자신의 공로로 삼으려는 행동을 촉진하고, 복수심이 전 연인에 대한 악의적인 소문을 퍼뜨리게 만들고, 가학성이 부하 직원을 괴롭히는 행동으로 이어지고, 사이코패스 성향이 충동적으로 분노를 폭발시키고 타인을 해친다고 할 수 있습니다.

이런 식으로 악한 성격 특성의 목록도 길어집니다. 이 목록은 우리의 어휘로 악한 행동을 설명할 수 있는 특성 명칭이 더는 남지 않을 때까지 계속 이어질 수 있습니다. 심지어 기존의 어휘가 바닥이 나더라도 여러 개념을 결합하거나 하위 범주로 세분화함으로써 얼마든지 새로운 구분을 만들어 낼 수 있습니다. 자기애를 '과장된' 자기애와 '취약한' 자기애로 나누거나, 사이코패스 성향을 제1요인과 제2요인으로 구분하는 식입니다. 아니면 아예 새로운 단어를 만들어 내 상상할 수 있는 모든 악한 행동에 그에 상응하는 성격 특성을 부여할 수도 있습니다. 예컨대 '도둑질성'이나 '괴롭힘성' 같은 신조어를 생각해 볼 수 있겠습니다.

다소 과장된 이런 예시들이 보여 주듯, 여기서 우리가 정말로 근본적으로 서로 다른 성격 특성을 다루고 있는 것인지, 그래서 그토록 많은 특성을 구분할 가치가 있는지에 대한 의문이 제기됩니다. 이러한 구분이 필요한 것이 되려면, 각각의 성격 특성들이 서로 충분히 분리되어 있고 독립적이어야 합니다. 다시 말해서 사람들이 대부분 어떤 몇 가지의 악한 성향들은 지니고 있지만 그 밖에 다른 악한 성향들은 지니고 있지 않아야 합니다.

이기심, 자기애, 복수심, 가학성을 구분하는 것이 타당하려면, 이기적인 사람이 일반적으로 자기애가 심하지 않거나, 복수심이 강한 사람이 동시에 가학적이지 않을 수 있어야 합니다. 한 가지 악한 성격 특성에서 다른 악한 성격 특성이 충분히 예측될 수 없어야 합니다.

간단히 말해서 악한 성격 특성들이 서로 아무 관련이 없거나, 설령 관련이 있다 해도 매우 약하게만 연결되어 있어야 합니다. 우리가 불안 성향과 성실성을 구분하는 이유는, 이 둘이 서로 거의 관련이 없으면서도 다양한 상황에서 우리의 생각과 감정과 행동에 영향을 미치기 때문입니다.

## 다양성 속의 통일성: D-인자

그렇다면 악한 성격 특성들은 서로 독립적으로 나타난다고 볼 수 있을까요? 예를 들어 누군가가 복수심이 강하다는 것이 그 사람이 이기적이거나 자기애적이거나 가학적인 성향을 가지고 있는지 여부에 대해 (거의) 아무것도 말해주지 않는다고 할 수 있을까요?

그렇지 않습니다. 오히려 반대입니다. 하나의 악한 성격 특성은 좀처럼 단독으로 존재하지 않습니다. 어느 한 가지 악한 성격 특성이 강하게 나타나는 사람일수록, 다른 악한 성격 특성들도 함께 강하게 나타나는 경향이 있습니다. 몹시 이기적인 사람은 대체로 훨씬 더 잔인하고, 자기애적이고, 복수심 강하고, 가학적인 성향을 보입니다. 마찬가지로 매우 잔인한 사람은 훨씬 더 이기적이고, 자기애적이고, 복수심이 강하고, 가학적입니다.

자신을 아주 대단한 존재로 여기는 사람(자기애)은 흔히 더 많은 것을 원하고(탐욕), 더 많은 것을 자신의 것으로 요구하고(특권 의식), 타인을 깎아내리거나 괴롭힘으로써 자신을 높이려 하고(악의, 가학성), 타인의 사소한 비판이나 작은 잘못에도 공격적으로 반응하며(적대성), 이를 되갚으려 하고(복수심), 타인을 전략적으로 이용하려 하는(마키아벨리즘) 등의 성향을 보입니다.

수치로 표현하자면, 자기애가 평균 이상으로 높은 사람은 탐욕이나 특권 의식 또한 평균 이상일 확률이 80%가 넘고, 악의나 가학성은 70% 이상, 복수심은 약 75%, 마키아벨리즘은 약 85%에 이릅니다.

신체적 특성인 키, 엉덩이 둘레, 체중, 신발 크기가 서로 일정한 상관관계를 보이듯이, 이 모든 악한 성격 특성들 역시 서로 뚜렷하게 연결되어 있습니다. 어느 한 특성이 강하면,

다른 특성들 역시 대체로 함께 강하게 나타납니다. 이러한 악한 성격 특성들 간의 상관관계는 일부에서는 성별과 신체 크기 사이의 상관관계만큼 강하게 나타나기도 하며, 평균적으로는 지능과 학업 성적 사이의 상관관계와 비슷한 수준의 강도를 보입니다.

지능과 학업 성적에 관해 더 이야기해 보자면, 약 100년 전 영국의 심리학자 찰스 스피어먼(Charles E. Spearman)도 서로 다른 특성들 간의 상관관계에 대해 매우 유사한 관찰을 한 적이 있습니다. 다만 악한 성격 특성이 아니라 '능력'에 관한 것이었습니다. 그는 영어와 수학처럼 전혀 다른 교과목에서의 성취도가 서로 밀접하게 관련되어 있음을 발견했습니다. 영어 성적이 좋은 학생은 수학 성적도 좋은 경우가 많았고, 그 반대도 마찬가지였습니다.

다른 능력 영역에서도 일반적으로 이와 비슷한 양상이 나타납니다. 계산을 잘하는 사람이 논리적 추론 능력도 높고, 어휘력도 풍부하고, 길도 잘 기억하는 식입니다. 이에 따라 찰스 스피어먼은 이런 다양한 개별 능력들에는 모두 하나의 핵심 능력이 공통적으로 작용한다는, 오늘날까지도 널리 받아들여지고 있는 이론을 제시했습니다.

우리는 이 핵심 능력을 단순히 '일반 지능', 혹은 스피어먼이 제안한 대로 '지능의 g-인자(General Factor)'라고 부릅니다. 일반 지능은 모든 개별 능력들이 공유하는 것, 즉 그 '본질(essence)'이라고 할 수 있습니다. 다시 말해, 일반 지능이란 우리를 '전반적으로' 똑똑하게 만드는 요소로서 학교 성적, 지능 검사, 직업 능력, 일상생활(예를 들어 약속, 길찾기, 쇼핑 목록 기억) 등과 관련된 우리의 모든 성취에서 발휘됩니다.

물론 이것은 모든 개별 능력이 다 동일한 능력이라는 뜻이 아니며, 또한 g-인자가 학교, 직장, 일상생활 등 개인의 능력이 중요한 모든 생활 영역에서 동일한 수준으로 발휘된다는 의미도 아닙니다. 논리적 추론 능력과 어휘력은 분명히 서로 다른 능력이며, 어휘력보다는 논리적 추론 능력에서 g-인자가 더 강하게 작용합니다. 그럼에도 불구하고 두 능력 모두 g-인자의 표현이며, 정도의 차이가 있을 뿐입니다. 우리의 일반 지능은 두 가지 능력 모두에 반영되며, 바로 그렇기 때문에 둘은 서로 연관되어 있습니다.

이제 능력에 관한 이야기는 그만하고 다시 악한 성격 특성으로 돌아가 보겠습니다. 이것들은 위에서 설명한 바와 같이 능력과 동일한 패턴을 보입니다. 모든 악한 성격 특성들은 서로 뚜렷하게 관련되어 있으며, 하나의 악한 성격 특성(예를 들어 이기심)을 통해 다른 악한 성격 특성들(예를 들어 자기애, 복수심, 가학성 등)을 어느 정도 예측할 수 있습니다.

따라서 스피어먼이 제안한 이론적 아이디어는 악한 성격

특성에도 적용할 수 있습니다. 모든 악한 성격 특성에는 '단 하나'의 근본적 성향, 즉 공유된 핵심이 존재한다는 것입니다. 이 핵심은 모든 악한 특성 속에 내재된 본질이며, 각 특성을 통해 다양한 방식으로 표출됩니다. 그것은 바로 악한 성격 특성의 g-인자라 할 수 있는 'D-인자'입니다.

### 왜 'D-인자'인가?

D-인자, 즉 성격의 다크 팩터(Dark Factor of Personality)라는 명칭은 어디서 온 것일까요? 자연스럽고 타당한 의문입니다. 대부분의 성격 특성은 그것이 설명하고 있는 성향과 같은 이름으로 불리는 경향이 있기 때문입니다. 불안이라는 특성이 강한 사람은 불안하게 생각하고 느끼고 행동합니다. 지능 특성이 강한 사람은 지적으로 사고하고 행동합니다. 그렇다면 생각과 감정과 행동이 '다크(dark)'한 사람은 어떻게 행동할까요?

여기서 '다크'라는 표현은 은유적 의미로 사용됩니다. 이것은 선과 악의 대립에서 비롯된 개념이며, 언어적으로는 '밝음'이나 '어둠'의 이미지를 표현할 때 사용됩니다. 〈반지의 제왕〉에는 '어둠'의 지배자 사우론이 등장하고, 〈해리 포터〉에서 볼드모트와 그의 추종자들은 '검은' 마법을 사용하며, 〈스타워즈〉에서는 포스의 '어두운' 면이 존재합니다. 일상 언어에서도 우리는 '검은 돈(black money)', '암시장(black market)', '블랙리스트(blacklist)', '암거래(dark dealings)' 등의 표현을 사용합니다. 비슷한 예는 다른 언어와 문화에서도 발견됩니다.

바로 이러한 이유로 생각과 감정과 행동의 악한 성향을 반영하는 성격 특성들은 흔히 '어두운 성격 특성(dark traits)'이라고 불립니다. 따라서 이들의 공통된 핵심을 '성격의 다크 팩터'라고 부르는 것은 자연스러운 일이라 하겠습니다.

그러나 '다크'라는 용어는 때때로 비판을 받기도 합니다. 주요 비판 중 하나는, 인간의 특성은 원칙적으로 평가의 대상이 되어서는 안 된다는 것입니다. 이에 따르면 특성을 지칭하는 용어 역시 가능한 한 평가를 암시하지 않는 것이 바람직할 텐데, '다크'는 다분히 평가적입니다.

'어두운 성격 특성'과 '다크 팩터'는 타인에게 해를 끼치고 대부분의 사람들에게 거부당하고 부정적으로 평가받는 악한 행동의 성향을 다루고 있습니다. 따라서 그 의미가 명확히 전달되는 부정적인 용어를 사용하는 것이 타당할 수 있습니다.

그 밖에도 '사이코패스'처럼 원래는 중립적이었던 개념이 악한 행동을 기술하는 용어로 쓰이게 되면서 점차 부정적인 함의를 얻기도 합니다. 그러므로 우리는 굳이 우회하지 않고 있는 그대로의 명칭으로 '다크 팩터' 혹은 'D-인자'라고 부르겠습니다.

## 타인의 희생을 통한 이익의 극대화

앞에서 우리는 D-인자를 일반적 지능 인자인 g-인자에 빗대어 모든 악한 성격 특성들 사이의 강한 상관관계, 나아가 악한 성격 특성과 악한 행동 사이의 상관관계를 설명하는 근거로서 이해했습니다. D-인자는 모든 악한 성격 특성들이 공유하는 것이며, 따라서 모든 악한 행동들을 (함께) 결정하는 것, 즉 악한 성격의 본질이라 하겠습니다. 그렇다면 이 '본질'이란 어떤 것일까요? 모든 악한 특성들의 이 공통된 핵심은 구체적으로 무엇을 의미할까요? 우리는 D-인자의 내용이 무엇인지 명확히 규정할 필요가 있습니다.

조금 단순화해서 정의하자면, D-인자는 '타인의 희생을 통해 자기 이익을 극대화하려는 일반적 성향이며, 여기에는 이를 정당화하기 위한 신념이 동반된다'고 하겠습니다.

이 정의는 두 부분으로 이루어져 있습니다. 첫 번째 부분인 '타인의 희생을 통한 자기 이익의 극대화'는 D-인자가 두드러지는 사람들이 어떻게 행동하는지를 설명합니다. 두 번째 부분인 '정당화를 위한 신념'은 그들이 왜 그런 행동을 하는지를 설명합니다. 이제 이 두 가지 구성 요소를 더 자세히 살펴보고 그 의미를 규명해 보겠습니다.

먼저 이익의 극대화입니다. 이것은 무엇일까요? '이익'이란 매우 일반적인 개념으로, 어떤 것이 한 개인의 목표 달성에 얼마나 도움이 되는지를 의미합니다. 많은 다양한 것들이 특정 시점이나 상황에서 한 개인에게 이익이 될 수 있습니다. 어떤 것이 얼마나 큰 이익을 주는지는 그때그때의 목표에 따라 달라집니다. 현재의 목표 달성에 기여할 것으로 예상되는 정도가 클수록 그 이익도 커집니다.

이익은 또한 단기간에 달라질 수 있습니다. 예를 들어 음식은 우리가 배고프거나 식욕이 있을 때에만 이익을 줍니다. 이미 충분히 배가 부른 상태에서는 큰 조각의 생크림 케이크가 별로 이익을 주지 못하며, 심지어 속만 더부룩하게 만드는 '불이익'이 되기도 합니다. 음식은 지금 이 순간 배가 고프거나 배를 채우는 것이 당장의 목표일 때에만 이익이 될 수 있습니다.

이에 반해 어떤 목표들은 더 장기적이며 상황에 덜 의존합니다. 대부분의 사람에게 장기간에 걸쳐 지속적인 이익을 주는 것들이 있습니다. 대체로 물질적 이득(예를 들어 돈)이 여기에 속합니다. 하지만 좋은 평판, 사회적 인정, 욕구의 충족 같은 비물질적 가치도 그럴 수 있습니다. 긍정적인 자아상은 신체적, 정신적 건강과 마찬가지로 우리에게 이익이 됩니다. 감정의 효과적 조절, 즉 바람직한 감정(기쁨, 자부심 등)을 경험하고 이를 강화하거나, 바람직하지 않은 감정(불안, 무력감, 슬픔 등)을 억제하고 줄이는 것 역시 이익을 줍니다.

심지어 상당히 불쾌한 것들조차도 결과적으로는 이익이 될 수 있습니다. 가령 병이 들어 건강을 회복하는 것이 목표라면 아무리 고통스럽거나 비싸고 번거롭더라도 치료를 받는 것이 이익일 수 있습니다. 더 많이 갖기를 원하는 모든 것과, 목표 달성에 도움이 될 것으로 예상되는 모든 것은 우리에게 이익이 됩니다. 그리고 도움이 많이 될수록 이익은 더욱 커집니다.

따라서 자기 이익을 극대화한다는 것은, 자신의 목표 달성에 가장 크게 도움이 되리라고 예상되는 일을 끊임없이 하려는 것을 의미합니다. 여기서 '예상되는'이라고 말하는 이유는, 어떤 행동이 실제로 가장 큰 이익을 가져올지를 우리가 언제나 명확히 알 수 있는 것은 아니기 때문입니다. 이렇게 볼 때 '이익의 극대화'란 결정의 순간에 의식적이든 무의식적이든 그것이 자신에게 가장 큰 이익이 되리라고 '믿는' 일을 행하는 것을 의미합니다.

예를 들어 어떤 사람이 자신이 저지른 불륜에 대해 '입막음 돈'을 지불하는 일은 당장에는 이익을 극대화하는 행동으로 보일 수 있습니다. 그러나 만약 그 사실이 공개된다면 그 행위는 오히려 목표 달성에 해가 될 수도 있습니다. 따라서 이익의 극대화란 자신에게 가장 이익이 될 거라고 스스로 '믿는' 바를 행하는 것으로 이해될 수 있습니다.

D-인자의 경우, 이익의 극대화는 모든 형태의 이익 추구가 아니라 타인의 희생을 대가로 한 자신의 이익 추구를 말합니다. 타인이나 사회 전체에 물질적 비물질적 손실, 즉 '불이익'이 발생한다는 뜻입니다. '불이익'은 타인이나 사회의 목표 달성을 방해하는 모든 것들을 포함합니다. 그러므로 D-인자의 핵심은 타인의 이익을 감소시키는 방식으로 자신의 목표를 추구하는 것입니다.

D-인자를 정의할 때 이 부분은 매우 중요합니다. 자기 이익의 극대화가 타인이나 사회에 불이익을 주지 않는다면, 그것은 일반적으로 '악한' 행동으로 간주되지 않습니다. 우리가 건강을 위해 운동하는 것은 확실히 이익이 되지만 타인에게 피해를 주지는 않습니다. 물론 누군가가 매일 몇 시간씩 운동하느라 자기 자녀가 요구하는 도움이나 관심을 외면한다면 자기 이익의 극대화가 타인의 손실을 초래하는 행위가 되겠지만 말입니다.

타인의 피해를 초래하지 않는 행동은 D-인자의 정의에 포함되지 않습니다. 그 정의에 포함되는 것은 자신에게 (주관적으로) 이익을 주면서 동시에 타인에게 해를 끼치는 행동입니다. 예를 들어 도둑질이나 탈세를 하는 사람은 물질적 이익을 얻는 동시에 피해자나 사회 전체에 손실을 입힙니다. 누군가를 괴롭히거나 혐오 발언을 하는 사람은 아마도 스스로 만족감, 권력감, 우월감 따위를 느끼거나 아니면 단지 지루함을 해소하기 위해 그럴 테지만, 피해자에게는 고통을 주게 됩니다. 이처럼 자신의 이익이 타인의 희생을 대가로 확대되는 행동은 높은 D-인자의 표현이라 하겠습니다.

반드시 적극적인 행동일 필요는 없습니다. 때로는 행동하지 않는 것 역시 타인의 희생을 대가로 자신의 이익을 극대화하는 수단이 될 수 있습니다. 다친 사람을 돕지 않거나, 다른 사람이 괴롭힘을 당할 때 모른 체하거나, 자기 회사의 탈세를 신고하지 않는 등의 행위는 모두 타인을 희생하여 자신의 이익을 극대화하는 것(시간 절약, 남의 불행을 즐기는 마음, 자신의 직장 안정성 등)이 될 수 있습니다.

그 밖에도 자신의 행위가 타인에게 어떤 피해를 주는지를 반드시 명확하게 혹은 완전히 인식할 필요도 없습니다. 높은 D-인자는 대체로 타인의 피해를 충분히 인식하지만 그럼에도 자신의 이익을 더 중요하게 여기는 방식으로 나타납니다. 하지만 또 한편으로는 관심이나 공감 능력의 부족으로 인해 타인의 고통을 제대로 인지하지 못하는 형태로도 표출될 수 있습니다.

위의 두 가지 경우 모두 타인의 피해는 부차적이거나 무의미한 것으로 취급됩니다. 한쪽은 타인의 피해를 인지하지 못하기 때문이고, 다른 한쪽은 타인의 피해를 당연하게 여기기 때문입니다.

D-인자는 또 다른 방식으로도 나타날 수 있습니다. 타인의 피해가 오히려 자기 이익을 추구하는 행동의 목적 자체가 되는 경우입니다. 이때 타인의 피해는 결코 무시할 수 없는 문제입니다. 왜냐하면 그 피해는 의도적으로 초래된 것이기 때문입니다. 악의적인 소문을 퍼뜨려 전 연인에게 복수하는 경우, 그 자신은 상대에게 끼친 피해를 통해 이익(자기만족, 분노 감정의 완화 등)을 얻습니다. 부하 직원을 괴롭히는 경우에도 부하 직원이 겪는 고통을 통해 쾌락, 권력, 우월감 등의 이익을 취합니다.

요약하자면, D-인자는 자신의 이익을 타인의 이익보다 우위에 두는 성향이며, 심지어 타인에게 고통을 가함으로써 이익을 얻기도 합니다. 여기까지가 D-인자의 정의 중 첫 번째 부분입니다.

## 신념과 정당화

D-인자 정의의 두 번째 부분은 자신의 이익을 타인의 희생을 통해 극대화하려는 성향이 그러한 행동을 정당화하려는 신념과 결부된다는 점을 언급합니다. 이 부분 역시 매우

중요합니다. 사람들은 자신을 도덕적이고 정직하며 '선한' 존재로 보려는, 아니면 적어도 나쁘거나 악하거나 비도덕적이라고 여기지 않으려는 강한 욕구를 가지고 있습니다. 따라서 이러한 긍정적 자아상을 위협할 수 있는 가능성을 차단하거나 약화시키려는 동기가 강합니다.

악한 행동은 대개 도덕적이고 정직하고 선한 관념과 충돌하여 위협이 되기 때문에 사람들은 자신의 악한 행동을 어떻게든 정당화하려고 애를 쓰게 됩니다. 그 행동이 정당화될 수 있거나 심지어 반드시 필요했으므로 자신이 실제로는 비도덕적이거나 악하게 행동하지 않았다는 근거를 어떻게든 만들어 냅니다.[*] 이러한 정당화는 반드시 의식적이거나 적극적인 형태일 필요는 없으며, 직관적으로 지극히 당연한 일처럼 이루어집니다.

악한 행동이 심각할수록, 그 행동을 정당화할 변명을 마련하는 것이 더욱 중요해집니다. 실제로 전쟁 범죄자나 테러리스트처럼 특별히 악한 인간으로 간주되는 사람들의 가장 두

---

[*] 스스로 '악하다'고 자인하는 사람들조차 자신의 악한 행위를 정당화하거나 심지어 그 행위가 필요했다고 여기기도 합니다. 게다가 이러한 자인은 진솔한 고백이라기보다는 오히려 추가적인 이익의 극대화를 노린 전략일 때가 많습니다. 스스로 악한 이미지를 유지하여 타인에게 두려움을 심어 줌으로써 타인을 착취하거나 타인의 위협을 무력화시키려는 것입니다.

드러진 공통점 중 하나는, 이들이 언제나 뚜렷한 정당화 서사(narrative)를 가지고 있다는 점입니다. 이들의 서사는 대체로 '신의 나라'나 '우월한 인종' 등 극도로 이념적인 형태를 띱니다.

정당화의 대상이 반드시 대량 학살이나 집단 학살일 필요는 없습니다. 일반적으로 '악하다'고 여겨지는 모든 행동에는 정당화가 요구됩니다. 그렇지 않으면 자신이 악한 짓을 종종 저지르는 '악한 인간'이라는 사실을 어느 순간 인정해야만 하는데, 이는 대부분의 사람들이 극도로 피하고 싶어 하는 상황입니다. 그래서 사람들은 D-인자와 결부된 다양한 신념들을 동원합니다. 다시 말해서 D-인자 수준이 높을수록 그 사람은 자신의 악한 행동을 주관적으로 정당화할 수 있는 다양한 신념들을 갖게 됩니다.

이때 중요한 것은 그러한 정당화가 객관적으로 옳거나 논리적이거나 이해 가능한지 여부가 아닙니다. 그 사람이 스스로 자기 행동을 타당하다고 믿는 것만으로도 충분합니다. 그러한 정당화가 다른 사람에게는 터무니없는 것으로 보이더라도 상관없습니다. 예를 들어 어떤 사람이 '특정 정당이 도마뱀 인간으로 이루어져 있으며 그들이 영생을 얻기 위해 어린 아이의 피를 마신다' 같은 음모론을 믿는다면, 그 사람에게는 그 정당의 구성원을 살해하는 행위도 정당하게 보일 수 있습니다. 물론 여기에는 아무런 객관적 정확성이나 타당성이 없습니다. 그러나 행동하는 당사자에게는 충분한 정당성을 제공합니다.

정당화에 사용되는 대부분의 신념들은 이보다는 덜 극단적이고 흔히 볼 수 있는 일반적인 수준입니다. 모든 사람들이 그 신념을 공유하지 않더라도, 대다수의 사람들에게 터무니없는 헛소리로 치부되지도 않습니다. 이제부터는 악한 행동을 정당화하는 데 자주 활용되고 높은 D-인자와도 관련된 주요 신념 유형들을 좀 더 자세히 살펴보겠습니다.

### 우월감

D-인자의 한 부분은, 자신이 근본적으로 다른 사람들보다 더 낫고 더 중요하고 우월하기 때문에 돈, 권력, 존중, 지위, 쾌락 등 더 많은 것을 누릴 자격이 있다고 믿는 강한 신념입니다. 예를 들어 평균 이상으로 높은 D-인자를 지닌 사람들 중 70% 이상이 '솔직히 말해서 나는 다른 사람들보다 더 중요하다'는 진술에 동의합니다. 이런 신념은 악한 행동을 정당화하는 근거로 작용하는데, 악행의 결과로 얻는 이익을 자신이 당연히 받을 자격이 있다고 생각하기 때문입니다.

도덕적 규범과 규칙을 기본적으로 인정하기는 할 테지만, 그것이 자신에게 동일하게 적용되지는 않는다고 여깁니다.

말하자면 그들은 법 위에 서 있는 셈입니다. 타인의 희생을 통해 자신의 이익을 추구해서는 안 된다는 도덕적 요구는 다른 사람들에게만 해당되며, 자신은 도덕적 면책 특권을 누립니다. 자신과 타인을 서로 다른 도덕적 기준으로 평가하는 사람들이 종종 눈에 띄는 것은 결코 우연이 아닙니다. 상대적으로 영향력이 큰 지위에 있는 사람들이 더 빈번히 이런 성향을 보이는데, 그로 인해 직접적인 이익을 얻을 수 있을 때 특히 그렇습니다.

이런 우월감은 다른 사람들이 자신과 동등한 대우를 받을 권리가 없는 하찮은 패배자일 뿐이라는 인식으로 이어집니다. 심지어 착취당하는 것은 어리석은 그들 자신의 잘못일 뿐이라고 생각합니다. 이 또한 주관적으로 그럴싸한 정당화를 제공하는데, 다른 사람은 더 나은 대우를 받을 자격이 없는 존재라는 것입니다.

### 불신

정당화를 뒷받침하는 대단히 유용한 또 다른 신념의 범주는 바로 '불신'입니다. 여기에는 타인에 대한 냉소적인 관점과 남들이 자신을 착취한다는 (또는 착취하려 한다는) 신념이 포함됩니다. 세상을 전반적으로 악하고 위협적이고 위험한 곳으로 보거나, 삶을 자원과 생존을 둘러싼 경쟁으로 이해하는 신념도 이 범주에 속합니다. 예를 들어 평균 이상의 D-인자를 지닌 사람들의 약 75%가 '세상은 무자비한 경쟁의 장이므로 때때로 냉혹하게 행동해야 한다'라는 진술에 동의합니다.

이런 신념은 두 가지 방식으로 정당화에 활용될 수 있습니다. 첫째, '모두가 그렇게 하고 있거나 할 예정이다'라고 생각하기 때문에 악한 행동을 묵살하게 됩니다. 거의 모든 사람이 문제의 행동을 하거나 할 것이라고 믿으면, 그런 행동이 별로 대수롭지 않으며 오히려 그렇게 하지 않는 것이 어리석게 느껴집니다. 예를 들어, 모든 사람이 세금을 탈루한다고 가정하면 탈세는 사소한 범죄에 불과한 것이 되고, 정직하게 세금을 내는 것이 오히려 순진한 바보짓으로 생각될 수 있습니다.

실제로 많은 비윤리적 행동의 경우, 소위 사회적 관행, 즉 모두가 다 하는 행동이 매우 강한 영향을 미치는 것으로 나타납니다. 이는 초등학교 운동장에서도 쉽게 관찰할 수 있는 현상입니다.

둘째, 불신은 악한 행동을 끊임없는 착취의 위협에 맞서 자신을 방어하기 위한 불가피한 조치로, 즉 '먹느냐 먹히느냐'의 문제로 인식하게 만듭니다. 모든 타인에게 최악의 의도를 가정한다면 공격이 최선의 방어입니다. 사실상 정당방위인 셈입니다. 그 결과 심지어는 핵 선제공격과 같은 극단적인 행위까지도 주관적으로 정당화될 수 있는 것입니다.

D-인자가 높은 사람들이 경험하는 강한 위협감은 이들이 무기를 소지할 가능성이 훨씬 더 높다는 사실에서 확인할 수 있습니다. 그림 3A는 평소에 무기(칼, 경보용 권총, 전기 충격기 등)를 휴대하고 다닌다고 응답한 사람들의 비율을 D-인자 수준에 따라 보여 줍니다. 그림에서 보듯이, 매우 높은 D-인자를 지닌 사람들은 평소 무기를 휴대하고 다닐 가능성이 훨씬 더 큽니다. 이들이 자신을 끊임없이 위협받는 존재로 인식한다는 점을 고려하면, 이는 충분히 이해할 만한 결과입니다.

D-인자와 불신 혹은 냉소주의 사이의 밀접한 연관성은, D-인자가 높은 사람일수록 전혀 모르는 타인에게 더 높은 D-인자를 부여한다는 사실에서도 확인할 수 있습니다. 평균 이상의 D-인자를 지닌 사람은 전혀 모르는 낯선 사람에 대해 그가 약 70%의 확률로 평균 이상의 D-인자를 지녔을 거라고 추정합니다. 이 현상은 '사회적 투영(자신의 경험을 타인에게 투영하는 것)'으로도 알려져 있으며, 특히 가치와 도덕에 직결된 성격 특성에서 두드러지게 나타납니다. 사람들은 일반적으로 타인도 자신과 유사한 윤리적·도덕적 기준을 가졌을 거라고 믿고 싶어 합니다.

이것은 D-인자의 경우에도 마찬가지입니다. 낮은 D-인자를 지닌 사람은 타인도 그다지 악하지 않다고 가정해야 합니다. 그렇지 않으면 그들 자신이 착취당하기 쉽고 세상 물정

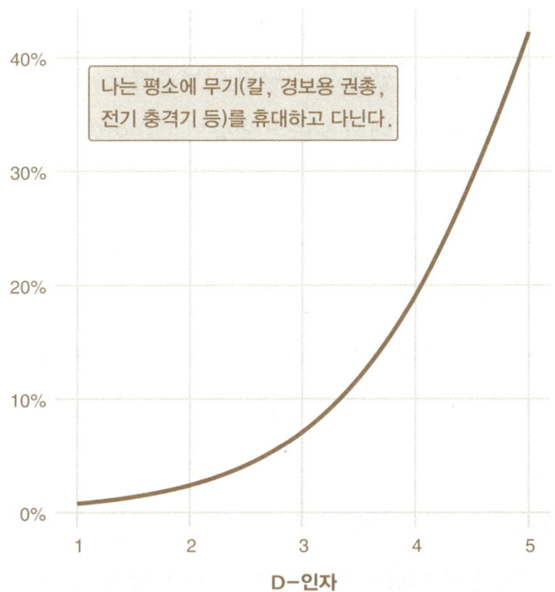


그림 3A. D-인자와 평소 무기를 휴대할 확률 사이의 상관관계.

모르는 존재가 될 것이고, 심지어 실제로 착취를 당했을 때 오히려 자기 자신에게 책임을 돌리게 될 수 있기 때문입니다.

반대로 높은 D-인자를 가진 사람은 타인 역시 악하다고 가정해야 합니다. 그렇지 않으면 자신의 악함이나 악한 행동을 정당화하기가 훨씬 더 어려워집니다. 타인에 대한 우리의 신념은 우리 자신의 성향과 잘 맞아떨어지기 때문에, 우리는 내면 깊숙이 자리 잡은 욕구에 따라 스스로 유능하고 도덕적으로 올바르다고 인식할 수 있습니다.

위계

불신과 밀접하게 연관된 또 하나의 신념 범주는 위계적 신념입니다. 이것은 불신에서 도출된 일종의 결론이라 할 수 있습니다. 세상이 위험한 곳이며 자원과 생존을 둘러싼 끝없는 경쟁의 장이라면 거기에는 승자와 패자가 존재합니다. 모두가 잘살 수 없다면, 일부는 다른 사람을 희생시켜서라도 잘살아야 한다는 것입니다. 이 신념에는 의식된 '우리(가족, 씨족, 국가, 특정 종교나 민족 집단 등)'에 속하는 모든 이들의 이익을 우선시하고, 이를 위해 '우리'에 속하지 않은 타인들을 희생시켜도 괜찮다는 태도가 포함됩니다.

예를 들어 평균 이상의 D-인자를 지닌 사람의 약 70%는 '이상적인 사회를 위해서는 일부 집단이 꼭대기에 서고, 다른 집단은 밑에 있어야 한다'는 진술에 동의합니다. 바꾸어 말하면, 어떤 집단이 다른 집단 위에 군림하는 것이 도덕적으로 옳고 정당하다고 믿기 때문에 악한 행동도 정당화될 수 있습니다. 그 행동이 자신이 속한 집단과 그들의 우월한 지위에 기여한다면 말입니다.

이러한 사고방식은 민족주의나 자문화 중심주의 혹은 자원을 둘러싼 무력 충돌 같은 큰 규모의 맥락에서만 나타나는 것이 아닙니다. 동일한 기본적 경향은 소소한 일상에서도 이미 드러납니다. 모든 아이가 양질의 교육을 받을 수 없더라도 적어도 내 아이만큼은 그런 교육을 받아야 하며, 그로 인해 다른 아이들의 기회가 희생되더라도 개의치 않습니다. 우리가 속한 사회가 반드시 탄소 중립 에너지 체제로 전환해야 할 경우 풍력 발전기는 우리 동네가 아니라 다른 지역에 세워야 한다고 말합니다.

그 밖에도 특정한 권위나 이념의 요구를 일반적인 도덕 원칙보다 우위에 두는 태도 역시 위계적 신념에 포함됩니다. 이때 중요한 것은 권위자나 이념 자체가 아닙니다. 그것들은 언제든지 다른 것으로 대체될 수 있습니다. 목표와 견해가 매우 다른 여러 '지도자'들이 존재해 왔으며, 근본주의와 극단주의 역시 매우 다양한 종교 공동체와 정치 진영에 존재합니다.

이들 사이의 본질적 공통점은 권위자나 이념이 (명시적으로든 암묵적으로든) 그것을 요구한다는 이유로 악한 행위가 정당화된다는 것입니다. 그리고 여기에는 대개 '찬란한 미래(유토피아)'의 약속이 수반됩니다. 권위나 이념에 무조건 복종하는 것이므로 악행을 저지르는 것이 아닐 뿐만 아니라 궁극적으로는 옳은 일을 하는 셈이 됩니다. 그 결과, 개인은 자신의 행위에 대한 도덕적 책임의 일부를 포기하게 됩니다.

여기서 주목해야 할 점은, 이러한 현상이 반드시 폭력적인 의회 점거, 종교적 근본주의자들의 자살 폭탄 공격, 대량 학살 등과 같은 극단적 사건으로만 나타나는 것은 아니라는 사실입니다. 권위에 대한 복종을 통해 정당화되는 악행은 훨씬 일상적인 곳에서도 시작될 수 있습니다. 상부의 지시에 따라 불법적인 디젤 차량 조작 장치를 의도적으로 설치하는 직원들이나, 평화적인 시위대에게 과도한 폭력을 행사하라는 명령에 복종하는 보안 요원들이 그 예입니다.

이처럼 악한 행동은, 특정 집단에 이익이 되거나 절대적 복종의 대상이 되는 인물 또는 이념이 요구한다는 이유로, 불가피한 악으로서 주관적으로 정당화될 수 있습니다.


### 상대성

마지막으로 D-인자와 관련하여 악행의 상대화에 기여하는 신념들이 존재합니다. 이는 행위의 도덕적 판단이 절대적인 것이 되지 못하고 상황이나 과거의 경위, 남들의 행동, 사회 전반의 타락 등에 따라 상대적인 것이 된다는 의미입니다. 이 세계에 더는 절대적인 옳고 그름이 존재하지 않으며, 흑과 백 대신 많은 회색 지대가 존재한다고 믿는 것입니다.

예를 들어 평균 이상의 D-인자를 가진 사람들 중 70% 이상은 '어떤 것이 효과가 있다면 그것이 옳은지 그른지는 중요하지 않다'는 주장에 동의합니다. '타인에게 해를 끼치지 말라'와 같은 도덕적 기본 원칙이 더는 보편적 규범으로 받아들여지지 않고 상황에 따라 달라질 수 있는 것으로 인식됩니다. '단, 상대가 먼저 나에게 해를 끼치려 한다면 예외다'라는 식입니다. '악'은 항상 저울질의 문제이며 사안별로 판단해야 할 문제가 됩니다.

상황은 늘 모호하게 해석되어 무엇이 도덕적으로 옳고 그른지 명확하지 않습니다. 타인에게 어떤 피해가 발생할지 예측할 수 없었다고 주장하기도 합니다. 법적 허점들은 행동에 대한 암묵적 허가나 최소한 면죄부로 인식됩니다(예를 들어 주식 시장의 Cum-Ex 거래). 피해자에게 일정 부분 책임이 전가되거나('저렇게 야한 옷차림으로 도발을 하니까'), 이런저런 정상 참작의 사유를 내세우기도 합니다('너무 화가 나서', '스트레스를 받아서'). 반면에 타인의 도덕적 일탈은 '눈에는 눈'의 논리로 보복의 기회로 여깁니다.

기저에 깔린 신념은 도덕적 규범이 절대적인 것이 아니라 상대적이며, 자신의 잘못은 악한 것이 아니라 상황에 의해 정당화될 수 있는 행위라는 암시를 줍니다.

### 중간 결론

악한 행동을 정당화하기 위해 동원될 수 있는 신념은 매우 다양합니다. 이들은 모두 어느 정도 D-인자와 밀접하게 연관되어 있습니다. 개인의 D-인자가 높을수록 이러한 신념 또한 더욱 뚜렷하게 나타납니다. 이는 당연한 결과입니다. 왜냐하면 D-인자가 높을수록 악한 행동을 정당화해야 할 일이 더 자주 생기고, 그만큼 다양한 형태의 정당화 신념들이 유용해지기 때문입니다.

이러한 신념들은 서로 잘 맞물리며 서로를 보완하는 경향을 보입니다. 자신의 우월성을 믿는 신념은 타인이 자신을 착취하려 한다거나 일부 집단이 다른 집단보다 우위에 있다는 신념과 잘 결합됩니다. 이와 같은 신념들의 조합을 가리켜 '집단적 자기애'라고 부르기도 합니다.

D-인자가 높을수록 악한 행동을 정당화하기 위한 신념의 다양성이 요구됩니다. 모든 신념이 모든 상황에서 똑같이 유용하지는 않기 때문입니다. 예를 들어 탈세는 '내가 다른 사람보다 더 노력해서 많이 벌었기 때문'이라거나 '어차피 다들 그렇게 한다'는 이유로 비교적 쉽게 정당화될 수 있지만, '권위자나 이념이 탈세를 요구했다'는 식의 정당화는 아주 특수한 상황에서만 설득력을 가집니다.

반면에 명령에 따라 타인을 고문하는 행위는 '내가 다른 사람보다 더 노력해서 많이 벌었기 때문'이라거나 '어차피 다들 그렇게 한다'는 이유로는 정당화되기 어렵습니다. 그보다는 '위에서 시킨 명령을 따랐을 뿐'이라거나 '이념적 이유로 불가피한 악이었다'는 식의 정당화가 훨씬 더 잘 작동합니다.

가능한 한 많은 상황에서 악한 행동을 정당화할 수 있으려면 이처럼 다양한 유형의 신념이 필요합니다. 바로 그렇기 때문에 다수의 정당화 신념들이 D-인자와 강하게 연관되어 있다는 주장은 설득력을 얻습니다.


## D-인자와 개별적인 악한 성격 특성들


D-인자는 타인의 희생을 감수하면서 자신의 이익을 극대화하려는 성향을 뜻하며, 그와 같은 행위를 정당화할 수 있는 여러 신념들을 동반합니다. 이러한 이해를 바탕으로 이제 이 개념이 자기애, 사이코패스 성향, 복수심 같은 개별적인 악한 성격 특성에 대해 어떤 의미를 갖는지 살펴보겠습니다.

먼저 두 가지 점을 분명히 해야 합니다. 첫째로, D-인자는 모든 악한 성격 특성의 공통된 핵심입니다. 모든 악한 성격 특성에는 타인의 희생을 통해 자신의 이익을 극대화하려는 성향이 존재하며, 이는 그러한 행동을 정당화하는 신념들과 결합되어 있습니다. 따라서 D-인자를 포함하지 않는 악한 성격 특성은 존재하지 않습니다. 둘째로, D-인자를 제외하면 각각의 악한 성격 특성들은 서로 공통점이 없습니다. D-인자를 뺀 나머지 요소들은 서로 아무런 관련도 없습니다. 오직 D-인자만이 모든 악한 성격 특성들을 하나로 묶어 주고 궁극적으로 악하게 만드는 요소입니다.

이것이 모든 악한 성격 특성이 똑같다거나 동일한 정도로 악하다는 뜻은 아닙니다. 각각의 악한 성격 특성은 D-인자가 작동하는 한 가지 방식, 즉 타인의 희생을 통한 (그리고 이를 정당화하는 신념을 동반한) 이익의 극대화가 구체적으로 드러나는 특정한 방식이라고 할 수 있습니다. 악한 성격 특성들이 서로 구별되는 방식은 크게 세 가지로 나뉩니다.

1. 악한 성격 특성들은 각각 D-인자의 특정 측면을 다른 측면보다 더 강하게 드러냅니다.
2. 악한 성격 특성들은 D-인자의 함량이 서로 다르기 때문에 악함의 정도도 각기 다릅니다.
3. 악한 성격 특성들은 D-인자 외에 추가적인 구성 요소를 포함하고 있습니다.

이제 각각의 악한 성격 특성들을 구분 짓는 이 세 가지 특징을 좀 더 자세히 살펴보겠습니다.

## D-인자의 어떤 측면이 강조되는가?

악한 성격 특성들은 우선 D-인자의 특정 측면이 얼마나 두드러지는가에 따라 서로 구별됩니다. 타인의 희생을 대가로 자신의 이익을 극대화하는 한 형태라는 점에서는 모든 악한 성격 특성이 다 똑같습니다. 차이는 그 과정에서 타인에게 가해지는 피해가 단순히 부수적으로 발생하는지, 적극적으로 유발되는지, 아니면 피해를 가하는 것 자체가 목표인지에 따라 생겨납니다.

예를 들어 탐욕적인 사람은 이미 얻은 것에 만족하지 못하고 언제나 더 많은 몫을 차지하려는 특징을 보입니다. 그로 인해 종종 다른 사람들에게 돌아갈 몫이 줄어드는 피해가 발생하기도 합니다. 하지만 탐욕적인 사람이 원하는 것은 남에게 해를 끼치는 것이 아니라 오로지 무언가를 더 많이 차지하는 것뿐입니다. 타인에게 피해가 가해지는 것은 용인되지만, 그것이 행동의 본래 목표는 아닙니다.

악의적이거나 가학적인 사람의 경우는 전혀 다른 양상을 보입니다. 몹시 악의적인 사람들은 타인이 고통받는 모습을 보며 흥분하거나 기쁨을 느끼기 때문에 타인의 손실이 곧 자기 이익의 근원이 됩니다. 이런 사람들은 피해자의 고통을 즐기기 위해 기꺼이 폭력배를 고용할 수 있는 부류입니다. 이들은 고통을 줄 목적으로 의도적으로 타인에게 해를 끼칩니다.

이와는 구별되는 또 다른 형태는 마키아벨리즘 성향의 냉혹하고 무자비한 사람들입니다. 이들은 자신의 목표에 방해가 되는 사람에게 해를 가하는 데 아무런 거리낌이 없습니다.

하지만 타인의 고통은 이들이 목표하는 바가 아니며, 단지 목적을 위한 수단이자 불가피한 부수적 피해일 뿐입니다. 마키아벨리즘 성향이 강한 사람도 마찬가지로 필요하다면 폭력배를 동원해 상대를 위협하거나 제거할 수도 있지만, 상대의 고통에서 쾌감을 얻기 위해서가 아니라 자신의 목표를 방해하지 못하게 하려는 것일 뿐입니다.

이처럼 개별적인 악한 성격 특성들은 타인에게 가해지는 피해가 어떤 의미를 갖는가에 따라 각각 구별될 수 있습니다. 또한 아주 구체적인 신념이 중심적인 역할을 할 수도 있습니다. 물론 모든 악한 성격 특성에는 악한 행동을 정당화하는 신념들이 결합되어 있지만, 어떤 악한 성격 특성은 그중에서도 아주 특정한 신념을 강조합니다.

마키아벨리즘 성향이 강한 사람은 타인을 어리석다고 여기고, 사람들을 승자와 패자로 나누어 보며, 삶이란 자원을 둘러싼 무자비한 투쟁의 장이라고 인식합니다. 이는 타인과 세상에 대한 지극히 냉소적이고 경쟁적인 시각이라 하겠습니다. 반면에 자기애 성향이 강한 사람에게 중요한 것은 자신의 특별함과 우월성입니다. 복수심이 강한 사람은 상대성을 강조합니다. 그에게 중요한 것은, 타인의 행동에 대한 반응으로서의 악한 행동은 정당화될 수 있다는 신념입니다.

종합해 보면 여러 개별적인 악한 성격 특성들은 D-인자의 어떤 측면이 특히 더 두드러지느냐에 따라 구별될 수 있습니다. 그것은 타인에게 가하는 해악의 기능이 될 수도 있고, 아주 구체적인 신념이 될 수도 있고, 아니면 두 가지 모두가 될 수도 있습니다. 이처럼 D-인자는 모든 악한 성격 특성에 정확히 같은 방식으로 나타나는 것이 아니라, 사람들마다 각기 다른 측면이 두드러질 수 있음을 허용합니다.

### 어떤 특정한 성격 특성은 실제로 얼마나 악할까?

개별적인 악한 성격 특성들은 또한 D-인자를 얼마나 많이 지니고 있는지, 혹은 D-인자가 그 안에 어느 정도나 반영되어 있는지에 따라서도 서로 구별됩니다. 결국 문제는 그 성격 특성이 얼마나 악한가 하는 것입니다. 이를 다시 일반 지능의 예를 가지고 생각해 보겠습니다. 공간적 상상력과 어휘력은 모두 일반 지능의 표현이지만, 그 정도는 같지 않습니다.

개인의 어휘력은 그 사람이 언어를 얼마나 많이 접하는지에 따라 달라질 수 있습니다. 반면에 공간적 상상력이나 논리적 추론 같은 다른 능력들은 훈련이나 학습을 통해 달라질 가능성이 매우 제한적입니다. 그렇기 때문에 이런 능력들은 어휘력에 비해 일반 지능을 더 직접적으로 반영합니다. 다시 말해서 일반 지능이 높지 않아도 풍부한 어휘를 가질 수 있지만 공간적 상상력이나 논리적 추론 능력은 그렇지 않습니다. 이

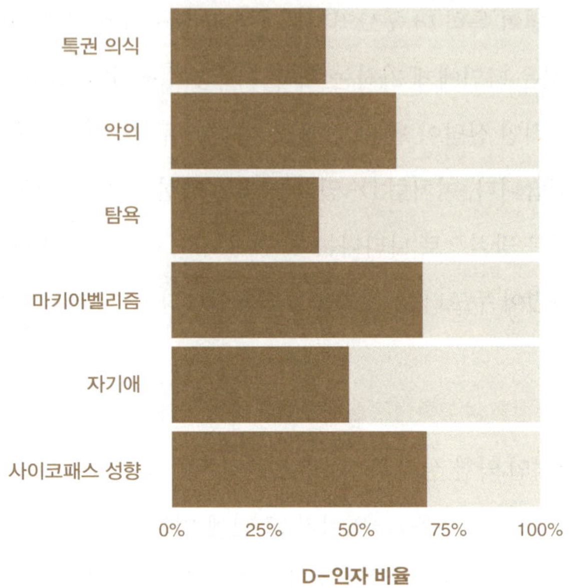


그림 3B. 다양한 악한 성격 특성에서 D-인자가 차지하는 비율.

러한 능력은 상대적으로 더 높은 수준의 일반 지능을 요구합
니다.

D-인자와 개별적인 악한 성격 특성의 관계도 비슷합니다.
그림 3B는 각각의 악한 성격 특성이 어느 정도까지 D-인자
에 의해 설명되는지를 예시적으로 보여줍니다. 이 가운데 일
부 특성은 주로 D-인자에 의해 설명되는데, 예컨대 악의나
마키아벨리즘이 그렇습니다. 반면에 특권 의식이나 탐욕 같은

성격 특성에서는 D-인자가 비교적 약하게 드러납니다.

이것은 아주 명백합니다. 누군가가 타인의 고통을 즐긴다면(매우 악의적이라면) 또는 자신의 목표를 위해 다른 사람을 기꺼이 희생시키려 한다면(매우 마키아벨리적이라면), 그러한 성향을 사회적으로 수용 가능한 방식(악하지 않은 방식)으로 발휘할 여지는 거의 없습니다. 그러므로 이 경우에는 D-인자가 특히 강하게 반영되게 됩니다.

반면에 특권 의식이나 탐욕은 특정한 소비 행태로 발현될 수 있으며, 이 경우 반드시 타인에게 피해를 주는 것은 아닙니다. 이러한 특성들은 개인이나 상황을 떼어 내고 보면 상대적으로 덜 악한 성향으로 여겨집니다. 곧 살펴보겠지만, 대부분의 악한 성격 특성은 D-인자 외에도 그 자체로 악하지 않은 다른 성향들도 함께 포함하고 있습니다.

### 악한 성격 특성에 포함된 D-인자 외의 요소들은?

만약 D-인자가 악한 성격 특성의 본질을 이루며 각 성격 특성에서 크고 작은 비중을 차지한다면, 모든 악한 성격 특성들은 D-인자 외에도 그 자체로 악하지 않은 또 다른 구성 요소들을 함께 포함하고 있어야 합니다(그림 3B의 밝은색 영역). 대체로 개별적인 악한 성격 특성들은 바로 이런 D-인자 외의 구성 요소들이 무엇인가에 따라 서로 구별됩니다.

마키아벨리즘과 사이코패스 성향을 예로 들면 두 특성 모두에서 D-인자의 비중이 비슷하게 높게 나타난다는 점이 확인됩니다. 둘의 차이는 각각 D-인자의 어떤 측면을 강조하느냐 뿐만 아니라, '추가적으로' 어떤 성향을 포함하고 있느냐에 따라서도 생겨납니다. 사이코패스 성향의 특징은 높은 충동성과 위험 감수 성향입니다. 사이코패스 성향이 강한 사람은 도발을 당했다고 느끼면 장기적인 결과를 고려하지 않고 즉각적으로 보복하려는 경향을 보입니다.

마키아벨리즘이 강한 사람도 마찬가지로 복수를 추구하지만 즉각적인 충동을 억누르는 대신 어떻게 하면 복수를 가장 효과적으로 실행할 수 있을지를 일단 숙고할 것입니다. 사이코패스 성향과 마키아벨리즘의 차이는 행동이 충동적이고 위험을 감수하는 방식으로 이루어지는지, 아니면 전략적이고 신중하게 계산된 방식으로 이루어지는지에 있습니다. 다시 말해서 두 성격 특성은 비슷한 정도로 악하지만 그 악함이 드러나는 방식은 서로 매우 다릅니다.

다른 악한 성격 특성들에서도 마찬가지로 D-인자가 '어떻게' 발현되는지를 결정짓는 추가적인 구성 요소들을 확인할 수 있습니다. 예를 들어 악의적 성향에는 흥분과 자극을 추구하는 강한 욕구가 그 기저에 자리 잡고 있습니다. 악의적 성향의 사람은 금방 지루해하며 끊임없이 흥미롭고 자극적인 상황을 찾습니다.

흥분과 자극에 대한 욕구는 그 자체로 악한 것은 아니며, 반드시 악한 행동으로 이어지지도 않습니다. 이러한 욕구를 우리는 공포 영화를 보거나 롤러코스터를 타거나, 아니면 특정 직업을 선택함으로써 충족시킬 수도 있습니다. 그러나 흥분과 자극에 대한 강한 욕구가 높은 D-인자와 결합할 경우 강한 악의적 성향이 나타나게 됩니다. 이때 D-인자는 악의적인 사람이 확실하게 자신의 지루함을 해소하고 짜릿한 자극을 느끼기 위해 타인에게 해를 가하는 방식으로 발현됩니다.

특히 흥미로운 사례는 자기애 성향에서 발견되는 추가적 구성 요소입니다. 자기애가 강한 사람은 자신이 남보다 우월하다고 여기며, 더 많은 것을 요구해도 된다고 믿습니다. 이런 태도는 전적으로 자기애 속에 내재된 D-인자에 기인합니다. 그러나 자기애의 특징은 더 포괄적입니다. 자기애 성향의 사람들은 인정받으려는 욕구가 강하고 비판에 매우 예민하여 쉽게 상처받는 경향이 있습니다.

하지만 누구도 모든 면에서 타인보다 우월할 수는 없습니다. 우리는 많은 영역에서 기껏해야 평균적인 수준에 머물 뿐이라는 사실을 받아들여야 합니다. 이것은 과대망상에 가까운 자아상을 지닌 사람에게는 위협적으로 다가옵니다. 이들의 자아상은 끊임없이 공격을 받기 때문에 남들보다 훨씬 더 상처받기 쉽습니다. 따라서 이들은 자신의 과장된 위상을 계속해서 확인하려 애쓰고, 지나칠 정도로 인정과 찬사를 갈구합니다. 인정과 찬사에 대한 욕구나 상처받기 쉬운 성향 역시 그 자체로 악한 것은 아닙니다. 그러나 높은 수준의 D-인자가 이 욕구들과 결합하면 심각한 형태의 자기애가 생겨나게 됩니다.

정리하자면, 모든 악한 성격 특성은 항상 D-인자를 포함하며 그 밖에도 대체로 추가적인 구성 요소를 함께 지니고 있습니다. 여기서 중요한 점은 이런 추가적 구성 요소들이 그 자체로 악하지는 않다는 사실입니다. 충동적이거나 위험을 감수하는 성향도, 흥분과 자극에 대한 욕구도, 인정받고자 하는 노력도, 상처받기 쉬운 성향도 모두 그렇습니다.

강한 자극 욕구나 위험 감수 성향은 익스트림 스포츠 같은 활동을 통해 충분히 발산될 수 있고, 인정 욕구는 대중의 관심을 끄는 직업이나 탁월한 성취를 통해 충족될 수 있습니다. 상처받기 쉬운 사람은 비판적 성향이 덜한 온화한 사람들과 주로 교류함으로써 대처할 수 있습니다. 이 중 어느 것도 그 자체로 악한 행동을 암시하지는 않습니다. 그러나 이 가운데 무엇이든 D-인자와 결합하면 사이코패스나 자기애처럼 D-인자의 다양한 양상을 띠는 악한 행동으로 이어집니다.

그 자체로 악하지 않은 이런 추가적 구성 요소들은 원칙적으로 D-인자와는 독립적으로 존재합니다. 따라서 어떤 사람의 D-인자를 안다고 해서 그 사람에게 이런 추가적 구성 요소들이 얼마나 두드러지게 나타나는지를 바로 알 수는 없습니다. 그 반대도 마찬가지입니다. 다만 이들 특성의 강도 높은 발현은 높은 수준의 D-인자와 함께 나타날 수 있으며, 그로써 악한 행동이 나타나는 방식에 영향을 미치게 됩니다. 충동적 성향이 강하게 동반되면 즉각적인 공격성이 나타나고(사이코패스 성향), 전략적이고 계산적인 성향이 동반되면 냉정한 복수 작전을 계획하고(마키아벨리즘), 강한 인정 욕구가 동반되면 타인의 성과를 자신의 것으로 포장합니다(자기애).

모든 악한 성격 특성은 D-인자의 변형입니다. D-인자는 사람들을 악하게 행동하게 만듭니다. 어떤 악한 성격 특성에 추가로 포함되는 특징들(D-인자 외의 구성 요소들)은 악한 행동이 '언제', '어떻게' 실행되는지에 영향을 미칠 수 있습니다.


결론


이 장에서는 모든 악한 성격 특성의 공통 핵심인 D-인자에 대해 알아보았습니다. D-인자가 지닌 근본적 성향(타인의 희생을 통해 자신의 이익을 추구하는 성향)과 그에 동반되는 신념들

(예를 들어 세상과 타인을 악하게 인식하는 것)을 살펴보았고, D-인자가 다양한 악한 성격 특성들 속에 얼마나 강하게 내재되어 있는지도 확인했습니다.

그렇다면 우리는 D-인자가 실제로 악한 행동과 관련이 있다는 것을 어떻게 알 수 있을까요? 'D-인자가 높은 사람일수록 무기를 소지할 가능성이 크다'라는 진술이 어떻게 가능할까요? D-인자가 상처받기 쉬운 성향이나 충동적 성향과 유의미한 관련이 없다는 주장의 근거는 무엇일까요?

이 물음에 답하기 위해서는 수백 명, 아니 수천 명의 사람들에 대해 한편으로는 그들의 D-인자가 얼마나 높게 나타나는지, 다른 한편으로는 그들이 (예를 들어) 무기를 소지하고 있는지, 충동적인지, 비판에 취약한지 등을 알아야 합니다. 다시 말해서 D-인자를 측정할 수 있어야 합니다.

다음 장에서는 이것이 어떻게 가능한지(혹은 어떻게 불가능한지), 그리고 D-인자가 높은 사람들이 실제로 더 악한지 여부를 어떻게 입증할 수 있는지에 대해 설명하겠습니다.

# D-인자는 어떻게 측정될까?

심리 측정의 기본 개념은 아주 단순합니다. 사람들이 어떤 특성에서 서로 차이를 보인다면, 그 특성이 얼마나 약하게 또는 강하게 나타나는지를 기준으로 사람들을 구분할 수 있습니다. 특성을 근거로 사람들을 일정한 순서로 줄 세울 수도 있습니다.[*] 예를 들어 남성 여덟 명의 빠르기를 측정하기 위해 100m 달리기를 하게 합니다. 결승선을 가장 먼저 통과한 사람은 1위, 두 번째로 들어온 사람은 2위, 마지막으로 들어온 사람은 8위를 차지하게 됩니다. 이로써 우리는 간단한 측정을 한 셈입니다. 이제 각 사람의 빠르기를 하나의 수치(1, 2,

[*] 물론 예외도 있습니다. 사람들은 각자 좋아하는 아이스크림 맛이 다릅니다. 아이스크림 선호에 따라 사람들을 몇 개의 그룹으로 나눌 수는 있겠지만, 그 선호도를 논리적인 순서로 배열할 수는 없습니다.

…, 8)로 표현할 수 있으니까요.

그러나 이 방식은 그다지 좋은 측정이라 보기 어렵습니다. 어떤 사람이 특정한 속도로 달렸을 때 얻는 순위는 그가 누구와 경쟁했는가에 따라 달라지기 때문입니다. 어떤 달리기 선수가 올림픽 100m 결승에서 8위를 차지했다면, 그는 결승 진출자 중에서는 가장 느리지만 여전히 지구 상의 거의 모든 사람보다 훨씬 빠릅니다.

우리의 연구 목적도 단순히 상대적인 순위를 매기려는 것이 아닙니다. 한 작업팀 안에서 누가 가장 높은 D-인자를 가지고 있는지를 알아내려는 것이 아니라, 비교 대상 없이도 의미를 갖는 측정값을 얻으려는 것입니다. 예를 들어 빠르기를 측정할 때는 일정한 거리를 달리는 데 걸린 시간을 잴 수 있습니다. 다른 사람들과의 비교는 단지 그 측정값을 해석하거나 자리매김하기 위해서만 필요합니다. 2024년 올림픽 100m 결승전에서 8위를 차지한 선수가 기록한 9.91초는 평균적인 달리기 선수와 비교할 때 엄청나게 빠른 기록입니다.

지능과 같은 심리 특성을 측정할 때도 동일한 접근법이 사용됩니다. 예를 들어 안나, 베르타, 크리스티네 세 사람에게 각각 동일한 50개의 지능 검사 문제를 풀게 한다고 가정해 보겠습니다. 검사의 전형적인 문항 몇 가지는 그림 4A에 예시되어 있습니다. 만약 안나가 40문항, 베르타가 30문항, 크

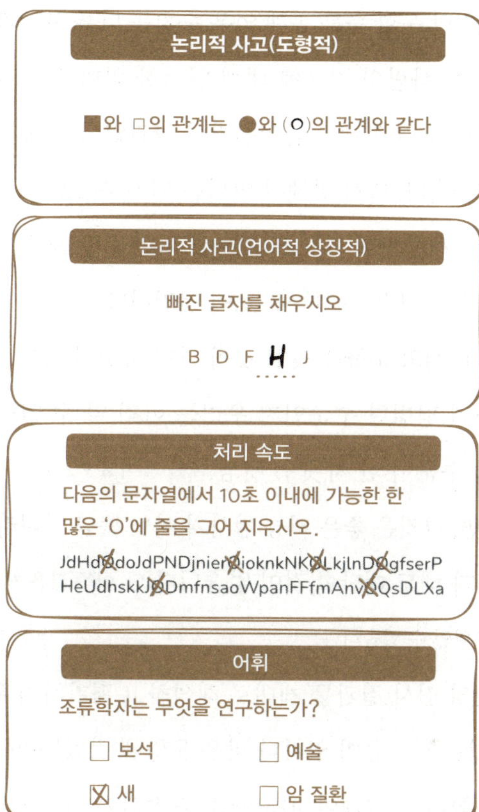


그림 4A. 지능 검사 예시 문항.

리스티네가 20문항을 맞혔다면, 그리고 세 사람이 다른 조건에서도 대체로 비슷하다면 안나의 지능이 베르타보다 높고, 안나와 베르타 모두 크리스티네보다 높은 지능을 지녔다고 말할 수 있습니다.

이렇게 정답 문항 수를 통해 얻은 수치는 다른 사람과의 비교 없이도 한 사람의 지능에 대해 일정한 의미를 가집니다. 40문항은 누가 그 문제를 풀었는가와 상관없이 언제나 30문항보다 많습니다. 다시 말해서 안나는 단지 베르타나 크리스티네와 비교해서만이 아니라 40문항 미만을 푼 모든 사람보다 기본적으로 더 높은 지능을 보인 것입니다.

하지만 40개의 문항을 맞힌 것이 과연 특별히 뛰어난 성과인지 아니면 평범한 수준인지 우리는 아직 알 수 없습니다. 그 문항의 수준이 한 자릿수 덧셈(예를 들어 8 + 2 = ?) 정도에 불과하다면, 그것은 좋은 지능 검사가 아닐 뿐만 아니라 40문항을 맞혔다 해도 대단할 것이 없습니다(단, 아주 짧은 시간 안에 풀었다면 예외일 수 있습니다).

한 사람의 검사 결과를 제대로 해석하고 평가하기 위해서는 다른 많은 사람들이 얼마나 많은 문항을 맞혔는지를 아는 것이 중요합니다. 그래야 40문항을 푼 성과를 다른 피검자들의 전체 수행과 비교하여 '안나는 매우 지적이다'와 같은 판단을 내릴 수 있습니다.

실제로 지능 지수(IQ)도 바로 이 방식으로 산출됩니다. 한 개인이 맞힌 지능 검사 문항 수를 관련 비교 집단의 평균 수행 수준과 비교하여 결정하는 것입니다. 비교 집단이 클수록, 그리고 그 집단이 모집단을 잘 대표할수록 심리 측정값의 내용을 더 잘 해석할 수 있습니다.

일반적으로 심리 측정값에 사용되는 숫자나 단위는 물리적 측정치(예를 들어 시간, 무게)처럼 지나치게 정밀하게 해석해서는 안 됩니다. 물리적 측정에서 120kg은 110kg보다 무겁고, 60kg의 정확히 2배이며, 120kg과 110kg의 차이는 60kg과 50kg의 차이와 동일합니다. 그러나 심리 측정에서는 이런 식의 비례 관계가 제한적으로만 성립합니다. IQ 120인 사람이 IQ 60인 사람보다 지능이 높은 것은 맞지만, 그렇다고 '2배로 똑똑하다'고 할 수는 없습니다.

심리 측정치는 학교 성적과 비슷하게 작동합니다. 독일의 성적 체계에서 '2'는 분명히 '4'보다 좋은 점수이지만, '2'가 '4'보다 2배로 좋은 성적이라고 할 수는 없습니다. 또한 '1'과 '2'의 차이가 '4'와 '5'의 차이와 같다고 단정할 수도 없습니다. 이와 마찬가지로 심리 측정치는 '더 많거나 더 적은' 정도의 차이만을 드러내 다른 사람과의 비교를 가능하게 해줍니다.

심리적 특성은 여러 가지 방식으로 측정될 수 있습니다. 이는 물리적 크기인 무게를 재는 방법이 다양한 것과도 같습니다. 무게를 재는 도구는 막대 저울, 전자식 저울, 용수철 저울, 접시 저울 등 여러 종류가 있고 각각 장단점이 있습니다. 예를 들어 용수철 저울은 간단하고 저렴하지만 정확도는 그리 높지 않습니다. 반면 전자식 저울 중에는 매우 높은 정밀도를 제공하는 것들이 있지만 사용이 복잡하고 비용이 많이 듭니다. 심리적 특성의 측정도 이와 비슷합니다. 방법에 따라 단순성과 정확성의 차이가 매우 큽니다.

이제부터 심리적 특성, 특히 D-인자를 측정하는 여러 접근법들을 자세히 살펴보겠습니다. 그에 앞서 한 가지 분명히 해둘 점이 있습니다. D-인자를 생리학적 측정을 통해 규정하려는 시도, 즉 '악'을 신체적 측정이나 신체 기능 측정의 형태로 파악하려는 시도는 전혀 작동하지 않는다는 것입니다.


## 머릿속 들여다보기와 그 밖의 여러 시도들: 생리학적 측정


D-인자를 생리학적 측정치를 바탕으로 밝혀낼 수 있다면 실용적이고 객관적 외양도 어느 정도 갖출 수 있을 것입니다. 예를 들어 어떤 사람의 혈액이나 타액을 채취하여 테스토스테론이나 코르티솔 같은 실험실 수치를 근거로 그의 D-인자를 산출해 볼 수도 있습니다. 자기 공명 영상과 같은 뇌 촬영 기법을 이용해 사람의 뇌를 관찰하는 방법도 떠올려 볼 수 있습니다. D-인자가 높은 사람들의 뇌 구조에는 예를 들어 편도체가 비정상적으로 크다거나 하는 식의 어떤 특이

점이 있을지도 모릅니다(편도체는 아몬드 모양의 뇌 부위로 감정 처리에 관여합니다).

어떤 사람이 특정 과제를 수행하는 동안 뇌 활동을 측정하고, 이때 나타나는 활성화 패턴을 근거로 D-인자의 수준을 추정할 수도 있겠습니다. 예를 들면 뇌의 컨트롤타워라고 할 수 있는 전두피질 일부의 활동이 감소하면서 동시에 편도체의 활동이 증가하는 패턴이 나타나는 식입니다. 특정 활동을 하는 동안 나타나는 뇌의 전기적 활성화를 기록하고 스펙트럼 분석을 통해 D-인자 특유의 전기 신호 패턴을 찾으려는 시도도 가능하겠습니다. 사람들에게 폭력적인 영상을 시청하게 하면서 피부 전도도, 동공 크기, 심박 변이도, 호흡 빈도 등의 변화를 측정하는 방법도 생각해 볼 수 있겠습니다. 어떤 방식이든 D-인자를 생리학적으로 측정할 수 있다면 원칙적으로 매우 유용할 것입니다.

문제는 이 모든 방법이 실제로는 효과가 없다는 것입니다. D-인자에 대해 어느 정도라도 분명하게 대응하는 생물학적 지표는 단 하나도 알려져 있지 않습니다. D-인자뿐 아니라 성실성, 지능, 창의성 같은 대부분의 다른 심리적 특성도 마찬가지입니다.

여기서 잠재적인 오해를 하나 짚고 넘어가겠습니다. D-인자가 높은 사람들은 뇌의 구조나 기능면에서 D-인자가 낮은 사람들과 체계적으로 차이를 보일 가능성이 충분히 있습니다. 실제로 D-인자는 특정 뇌 영역, 이른바 준변연계 영역의 활동 감소와 연관되어 있음이 관찰된 바 있습니다. 이 영역의 활동 감소는 사람들이 (a) 자신에게 큰 이익이 되지만 타인에게는 해를 끼치는 선택을 하거나, (b) 자신에게 거의 이익이 없지만 타인에게는 큰 이익을 주는 선택을 해야 할 때 나타나는 경향이 있습니다.

그러나 인간의 뇌는 너무나 복잡하기 때문에 특정 뇌 영역의 활동 변화만을 근거로 어떤 사람의 D-인자나 다른 심리적 특성을 단정할 수는 없습니다. 사람의 머릿속을 간단히 들여다보며 그 성격 특성을 읽어내는 것은 가능하지 않습니다.

이것은 다소 아쉬울 수도 있지만, 한편으로는 마음이 놓이는 일이기도 합니다. 분명한 사실은, 생리학적 측정만으로는 개인의 D-인자뿐 아니라 대부분의 성격 특성도 제대로 규명할 수 없다는 점입니다.


악한 사람은 악하게 행동하는 사람이다


우리가 이제 알고 있듯이, 성격 특성은 한 개인이 다양한 상황에서 특정 행동을 보일 가능성을 결정합니다. D-인자가 높은 사람은 일회적으로 혹은 아주 특정한 상황에서만 악하게 행동하는 것이 아니라, 여러 다양한 상황에서 반복적으로 악한 행동을 보입니다. 이런 점에서 볼 때 D-인자를 측정하는 자연스러운 접근법 중 하나는 다음과 같습니다.

사람들을 인위적으로 조성된 여러 가지 상황에 놓아두고 그들이 얼마나 자주, 어느 정도로 악하게 행동하는지를 관찰해 보는 것입니다. 예를 들면 어떤 참가자를 연구실로 불러 놓고 약속 시간보다 15분 늦게 도착해 일부러 기분을 상하게 만듭니다. 그런 다음 그에게 도전적 과제에 대한 인내심을 조사한다는 명목으로 곤충 죽이기, 아주 더러운 화장실 청소하기, 얼음물에 몸 담그기 중 하나의 과제를 선택하게 합니다. 그다음에는 다른 사람과 '반응 게임(Reaction Game)'을 여러 라운드 대결하게 합니다. 각 라운드에서 패배한 사람은 헤드폰을 통해 백색 소음을 듣게 합니다. 승자는 헤드폰 소리의 크기(무음에서 고통스러울 정도로 큰 소리까지)를 결정할 수 있습니다. 마지막으로 사전에 약속된 연구 참가 보수를 모든 참가자의 보수가 한꺼번에 들어 있는 통에서 아무도 보지 않는 가운데 챙겨 가게 합니다.

이 실험에서는 참가자들을 여러 가지 상황에 노출시켜 그들이 크든 작든 '악한 행동'을 보이는지 관찰합니다. 이러한 상황들은 여러 사람에게 동일한 방식으로 반복될 수 있어 각 개인이 어떤 행동을 하는지 비교할 수 있습니다. 참가자들의 행동은 다음의 네 가지 상황을 통해 관찰됩니다.

1. 약속이 지켜지지 않았을 때 어떻게 반응하는가?

2. 불쾌한 다른 과제를 피하기 위해 차라리 곤충을 죽이기를 선택하는가?

3. 기회가 주어졌을 때 요란한 백색 소음으로 상대방에게 고통을 주는가?

4. 자신의 몫 이상으로 돈을 가져가는가?

여기서 D-인자의 수준을 수치로 표현하는 방법은 무엇일까요? 가장 간단한 방법은, 네 가지 상황 중 몇 번을 악하게 행동했는지 세는 것입니다. 한 번도 악하게 행동하지 않았다면 0점, 한 번 그랬다면 1점, 모든 상황에서 악하게 행동했다면 4점을 부여합니다. 이제 왜 심리 측정치가 학교 성적처럼 해석되어야 하는지가 분명해집니다. 4점을 받은 사람이 2점을 받은 사람보다 D-인자가 높다고 평가하는 것은 타당합니다. 그는 2배나 자주 악하게 행동했기 때문입니다. 하지만 그렇다고 해서 그가 '2배 더 악하다'고는 말할 수 없습니다.

이 모든 설명은 상당히 그럴듯하게 들립니다. 실제로 행동 관찰은 D-인자를 측정하는 적절한 방법이 될 수도 있습니다. 하지만 이 접근법은 현실적으로 실용성이 떨어집니다. 그이유는 세 가지입니다.

첫째, 사람들이 악한 행동을 할 수 있는 적절한 상황을 충분히 많이 만들기가 매우 어렵습니다. 앞에 언급된 사례만 보더라도 참가자에게는 연구의 진짜 목적과 실제 과제 진행 방식이 철저히 감추어져야 합니다. 참가자가 곤충을 죽이게 만들거나 시끄러운 소음으로 다른 사람을 괴롭히게 하려는 것이 실험의 진짜 의도는 아니기 때문입니다. 그러므로 사람들을 거짓으로 속여서 곤충이 죽는다거나 다른 사람이 고통받는다는 인식을 심어주어야 하는데, 이는 윤리적으로 문제의소지가 큽니다. 따라서 이 책의 저자들을 포함한 많은 연구자들은 이러한 접근 방식을 명확히 거부합니다.

둘째, 행동 관찰을 제대로 실행하려면 엄청난 비용과 노력이 듭니다. 사람들을 개별적으로 특정 장소로 불러야 하고, 그곳에 복합적인 검사 과정을 설치한 뒤 여러 명의 관찰자가독립적으로 그들의 행동을 관찰해야 합니다. 또한 단 네 가지상황만으로는 측정이 부정확하기 때문에 훨씬 더 많은 상황이 만들어져야 합니다. 상황들은 서로 명확히 구별되어야 하는데, 그렇지 않으면 사실상 거의 같은 상황을 반복적으로 측정하는 꼴이 되기 때문입니다.

예컨대 곤충을 죽이는 행위와 큰 소음으로 타인을 괴롭히

는 행위는, 모두 타인에게 해를 끼치는 데서 즐거움을 얻는다
는 점에서 상당히 비슷해 완전히 다른 상황이라고 보기 어렵
습니다. 게다가 이러한 절차는 며칠에 걸쳐 나누어 시행해야
하는데, 그 이유는 인간의 행동이 현재의 기분이나 주변 환경
같은 다른 영향 요인에 따라서도 달라지기 때문입니다. 마지
막으로 이 방식은 특정한 장소에 직접 오지 못하거나 오기를
원하지 않는 전 세계 사람들을 상대로 한 D-인자 측정에는
적합하지 않습니다.

셋째, 이 방법으로 D-인자를 제대로 측정할 수 있는지 자
체가 의문입니다. 윤리적 이유에서 참가자들을 그들의 동의
없이 몰래 관찰할 수는 없습니다. 그들은 자신이 연구에 참여
하고 있음을 알고 있으며, 어쩌면 자신의 D-인자를 측정받
고자 의도적으로 참여했을 수도 있습니다. 그러나 참가자들
이 이러한 사실을 알고 자신이 관찰되고 있다는 것을 의식한
다면, 자연스러운 모습을 보이기보다는 훨씬 더 사회적이고
온화하게, 즉 '덜 악하게' 행동할 가능성이 높습니다. 이로 인
해 전체 실험의 목적은 훼손되고, 측정 결과 또한 신뢰할 수
없게 될 것입니다.

행동 관찰은 막대한 비용 때문에라도 D-인자 측정에 적합
하지 않을 수 있습니다. 하지만 D-인자가 인간의 행동 속에
반영되는 특성인 것만은 분명합니다. 그렇지 않다면 더는 의

미 있는 성격 특성이라 할 수 없을 테니까요. 따라서 D-인자를 어떤 방법으로 측정하든, 그 측정값이 실제로 사람의 악한 행동을 예측할 수 있는지 여부가 반드시 입증되어야 합니다. 이 장의 뒷부분에서는 이러한 검증을 효율적이고 윤리적으로 안전한 방식을 통해 수행할 수 있는 방법에 대해 구체적으로 살펴보겠습니다.


## 악한 사람은 의식적으로든 무의식적으로든 악하게 생각하는 사람이다

한 사람의 D-인자를 측정하기 위해 인위적으로 만들어진 여러 다양한 상황에서 그 사람의 행동을 관찰하는 것은, 매우 많은 비용과 노력이 필요하고 윤리적 문제를 일으킬 가능성도 높은 반면에 반드시 성공적인 결과를 보장하지 않습니다. 이에 비해 또 다른 접근법은 이 두 가지 문제를 동시에 해결하면서도, 넓은 의미에서 여전히 행동 기반의 측정이라 할 수 있는 방법을 제시합니다.

출발점은 인간의 기억이 개념들의 연결로 이루어져 있다는 사실입니다. 두 개념이 서로 밀접한 관련이 있을수록 둘 사이의 연결도 강하게 형성됩니다. 예를 들어 '나무'라는 개념은 우리의 기억 속에서 '가지', '잎', '숲' 같은 개념들과 강하게 연결되어 있습니다. 그 결과 '나무'라는 단어를 읽거나 들으면 우리의 뇌는 자동적으로 이와 밀접한 관련이 있는 개념들(예를 들어 숲)을 먼저 활성화시키고, 전혀 관련이 없는 개념들(예를 들어 자전거나 돈까스)은 활성화하지 않습니다.

서로 밀접하게 연관된 개념들이 기억 속에서 서로를 활성화한다는 원리는 심리적 특성의 측정에도 활용될 수 있습니다. 각 개인의 기억 속에는 자신의 생각과 감정과 행동에 의해 형성된 고유한 연결들이 존재하기 때문입니다. 예를 들어 '휴가'라는 단어를 들었을 때 어떤 사람은 해변과 휴식을 떠올리지만, 또 다른 사람은 산과 등산을, 혹은 도시와 관광을 떠올립니다. 마찬가지로 D-인자의 수준이 서로 다른 사람들도 이러한 연결에서 차이를 보입니다.

앞서 3장에서 설명했듯이, D-인자가 높은 사람은 자신의 악한 행동을 정당화하기 위한 신념을 가지고 있습니다. 그들의 기억 속에는 특정 개념들이 그러한 신념에 따라 서로 연결되어 있습니다. 예를 들어 D-인자가 높은 사람은 '타인'이라는 개념을 접했을 때 위협, 어리석음, 경멸 등과 같은 개념들을 떠올립니다. 반면에 D-인자가 낮은 사람의 머릿속에서는 친절, 신뢰, 호의 같은 개념들이 연결됩니다. 이런 다양한 연결들을 적절한 과제를 통해 측정하면 D-인자를 수치화한 값을 얻을 수 있습니다.

이에 적합한 과제는 다음과 같은 방식으로 진행됩니다. 참가자들에게 무작위로 섞인 여러 단어들을 제시하고, 제한된 시간 안에 가능한 한 빨리 문법적으로 올바른 문장을 만들도록 요구합니다. 참가자들은 주어진 단어들을 임의로 선택하여 '악한 문장'을 만들거나 '악하지 않은 문장'을 만들 수 있습니다. 문장을 만들 때 주어진 단어가 모두 사용되지는 않고 최소한 하나의 단어는 항상 남게 됩니다. 여러분도 직접 한번 시도해 보시기 바랍니다. 다음의 단어들로 최대한 빠르게 문장을 만들어 보십시오.

- 마땅하다, 존중, 다른 사람, 경멸
- 어리석은, 무엇, 아름답다, 나누다
- 비밀, 맡겨진, 보호하다, 이용하다
- 권력, 반드시, 지키다, 분배하다

만약 여러분이 이 단어들을 가지고 주로 악하지 않은 문장을 만든다면(예를 들어 '다른 사람을 존중해야 한다', '무언가를 나누는 일은 아름답다'), 낮은 D-인자를 지녔음을 의미합니다. D-인자가 높은 사람은 '다른 사람'을 '경멸'하고, '나눔'을 '어리석은' 일로 여기고, '비밀'을 '이용'하고, '권력'을 '반드시' '지키는'

경향이 있습니다. 이것이 그들의 기억 속에서 가장 먼저 연결되는 요소이기 때문입니다.

이런 과제를 충분히 많이 반복하게 한 뒤, 한 개인이 얼마나 많은 '악한 문장'을 만들었는지 그 개수를 세면 그 사람의 D-인자 수준을 수치로 환산할 수 있습니다. 혹시 조금 전에 몇 개의 악한 문장을 만들었더라도 너무 걱정할 필요는 없습니다. 이 측정 방법이 제대로 작동하려면 상당히 많은 문장을 만들어 보아야 하니까요.

방금 설명한 측정 방법은 기본적으로 꽤 잘 작동하지만 한 가지 뚜렷한 단점이 있습니다. 측정의 정확성이 그다지 높지 않다는 것입니다. 일반적으로 무언가를 측정할 때는 매번 반복할 때마다 거의 동일한 결과를 산출해 내는 것이 중요합니다. 가령 체중이 80kg인 사람은 같은 체중계에 연달아 두 번 올라설 때 두 번 모두 대략 80kg이 표시되어야 합니다. 그런데 한 번은 70kg이 나오고 또 한 번은 90kg으로 나온다면 그 체중계는 매우 부정확하며 사실상 사용할 수 없습니다.

기억 속 개념들의 연결을 측정하려는 시도 역시 상당한 오차를 동반하는 것으로 나타납니다. 동일한 사람에게 동일한 과제를 이틀 연속 시행하면 첫째 날과 둘째 날의 결과가 크게 다르기도 합니다. 이 측정은 D-인자가 매우 높은 사람과 매우 낮은 사람을 구분하는 정도의 정확성은 보이지만, 어떤 사람의 D-인자가 낮은 편인지, 평균적인지, 높은 편인지를 확실하게 말할 수 있을 정도로 정확하지는 않습니다.

D-인자의 미세한 차이를 이 측정이 포착할 수 없다면, 그 값을 바탕으로 D-인자의 높고 낮음에 따른 행동의 차이를 예측하는 것도 불가능합니다. 이는 어떤 심리적 특성을 논하든 상관없이 기억 속 개념들의 연결을 측정하는 모든 접근법에서 공통적으로 나타나는 문제입니다.


## 직접 물어보는 것은 어떨까?


지금까지 살펴본 바에 따르면 생리학적 접근법으로는 D-인자를 측정할 수 없고, 행동 관찰 방식은 대단히 큰 비용이 소모될 뿐 아니라 윤리적 문제를 동반하며, 기억 속 개념들의 연결을 통한 측정은 정밀도가 떨어집니다. 그렇다면 어떻게 해야 할까요?

가장 확실한 대안은 직접 물어보는 것입니다. 물론 '당신은 얼마나 악한 사람입니까?' 같은 질문에 유용한 답변이 돌아올 가능성은 거의 없습니다. 좀 더 노력이 필요합니다.

구두 인터뷰는 전통적이면서도 여전히 자주 사용되는 조사 방법입니다. 흔히 채용 면접 상황에서 익숙하게 접하는 방식입니다. 여러 사람의 특성을 측정하기 위해 인터뷰를 활용할 경우, 질문 내용은 사전에 어느 정도 정해져 있어야 합니다. 이렇게 구조화된 인터뷰에서는 면접자가 미리 준비된 질문이나 상황 설명을 인터뷰 대상자에게 제시합니다. 그러나 인터뷰가 신뢰할 만한 결과를 내기 위해서는 준비와 진행은 물론 인터뷰 이후 응답 내용을 분석 평가하는 과정까지 상당한 시간과 노력이 필요합니다.

이러한 소모적 노력이 정당화되려면 인터뷰를 통해 D-인자와 같은 심리적 특성을 정확하게 측정할 수 있어야 하겠지만, 실제로는 그렇지 않은 경우가 많습니다. 그 이유는 여러 가지가 있습니다. 인터뷰 중 대화 흐름을 통제하기 어렵고, 응답의 해석 과정이 주관적이며, 무엇보다 사람들이 인터뷰 자리에서 자신의 부정적 특성을 솔직히 인정하지 않으려는 경향이 있습니다.

사람들은 인터뷰에서 물건을 자주 훔친다든지, 다른 사람들을 멍청하고 열등하다고 생각한다든지, 남이 다치는 것을 흥미롭게 느낀다는 사실을 쉽게 털어놓으려 하지 않습니다. 요약하자면, 인터뷰는 투입되는 노력에 비해 얻을 수 있는 결과가 크지 않습니다. 설령 그 모든 노력을 기울인다 하더라도 측정하고자 하는 특성에 대한 신뢰할 만한 평가를 얻기가 어렵습니다.

### 설문조사

인터뷰는 시간과 노력이 많이 들고 잘 작동하지도 않기 때문에 대안으로 설문조사 방식이 사용됩니다. 어떤 의미에서 설문조사는 극도로 구조화된 인터뷰라고 할 수 있습니다. 여기서는 질문 내용뿐만 아니라 응답자가 선택할 수 있는 답변 항목까지 사전에 미리 정해져 있습니다.

대부분의 성격 검사 설문지는 다음과 같은 형태를 취합니다. 참가자에게 여러 개의 문항을 제시하고, 그에 대해 얼마나 동의하거나 동의하지 않는지를 평가하도록 요청합니다. 이 방식에는 어떤 숨겨진 장치나 속임수도 없습니다. 교묘한 함정 질문도 없고, 무의식을 자극하기 위한 트릭 문항도 없으며, 심리학 전공자만 이해할 수 있는 어떤 '깊은 의미'가 감추어져 있는 것도 아닙니다.

오히려 설문지는 매우 투명하고 단순한 방식으로 구성됩니다. D-인자와 관련된 생각과 감정, 행동에 대한 문항을 제시하고, D-인자가 낮은 사람과 높은 사람의 응답에 일관된 차이가 나타나는지를 측정하는 것입니다.

D-인자 측정에 적합한 문항의 예는 다음과 같습니다.

- 나 자신의 즐거움만이 중요하다.
- 성공은 강한 자만이 살아남는다는 사실에 기초한다. 패자에게는 관심 없다.
- 대부분의 사람들은 존중받을 만하다.
- 복수는 그다지 위로가 되지 않는다.

만약 어떤 사람이 앞의 '악한' 두 문항에 동의하고 뒤의 '악하지 않은' 두 문항에는 동의하지 않는다면, 그 사람은 높은 D-인자를 지닌 것으로 볼 수 있습니다. D-인자가 낮은 사람은 이와 반대로 '악한' 문항에는 동의하지 않고 '악하지 않은' 문항에는 동의하는 응답을 할 것입니다.

이때 정확한 결과를 얻으려면 단지 몇 개가 아닌 아주 많은 문항이 사용되어야 합니다. 예를 들어 체중은 식사 전후의 측정 결과가 서로 다릅니다. 문항을 평가할 때는 이러한 변동이 더욱 두드러집니다. 사람마다 '존중', '패자', '대부분의 사람들' 같은 표현을 서로 다르게 해석할 수 있기 때문입니다.

또한 똑같은 사람이 똑같은 문항을 접하더라도 읽을 때마다 다른 상황을 떠올릴 가능성이 있기 때문에 반복된 측정에서 약간씩 다른 응답을 보일 수 있습니다. 가능한 한 정확한 결과를 얻기 위해서는 다양한 문항들을 충분히 많이 사용해야 합니다. 그래야만 이러한 변동이 더는 큰 문제가 되지 않습니다.

따라서 D-인자를 측정하는 기본적인 방법은 아주 단순합니다. 참가자에게 수많은 문항을 제시하고 어느 정도로 동의하고 동의하지 않는지 평가를 요청하는 것입니다. 우리는 2018년부터 이와 같은 D-인자 설문조사를 개발해 왔으며, 2025년 기준으로 전 세계 200만 명 이상이 이 설문조사에 참여했습니다. 서문에서도 언급했듯이, 여러분도 D-인자 설문조사를 직접 체험해 볼 수 있습니다. 단, 설문에 직접 응답하려면 다음 장을 읽고 선입견이 생기기 전에 먼저 해보는 것이 좋습니다. 다음의 사이트에서 설문조사에 참여해 보십시오. https://qst.darkfactor.org

한 사람의 D-인자 수준을 나타내는 구체적인 수치는 여기서 어떻게 산출될까요? 모든 문항에 대해 단계적으로 평가하여 응답하게 하고, 각 단계마다 점수를 부여하는 방식을 사용합니다. D-인자 설문조사에서는 문항의 평가가 다음과 같이 다섯 단계로 이루어집니다.

- 1: 전혀 동의하지 않음
- 2: 동의하지 않음

- 3: 동의도 반대도 하지 않음
- 4: 동의함
- 5: 매우 동의함

이렇게 하면 각 문항마다 하나의 수치가 부여되고(예를 들어 '동의하지 않음'을 선택했다면 2점), 모든 문항 평가의 평균값이 산출됩니다. 단, D-인자가 높은 사람이 거부해야 하는 '악하지 않은' 문항의 경우는 정확히 반대로 (1점은 5점이 되고 2점은 4점이 되는 식으로) 계산되어야 합니다.

이렇게 계산된 한 개인의 D-인자 측정값은 1점(매우 낮은 D-인자)에서 5점(매우 높은 D-인자)까지의 범위를 가집니다. 모든 '악한' 문항에 전혀 동의하지 않고, 모든 '악하지 않은' 문항에 매우 동의한 사람은 1점을 받습니다. 반대로 모든 '악한' 문항에 매우 동의하고, 모든 '악하지 않은' 문항에 전혀 동의하지 않은 사람은 최고점인 5점을 받습니다. 대부분의 사람이 받는 점수는 이 두 극단 사이 어딘가에 위치합니다.

그렇다면 3.5점 같은 특정한 값은 어떤 의미를 가질까요? 이를 해석하는 방법은 두 가지가 있습니다. 첫째, 평가 대상이 된 문항의 내용과 직접적으로 관련지어 해석해 볼 수 있습니다. 모든 '악한' 문항에 평균적으로 동의한다면 약 4점이 나오고, 모든 '악한' 문항에 평균적으로 동의하지 않는다면 약

2점이 됩니다. 따라서 3.5점은 대부분의 '악한' 문항에 대체로 동의하는 경향(또는 대부분의 '악하지 않은' 문항에 대체로 동의하지 않는 경향)을 보인다는 뜻이며, 이는 비교적 높은 D-인자 수준을 의미합니다.

둘째, 3.5점이라는 값은 다른 사람들과 비교해서 상대적으로 높거나 낮은 점수라고 해석할 수 있습니다. 성격 특성은 사람들 간의 차이를 반영하기 때문입니다. 뒷장의 그림 4B에는 200만 명이 넘는 전 세계 참여자들의 D-인자 분포가 제시되어 있습니다. 이들의 평균 D-인자 점수는 2.6점이고, 전체의 90%는 1.5점에서 3.75점 사이에 분포합니다.

이에 따르면 '평균적인 사람'은 대체로 악하지 않습니다. 4점 이상의 높은 D-인자를 가진 사람은 전체의 약 3%에 불과합니다. 따라서 3.5점은 다른 사람들과 비교했을 때 상대적으로 높은 수준의 D-인자를 의미합니다. 실제로 약 11%의 사람들만이 이보다 높은 D-인자 점수를 가지고 있습니다. 다시 말해서 열 명 중 거의 아홉 명은 D-인자 수준이 3.5점인 사람보다 덜 악하다고 하겠습니다.

### 설문조사 방식의 한계

D-인자뿐 아니라 사실상 거의 모든 성격 특성, 태도, 행동 방식도 대부분 설문조사를 통해 측정됩니다.

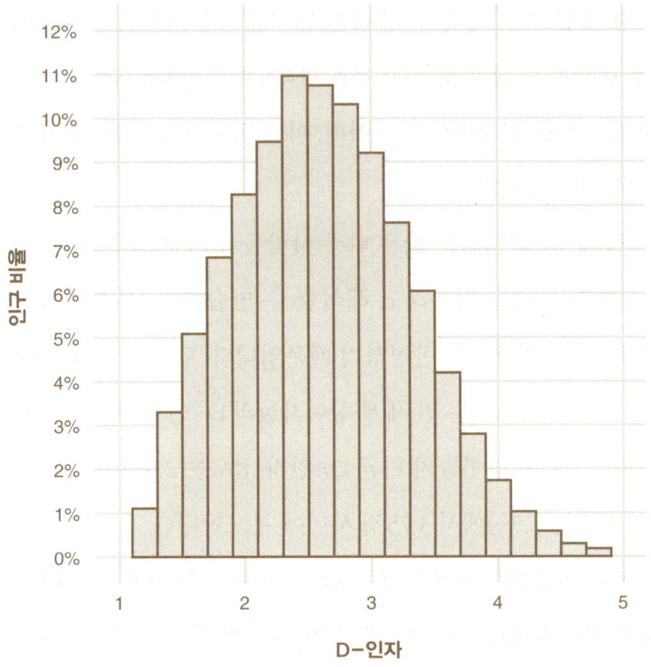


그림 4B. 특정 D-인자 값을 가진 인구의 비율.

　D-인자가 업무 성과, 질투심, 개인적 가치관, 정치적 성향, 환경 의식 등과 어떤 관련이 있는지를 연구하려면, 이런 특성들도 마찬가지로 신뢰도 높은 다른 과학적 설문조사를 준비하여 측정해야 합니다. 이렇게 D-인자와 다른 여러 특성들을 함께 측정하면, 두 변수가 서로 어떤 관계를 얼마나 강하게 맺고 있는지 파악할 수 있습니다(상관관계의 강도에 대한 구체적인 예시는 2장 참조).

설문조사 방법이 폭넓게 활용되는 이유는, 정교하게 설계되고 충분히 검증된 설문조사가 간편하고 신속하면서도 상당히 정확한 결과를 제공하기 때문입니다. 물론 설문조사는 사람들이 자신에 대해 정확하게 평가할 능력과 의지가 있다는 가정을 전제로 하기 때문에 오류가 전혀 없을 수는 없습니다.

예를 들어 '절대로 들키지 않는다는 확신이 있다면, 100만 유로를 훔칠 의향이 있다'와 같은 문항은 거의 아무도 실제로 경험하지 못할 상황을 기술하고 있습니다. 우리가 도대체 언제 100만 유로를 훔칠 일이 있을 것이며, 그런 일을 저지르고도 절대로 들키지 않을 거라고 어떻게 확신할 수 있을까요? 따라서 이런 문항에 대한 평가는 결국 그 사람이 자신을 얼마나 정확히 파악하고 있는지에 달려 있습니다. 자신이 한 번도 비슷한 방식으로 직접 경험해 보지 못한 가정적 상황, 즉 '이럴 때 나는 어떻게 행동할까?'를 묻고 있기 때문입니다.

설령 어떤 사람이 충분한 자기 이해를 갖추고 있거나 또는 과거에 실제로 이와 비슷한 상황을 겪은 적이 있다고 해도, 설문조사에서는 얼마든지 원하는 대로 응답할 수 있습니다. 누구도 그가 천사 같은 사람인 척하는 것을 막을 수 없습니다. 그리고 당연히 사람들은 이런 자기보고식 응답에서 완전히 정직하지 않습니다. 이 점은 간단한 예로 설명할 수 있습니다.

당신과 무작위로 선택된 다른 한 사람이 각각 다음과 같은 과제를 부여받는다고 가정해 보겠습니다. 당신에게 10유로의 돈이 주어집니다. 당신은 이 돈을 둘로 나누어 일부는 당신이 갖고 나머지는 상대에게 줄 수 있습니다. 돈을 어떻게 나눌지는 전적으로 당신의 자유입니다. 상대방도 마찬가지로 10유로를 받고 자신의 몫과 당신의 몫을 마음대로 결정할 수 있습니다. 다만 두 사람은 모두 상대방의 결정을 모른 채 자신의 결정을 내려야 합니다. 그리고 각각 상대가 누군지 이전이든 이후이든 절대 알 수 없습니다.

당신은 상대방에게 얼마를 주겠습니까? 당신은 10유로 전부를 혼자 가질 수도 있습니다. 아무도 그것을 알지 못할 것입니다. 상대방은 당신에게 일부를 나누어 줄지도 모르지만 말입니다. 아니면 공정하게 절반씩 나누는 편을 택하시겠습니까? 그런데 상대방이 전부를 가져간다면 어떻게 하죠?

이런 상황에서 사람들에게 단순히 '당신이라면 얼마를 갖겠습니까?'라고 물어보면, 응답자의 절반 정도는 공정하게 절반씩 나누거나 심지어 상대방에게 조금 더 주겠다고 답합니다. 그러나 같은 실험을 실제 돈을 사용해서 다시 실시해 보면, 약 3분의 1 정도의 사람들이 사전 응답에서 말했던 것보다 더 많은 돈을 자신의 몫으로 챙기는 현상이 나타납니다.

이처럼 설문조사에서는 누구나 마음대로 대답할 수 있으며, 적어도 그중 일부 사람들은 실제보다 자신을 더 공정하게 보이도록 꾸밉니다. 그런데도 D-인자 측정에 설문조사 방식을 사용하는 까닭은 무엇일까요? 대답은 간단합니다. D-인자 설문조사는, 비록 응답에 일부 왜곡이 있고 응답자들의 정확한 자기 인식이 부족하더라도, 실제 행동을 놀랍도록 잘 예측할 수 있기 때문입니다. 다음에서는 D-인자 설문조사가 실제로 (다른 어떤 것이 아닌) D-인자를 측정하고 있는지 입증하는 방법을 살펴보겠습니다.

## D-인자 설문조사는 얼마나 잘 작동하는가?

구체적인 측정이 제대로 작동하는지를 검증하는 방법은 여러 가지가 있습니다. 우선 D-인자 설문조사를 통해 얻은 자기 평가 결과가 가까운 친구 등 주변 사람들의 평가와 어느 정도 일치하는지를 살펴볼 수 있겠습니다. 예를 들어 '맥스'에게 자신에 대한 D-인자 설문지를 작성하게 하고, 그의 가장 친한 여자 친구 '나딘'에게도 똑같이 맥스에 대한 설문지를 작성하게 합니다. 나딘은 자신을 평가하는 것이 아니므로 의도적으로 결과를 왜곡할 이유가 별로 없습니다.

이런 방식으로 많은 사람들의 설문조사 결과를 비교해 보면, 자기 자신의 평가와 타인의 평가 간 차이는 평균 0.1점 정도에 불과한 것으로 나타납니다. 본인이 응답한 D-인자 점수가 타인이 평가한 D-인자 점수보다 대체로 낮지 않습니다. 이처럼 놀라울 정도의 높은 일치는 의도적인 왜곡이 거의 없음을 말해줍니다.

한 가지 흥미로운 점은, 주변 사람들에게 대체로 '악하다'는 평가를 받은 사람들은 자기 자신을 주변에서 생각하는 것보다 덜 악하다고 평가한다는 사실입니다. 반대로 주변 사람들에게 '별로 악하지 않다'는 평가를 받은 사람들은 자신을 주변에서 생각하는 것보다 조금 더 악하다고 평가합니다. 이처럼 모든 사람을 자기가 평가한 D-인자 점수와 타인이 평가한 D-인자 점수에 따라 각각 순위를 매겨 보면 두 순위 사이의 일치는 그다지 높지 않게 나타납니다.

다른 성격 특성들은 D-인자보다 좀 더 높은 일치를 보이기도 하지만 완벽하게 일치하는 경우는 없습니다. 어떤 특성들(예를 들어 특정한 신념)은 관찰하기가 너무 어렵고, 사람마다 문항을 해석하는 방식도 제각각이며, 평가자 역시 평가 대상을 특정한 시각(연인, 친구, 직장 동료 등)으로만 바라보는 등의 이유 때문입니다.

측정 품질을 평가하는 또 다른 방법은 측정된 값과 관련 행동 간의 상관관계를 조사하는 것입니다. 어떤 사람이 D-인자 설문조사에서 비교적 높은 점수를 얻었다면, 그 사람은 실제로도 이기적으로 행동하거나 거짓말을 하거나 범죄를 저지를 가능성이 높아야 할 것입니다. 핵심은, 설문조사의 모든 왜곡 가능성에도 불구하고 D-인자 측정이 실제 악한 행동의 가능성에 대해 신뢰할 만한 예측을 내놓을 수 있는가 하는 것입니다. 이를 위해서는 가능한 한 객관적이고 자기 표현 욕구에 의해 왜곡되지 않은 행동 데이터를 사용하는 것이 매우 중요합니다.

이와 관련된 연구가 무수히 많이 이루어졌으며, 그 결과 D-인자 설문조사가 실제로 악한 행동을 매우 정확하게 예측해 낸다는 사실이 확인되었습니다. 다음은 그 대표적인 사례들입니다.

- 앞서 설명한 10유로 분배 상황(진짜 돈을 낯선 사람과 나누는 상황)에서 D-인자 2점인 사람은 15%의 확률로 절반 이상을 자신이 가졌습니다. D-인자 3점인 사람은 그럴 확률이 39%, D-인자 4점인 사람은 71%에 달했습니다. 다시 말해서 D-인자 4점인 사람 약 4명 중 3명은 절반보다 많은 돈을 자신이 차지하는 '불공정한' 행동을 보였습니다.

• 1장에서 설명한 주사위 실험에서는 D-인자 2점인 사람은 2%의 확률로 거짓말을 했고, D-인자 3점인 사람은 20%, D-인자 4점인 사람은 78%의 확률로 거짓말을 했습니다(그림 4C). 즉, D-인자 4점인 사람 약 네 명 중 세 명은 '6이 나왔다'고 거짓말을 했습니다.

• 사람들에게 타인이 더 많은 돈을 포기하게 하기 위해 자신도 약간의 돈을 포기하는 선택지를 제시하면(명백한 가학적 행동), D-인자 2점인 사람은 12%의 확률로 이 선택을 했고, D-인자 3점인 사람은 25%, D-인자 4점인 사람은 43%의 확률로 그렇게 했습니다. 다시 말해서 D-인자 4점인 사람 약 두 명 중 한 명은 전혀 알지 못하는 타인에게 금전적 피해를 주기 위해 기꺼이 자신도 금전적 손해를 감수할 의사가 있습니다.

• 일생 동안 한 번이라도 범죄 행위로 유죄 판결을 받을 확률은 D-인자 2점인 사람의 경우 약 13%, D-인자 3점인 사람은 22%, D-인자 4점인 사람은 35%입니다. 즉, D-인자가 4점인 사람 약 세 명 중 한 명은 평생에 한 번 이상 형사 범죄로 유죄 판결을 받을 가능성이 있습니다.

• 일생 동안 한 번이라도 절도죄로 유죄 판결을 받을 확률은 D-인자 2점인 사람의 경우 약 6%, D-인자 3점인 사람은 11%, D-인자 4점인 사람은 약 19%입니다. 즉, D-인자가

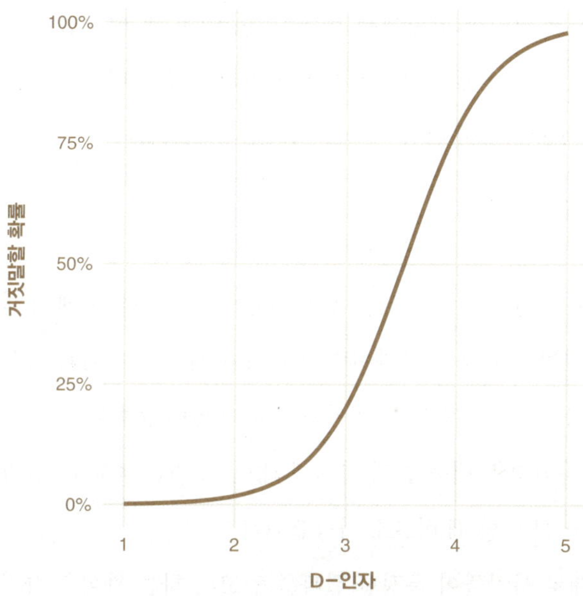



그림 4C. 주사위 실험에서 거짓말할 확률과 D-인자 사이의 상관관계.

4점인 사람 다섯 명 중 한 명은 적어도 평생에 한 번은 절도죄로 처벌받을 가능성이 있습니다.

위의 사례들이 보여주듯이 D-인자 설문조사에서의 자기 평가 결과는 실제 행동과 유의미한 상관관계를 보입니다. 따라서 D-인자 설문조사는 실제로 D-인자를 잘 측정하는 것으로 보입니다. 좀 더 직설적으로 말하면, 측정값이 더 높은 사람들은 다양한 상황에서 분명히 '더 악하게' 행동합니다. 그러므로 이 책에서 앞으로는 D-인자가 높게 나타나는 사람들을 '악한 성향이 강한 사람들'이라고 부르겠습니다.

### D-인자 설문조사가 잘 작동하지 않는 경우

중요한 예외가 하나 있습니다. 설문조사가 D-인자에 대해 의미 있는 결과를 제공하려면 응답자가 자신의 지식과 양심에 따라 성실하게 응답할 의지와 능력이 있어야 합니다. 이는 D-인자의 피드백을 통해 자신에 대한 '올바른(최상의)' 결과를 알고 싶어 할 때 비로소 가능합니다.

반대로 사람들이 특정한 결과를 얻고자 하는 관심을 가지면 설문조사는 그만큼 신뢰성이 떨어집니다. 예를 들어 구직 중인 사람에게 이 설문지를 건네고 완전히 솔직한 답변을 기대하는 것은 다소 순진한 생각일 것입니다.

교도소 수감자들의 경우, 자신의 응답이 어떤 식으로든 복역 조건에 영향을 미칠 수 있다고 생각하면 실제보다 덜 악하게 보이려 할 가능성이 높습니다. 실제로 수감자들의 평균 D-인자 점수는 일반과 비교했을 때 불과 0.6점가량 높은 데 그칩니다. 이 차이는 지능과 학교 성적 간의 상관관계 정도에 해당합니다. 0.6점은 1점에서 5점까지의 전체 척도에서 보면 겨우 15% 차이에 불과합니다.

충분히 납득할 만한 결과입니다. 모든 범죄자가 교도소에 가는 것은 아니며, 반대로 무고한 사람이 수감되는 경우도 있습니다. 또한 실제로 D-인자가 평균보다 높은 사람들 중 약 60%는 과거에 범죄를 저질렀지만 잡히지 않았거나 처벌받지 않았다고 응답했습니다. 더욱이 일부 중대한 범죄는 순간적 격정에서 비롯된 행동일 수 있으며, 이는 D-인자보다는 당시의 특수하고 극단적인 상황과 더 관련이 있습니다. 그런데도 수감자들이 자신의 실제 D-인자 수준을 숨기려는 강한 동기를 가진다는 점은 매우 중요한 요소입니다.

이러한 자기표현 효과는 직접적으로도 입증될 수 있습니다. 한 실험에서 참가자들은 D-인자 설문지를 두 번 작성하도록 요청받았습니다. 첫 번째에는 통상적인 지침에 따라, 즉 정직하게 답하라는 요청에 따라 설문지를 작성했습니다. 두 번째 작성에 앞서서는, 일부 참여자들에게 다음과 같은 설명이 주어졌습니다.

"당신이 범죄로 유죄 판결을 받고, 이제 심리학자의 평가를 받고 있다고 상상해 보십시오. 이 설문조사는 그 평가의 일부이며, 당신의 답변은 가석방 여부를 결정할 수 있습니다."

그들을 제외한 나머지 참여자에게는 다음과 같은 내용이 전달되었습니다.

"당신이 투자 은행가로 채용되기 위해 지원하고 있으며, 이 직장을 반드시 얻고 싶다고 상상해 보십시오. 이 설문조사는 그 채용 절차의 일부이며, 당신의 답변은 합격 여부를 결정할 수 있습니다."

모든 참가자에게는 답변이 신뢰할 수 있어야 한다는 점과, 부정직하다는 느낌을 주지 않으면서도 최대한 호의적인 인상을 심어 주어야 한다는 점이 강조되었습니다.

그렇다면 사람들에게 어떤 지시가 주어지는지에 따라 설문조사를 통해 산출되는 D-인자 점수가 달라질까요? '정직하게 답하라'는 일반적인 조건과 비교했을 때 가석방을 원하도록 지시받은 응답자들의 D-인자 값은 평균 0.25점이 낮아졌고, 투자 은행가 채용을 원하도록 지시받은 응답자들의 D-인자 값은 0.25점이 높아졌습니다.

차이가 그다지 크지 않아 보일 수도 있지만, 이 정도면 시험 불안과 성적 간의 상관관계에 해당하는 수준입니다. 사람들이 주어진 상황에 따라, 그리고 정확히 무엇이 중요한지에 따라 자신의 응답을 상당히 유연하게 조정할 수 있다는 뜻입니다.

그 밖에도 이 결과는 투자 은행가에 대한 평판이 별로 좋지 않다는 사실도 보여줍니다. 그런 직업을 얻기 위해서는 조금 더 악하게 보이는 편이 유리하다고 여기는 것입니다.

이처럼 자기 보고식 설문조사는 응답자에게 답변을 왜곡할 강한 동기가 없을 때에만 잘 작동합니다. 그리고 당연히 자신을 특정 방식으로, 대개 실제보다 덜 악한 사람으로 표현하려는 강한 동기가 작용하는 상황이 있습니다. 이 경우, 참가자가 보고한 정보에 의존하는 것은 현명하지 않습니다.

그러나 완전한 익명성이 보장된 과학적 연구에서는 사람들에게 자신을 특정한 방식으로 내보이거나 거짓으로 응답할 특별한 동기가 존재하지 않습니다. 바로 그러한 이유 때문에 설문조사를 통해 놀라울 만큼 정확하고 간단하고 신속하게 D-인자를 측정할 수 있습니다.

지금까지 우리는 D-인자가 무엇인지, 그것이 어떻게 측정되는지 살펴보았습니다. 다음으로 이런 질문을 던질 수 있습니다. 높은 D-인자를 지닌 사람들은 어떤 사람들일까요? 남성이 더 높을까요, 여성이 더 높을까요? 젊은 사람과 나이 든 사람은 어떨까요? 학력이 낮은 사람과 높은 사람은 또 어떨까요?

좀 더 일반적으로 이렇게 물을 수도 있습니다. 한 개인의 다른 여러 특성들로부터 그 사람의 D-인자 수준을 얼마나 잘 추론할 수 있을까요? 그리고 그 반대는 어떨까요? 다음 장에서는 바로 이 점을 살펴보도록 하겠습니다.

# 5장

# 누가 높은 D-인자를 가지고 있는가?

이번 장에서는 한 개인의 나이, 성별과 같은 일반적 특성과 D-인자 사이에 과연 상관관계가 있는지 살펴보려 합니다. 2장 끝부분에서 설명했듯이, 여기서 말하는 상관관계란 어떤 구체적인 특성들이 '모든' 사람들을 통틀어 더 자주 나타나는 것을 의미합니다. 이것은 D-인자에도 마찬가지로 적용됩니다.

높은 D-인자 성향은 남녀노소를 불문하고 모든 사람들에게서 나타납니다. 문제는, 특정한 특성을 지닌 사람들이 다른 특성을 지닌 사람들에 비해 평균적으로 더 높은 D-인자를 보이는가 하는 것입니다. 만약 그렇다면, 어떤 특성들이 D-인자와 더 관련되어 있고, 또 어떤 특성들은 관련이 덜 한 걸까요?

성별

여성과 남성을 비교해 보면 남성이 여성보다 더 높은 D-인자를 가지고 있음이 드러납니다.[*] 전체 인구 중 D-인자가 가장 높은 상위 5%에 속하는 사람들 가운데 남성의 비율은 여성의 대략 2배에 이르며, 평균적으로도 뚜렷한 차이가 나타납니다. 남성의 약 60%가 평균 이상의 D-인자 값을 보이는 반면, 여성은 약 40%에 그칩니다. D-인자와 성별 사이의 이러한 상관관계는 시험 불안과 시험 성적 간의 상관관계와 비슷한 수준입니다.

여기서 강조해야 할 점은, 각 성별 내부의 차이가 성별 간의 차이보다 훨씬 크다는 사실입니다. 다시 말해 평균 이상으로 악한 여성이 있고, 평균 이하로 악하지 않은 남성도 있습니다. 다만 이런 경우는 그 반대의 경우보다 통계적으로 드물 뿐입니다.

어쨌든 성별의 차이는 악한 행동이 남성에게서 더 자주 나타난다는 일반적인 관찰 결과와도 일치합니다. 예를 들어 독

* 정확히 말하자면, 여기서는 스스로 남성 또는 여성으로 규정한 사람들을 비교한 것입니다. 두 성(性) 중 어느 쪽에도 속하지 않는다고 여기는 사람들에 대해서는 신뢰할 만한 결론을 내리기 어렵지만, 자료에 따르면 이들의 D-인자 수준은 여성과 남성의 중간 정도에 위치하는 것으로 보입니다.

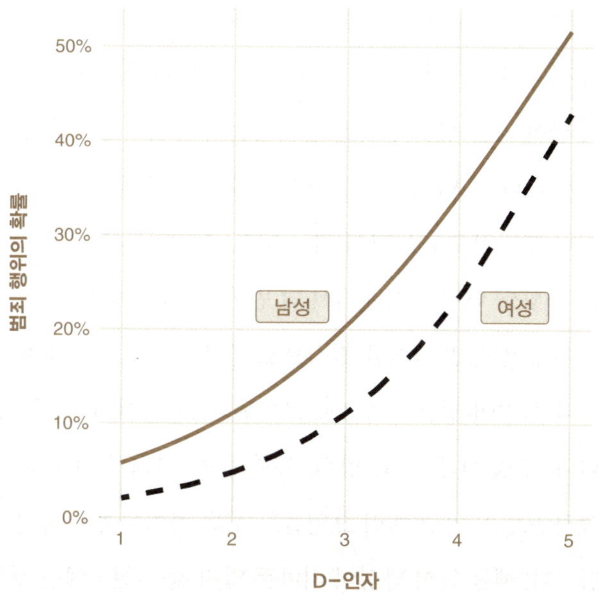


그림 5. D-인자와 한 번이라도 범죄로 처벌받은 적이 있을 확률 사이의 상관관계(성별에 따른 구분).

일이나 스위스의 최근 경찰 범죄 통계에 따르면, 범죄 용의자의 약 75%, 수감자의 90% 이상이 남성이었습니다. 그리고 앞서 4장에서 보았듯이, 범죄 성향은 높은 D-인자 수준과 함께 나타나는 경향이 있습니다.

중요한 것은, 이런 경향이 두 성별 모두에 해당된다는 점입니다. 그림 5에서처럼 한 번이라도 범죄로 처벌받은 적이 있을 확률은 D-인자가 높을수록 증가하며, 이는 남녀 모두에게서 동일하게 나타납니다.

더 나아가, D-인자에서 나타나는 성별 차이는 형법상 처벌 대상이 되는 행위 영역을 넘어서는 부분에서도 같은 양상을 보입니다. 도덕적으로 문제시될 수 있는 행동(예를 들어 불륜)이나 도덕적으로 논란이 되는 태도(예를 들어 고문이나 사형을 찬성하는 입장) 역시 남성에게서 더 빈번히 나타납니다.

이와 같은 성별 차이를 전적으로 생물학적 원인에 의한 것이거나 심지어 생물학적으로 고착된 것으로 이해해서는 안 됩니다. 모범 사례, 양육 방식, 사회 규범, 사회적 기대 등 생물학적 요인이 아닌 여러 요인들도 성별 차이에 뚜렷하게 기여합니다. 예를 들어 남성이 치마를 입지 않는 현상에는 생물학적 원인이나 생물학적 고착이 존재하지 않습니다. 스코틀랜드에서 매일같이 볼 수 있듯이, 그것은 단지 사회적 과정(social process)의 결과일 뿐입니다.

이러한 사회적 과정은 실제 행동에서 나타나는 성별 차이에만이 아니라, 설문조사에서 우리가 특정한 방식으로 응답하려는 경향에도 영향을 미칩니다. 예를 들어 불륜에 대한 설문조사에서 관찰되는 성별 차이는 적어도 부분적으로 남성과 여성의 응답 방식이 다르기 때문이라는 사실이 알려져 있습니다. 대개 불륜은 남성에게 사회적 낙인이 덜 찍히는 행위로 여겨집니다(심지어 자랑거리로 삼기도 합니다). 따라서 남성은 설문조사에서 불륜을 인정하기가 더 쉬울 수 있습니다.

비슷한 현상은 성격에 대한 설문조사에서도 나타납니다. 여기서도 남성이 여성보다 비교적 쉽게 동의할 수 있는 문항들이 있는데, 이는 교육, 성 역할, 사회화 등의 차이에서 비롯된 것일 수 있습니다. 예를 들어 D-인자 설문조사에서 '나는 타인이나 그들의 문제에 대해 별로 공감하지 않는다'라는 문항은 공감 능력이 부족함을 나타냅니다. 공감하지 않는 태도가 남성에게는 사회적 낙인이 덜하므로(심지어 긍정적으로 평가되기도 하므로), 남성은 여성보다 이 문항에 더 쉽게 동의할 가능성이 높습니다.

요약하자면, 남성은 평균적으로 여성보다 더 높은 D-인자를 가지고 있습니다. 이러한 차이는 무시할 수 있을 만큼 작지도 엄청나게 크지도 않습니다. 일부 경우에는 남성과 여성의 응답 방식 차이가 이러한 결과에 영향을 미쳤을 수도 있지만, 전반적인 연구 결과는 객관적으로 측정 가능한 행동(예를 들어 범죄행위)에서 나타나는 성별 차이와 일치합니다. 또한 두 성별 모두 D-인자와 악한 행동 사이에 뚜렷한 상관관계가 나타납니다. 남성이든 여성이든 D-인자가 높을수록 악한 행동을 보일 가능성도 그만큼 높다고 하겠습니다.

나이

성별 외에도 사람들 사이에서 뚜렷이 구분되는 또 다른 특성은 나이입니다. 여기서도 규모는 크지 않지만 일관되고 확실한 차이가 나타납니다.[*] D-인자는 나이가 들수록 감소합니다. 대략적으로 20대 초반 이후부터는 나이가 한 살 많아질 때마다 평균 이상의 D-인자를 가질 확률이 약 1%씩 줄어듭니다. 25세 미만의 사람들 중 약 60%가 평균 이상의 D-인자를 보이는 반면, 60세 이상의 사람들에서는 그 비율이 약 30%에 불과합니다. D-인자가 나이에 따라 감소하는 경향은 남녀 모두에게서 동일하게 나타나며, 거의 모든 나라와 문화권에서 공통적으로 확인됩니다.

사람은 나이가 들수록 덜 악해지고, 타인과의 관계도 더 원만해지고, 더욱 신뢰할 만한 존재가 됩니다. 이러한 현상은 '성숙의 원리'로 불리기도 합니다. 나이가 들수록 더 성숙해지고, 차분해지고, 타인에 대한 신뢰를 더 갖게 된다는 생각입니다. 이에 대한 일반적인 설명은, 삶의 특별한 사건이나 역할과 책임의 변화가 사회적으로 부정적인 성향을 점차 약

---

[*] 모든 내용은 성인을 대상으로 한 것이며, 아동과 청소년에 관한 신뢰할 만한 자료는 존재하지 않습니다.

화시킨다는 것입니다.

대체로 사람들은 성인 초기에서 중년으로 넘어가는 시기에 더 큰 사회적 책임을 맡게 됩니다. 안정된 파트너 관계를 형성하고, 공동의 가정을 꾸리고, 자녀를 돌보고 교육하는 등의 역할에 충실해야 합니다. 이 과정에서 자신의 욕구를 어쩔 수 없이 뒤로 미뤄야 하는 경우가 빈번해지고, 그 결과 덜 악한 방향으로 변화하게 된다는 것입니다.

이와 같은 설명은 일정 부분 설득력이 있으나, 동시에 한 가지 제약이 있습니다. 결혼을 한 사람과 하지 않은 사람, 자녀가 있는 사람과 없는 사람을 비교했을 때 D-인자에서 거의 차이가 없거나, 있더라도 매우 미미한 차이만이 관찰된다는 사실입니다. 따라서 D-인자가 나이에 따라 감소하는 현상을 주로 안정된 관계나 자녀를 통한 사회적 책임의 증가로만 설명하기는 어려워 보입니다.

자녀 이야기가 나온 김에 덧붙이자면, 외동으로 자란 사람과 형제자매와 함께 자란 사람 사이에서도 D-인자에 유의미한 차이가 없습니다. 여전히 널리 퍼져 있는 '외동은 더 이기적이다'라는 통념은 실제로 사실이 아니며, 여러 행동 연구에서도 반복적으로 부정되고 있습니다.

D-인자가 나이가 들수록 감소하는 또 다른 설명 혹은 보완적인 설명은, 높은 D-인자가 유리하게 작용하는 상황이

삶에서 점점 줄어든다는 것입니다. 장기적인 파트너 관계를 형성했거나 안정된 직장을 갖게 되면 경쟁 압력이 그만큼 감소한다고 볼 수 있습니다.

예를 들어 우리는 학교에서 특정 학과에 진학하기 위해서나 직업 훈련 중 정규직 전환을 위해서, 또는 대학에서 특정 직업으로 나아가기 위해서 '동기들 중에서 최상위권에 들어야 하는' 압박을 받는 시기가 있습니다. 하지만 나이가 들면서 그럴 필요가 없어지게 되면 타인과의 경쟁에서 자신을 관철해야 하는 상황이 점차 드물어집니다. 따라서 높은 D-인자는 더는 큰 이점이 되지 않습니다.

D-인자에서 나타나는 연령 차이 때문에 젊은 사람들이 더 위험하다는 해석이 종종 제기되기도 합니다. 그러나 이러한 해석은 연령대별로 사람들이 가진 권력과 영향력의 수준이 다르다는 점을 간과합니다. 젊은 사람들은 자신에게 보고하는 부하 직원, 자신의 정직성에 의존하는 고객, 자신에게 진료를 맡긴 환자, 자신이 돌보는 아동 등을 갖게 될 가능성이 훨씬 낮습니다.

젊은 성인은 관리직에 오르는 경우가 드물고, 타인이나 사회 전체에 광범위한 결과를 미치는 결정을 내릴 기회도 상대적으로 적습니다. 권력 있는 위치에 있는 사람들은 대체로 나이가 많습니다. 예를 들어, 2025년 G7 국가 현직 정부 수반들의 평균 연령은 60세가 넘습니다. 평균적으로 보았을 때 25세 미만의 사람들은 D-인자가 더 높더라도 사회적으로 끼칠 수 있는 해악이 훨씬 적습니다. 독일 교도소에 수감된 사람들 중 대부분은 30세 미만이 아니라 30세에서 50세 사이에 속한다는 사실도 이런 이유 때문으로 보입니다.

끝으로 나이에 따른 차이와 관련해 자주 등장하는 한 가지 오해를 짚어보겠습니다. 이것을 우리는 2장에서 이미 대략적으로 언급한 바 있습니다. 언뜻 보기에 성격 특성은 시간이 지나도 안정적이어야 한다고 주장하는 동시에 D-인자는 나이가 들수록 감소한다고, 즉 삶의 흐름 속에서 변한다고 말하는 것은 모순처럼 보입니다. 그러나 이는 모순이 아닙니다. 성격 특성의 안정성이란 사람들이 '다른 사람들과 비교해서' 크게 변하지 않는다는 뜻입니다. 다시 말해서, 아무도 변하지 않는다는 것이 아니라 대부분의 사람들이 비슷한 방향으로 변한다는 의미입니다.

그리고 이것은 대부분의 성격 특성들이 그렇듯이 D-인자도 마찬가지입니다. 사람은 나이가 들수록 평균적으로 덜 악해집니다(변화). 그러나 다른 사람들과 비교했을 때는 대부분 크게 변하지 않습니다(안정성). 특정 시점에 자신의 연령대에서 평균 이상으로 높은 D-인자를 가진 사람은 약 10년 후에도 80%의 확률로 여전히 동년배에서 평균 이상의 D-인자 수준을 유지합니다. 다시 말해서 사람은 일반적으로 나이가 들수록 덜 악해지지만, 젊은 시절 다른 사람들보다 상대적으로 더 악했던 사람은 나이가 들어서도 여전히 그렇습니다.


## 지능, 교육, 사고

지능이나 학력이 낮은 사람들에 대한 흔한 편견과 달리, D-인자에서 교육 수준이나 최종 학력의 평균 성적에 따른 뚜렷하고 일관된 차이는 없습니다. 또한 더 근본적인 능력이나 사고 과정의 수준에서도 D-인자에 따른 차이는 거의 관찰되지 않습니다. D-인자는 능력 검사나 지능 검사에서의 성취와 유의미한 상관관계가 없습니다. 한 사람의 검사상 지능 수준만으로 그가 높거나 낮은 D-인자를 지녔는지 추정할 수는 없습니다. 그 반대도 똑같습니다. 즉, 악한 사람들 중에도 영리한 사람과 그렇지 않은 사람이 모두 존재합니다.

마찬가지로, 높은 D-인자를 가진 사람들에게 직관적이거나 즉흥적이거나 경솔한 결정을 내리는 경향이 있는 것은 아닙니다. 사고 과정에서 충동적으로 판단하는 오류를 더 많거나 더 적게 범하는 것도 아니고, 더 합리적이거나 덜 합리적인 결정을 내리는 것도 아닙니다. 또한 충동을 억제하는 능력이 더 있거나 혹은 떨어지는 것도 아니고, 무언가를 결정할 때 더 많거나 적은 정보를 탐색하고 고려하는 것도 아니며, 일반적으로 더 혹은 덜 끈기 있게 생각하는 것도 아닙니다.

사고방식에서 차이가 나타나기는 합니다. 높은 D-인자를 가진 사람들은 장기적인 결과보다 단기적인 이익에 더 주목하고, 흑백논리적 사고방식을 선호하며, 반대 의견이나 다른 관점을 받아들이는 개방적인 태도가 부족합니다.

따라서 분명하게 말할 수 있는 것은, 악한 성향이 강한 사람들이 덜 지적이거나 교육 수준이 낮은 것은 아니며, 전반적으로 더 충동적이거나 덜 이성적이거나 덜 신중한 것도 아니라는 점입니다. 이들은 다만 사고에서 조금 더 성급하고 유연성이 부족할 뿐입니다. 이러한 사고의 경직성은 D-인자가 개인의 악한 행동을 정당화하는 다양한 신념들과 결부되어 있다는 점과도 잘 부합합니다. 자신이 다른 사람보다 우월하다거나 세상 사람들이 모두 이기적이고 착취적이라는 신념을 가능한 한 확고하게 유지하는 것이 유용할 경우, 반대 의견이나 다른 관점을 받아들이지 않으려는 태도가 오히려 합리적일 수 있습니다.

결국 D-인자는 '어떻게' 혹은 '얼마나 잘' 생각하는가보다는, '무엇을' 생각하고 '그 생각을 얼마나 고집하는가'와 훨씬 더 관련이 있습니다.

재정적, 사회적 성공

　D-인자가 교육이나 지능 또는 사고의 '질'과 유의미한 상관관계를 갖지 않는다는 점을 고려하면, 높은 D-인자가 일반적으로 더 큰 재정적, 직업적 성공이나 사회적 지위를 가져다준다고 보기는 어렵습니다. 직업군별로 보면 직장인, 자영업자, 공무원, 은퇴자, 학생, 대학생 사이에서 D-인자 수준에 유의미한 차이는 나타나지 않습니다. 다만 취업자와 구직자를 비교할 때는 간혹 다소 차이가 관찰되는데, 일부 편견과는 달리 오히려 구직자들의 D-인자가 다소 낮은 편입니다.

　취업자들을 따로 살펴보면, 개인 소득도 D-인자와 대체로 무관하다는 것을 알 수 있습니다. 악한 성향이 강한 사람들이 일반적으로 더 많거나 더 적은 수입을 올리는 것은 아닙니다. 높은 D-인자를 지닌 사람들의 비율은 모든 소득 수준에서 비슷하게 나타납니다. 따라서 소득을 직업적, 사회적 성공의 지표로 본다면, D-인자는 일반적으로 이러한 성공에 영향을 미치지 않는다고 할 수 있습니다. 이는 충분히 납득할 만합니다. 어떤 직업에서는 D-인자가 개인적 성취에 도움이 될 수 있지만 다른 직업에서는 오히려 해로울 수 있기 때문입니다. 아마도 이것이 D-인자가 높은 사람들과 낮은 사람들이 서로 다른 유형의 직업에 관심을 보이는 이유일 것입니다.

D-인자가 소득의 많고 적음과 결부되어 있지 않다는 점과 마찬가지로, 사람들이 스스로 부여하는 재정적 안정감과 D-인자 사이의 상관관계도 매우 약합니다. 예를 들어 지난 12개월 동안 식료품 같은 일상적인 물품을 살 여유가 없을까 봐 걱정한 적이 있는지를 물어볼 수 있습니다. 이 질문은 스스로 느끼는 재정적 안정성을 측정하기에 소득보다 더 적합합니다. 누군가는 소득이 높아도 부채가 너무 많아 재정적 불안을 느낄 수 있고, 반대로 소득이 낮더라도 충분한 유산 덕분에 금전적 걱정 없이 살아갈 수도 있습니다. 실제로 재정적 불안이나 걱정을 느끼는 사람들 가운데 평균 이상의 D-인자를 가진 사람은 약 55%로 절반을 약간 넘는 수준에 불과합니다.

이러한 전체적인 그림은 사람들이 스스로 부여하는 사회적 지위와 D-인자 사이에 유의미한 상관관계가 없다는 사실로 마무리됩니다. 재정적 성공과 사회적 지위에 관한 이와 같은 연구 결과들은 어떤 면에서는 안심할 만한 것으로 해석될 수 있습니다. 악한 성향이 강한 사람들이 일반적으로 더 성공한다는 증거는 없습니다. 물론 개별적으로는 다른 사례들이 있을 수 있고, 재정적으로나 사회적으로 상당한 성공을 거둔 악한 사람들도 분명히 존재합니다. 그러나 다행스럽게도 이 사례들은 규칙이 아니라 예외에 속합니다. 이는 곧 우리 사회가 대체로 악한 행동을 보상하지 않는 데 상당히 성공하고 있다는 의미이기도 합니다.

　나쁜 소식은, 이것이 또한 높은 D-인자의 성공과 그 확산이 사회적 환경에 좌우될 수 있다는 의미이기도 하다는 것입니다. 다시 말해서 어떤 사회에서는 전체적으로든 일부에서든 높은 D-인자가 실제로 유용하게 작용할 수 있습니다. 이 문제에 대해서는 다음 장에서 자세히 다루겠습니다.


결론


　앞서 살펴본 바와 같이 어떤 특정한 특성을 지닌 사람들은 다른 특성을 지닌 사람들보다 평균적으로 더 높은 D-인자를 가지고 있습니다. 남성은 여성보다, 젊은 성인은 노년층보다 D-인자가 더 높습니다. 높은 D-인자를 지닌 사람들은 단기적인 이익에 치우치고 사고의 유연성이 떨어지며 흑백논리에 가까운 사고방식을 보이는 경향이 있지만, D-인자는 교육 수준, 지능, 이성적 사고, 충동성 같은 좀 더 일반적인 특성들과는 거의 혹은 전혀 관련이 없습니다. 사회적, 재정적 성공과의 관계도 적어도 일반적인 수준에서는 마찬가지입니다.

　그렇다고 해서 지능이나 충동성이 악한 행동과 무관하다

는 뜻은 아닙니다. 오히려 그 반대입니다. 높은 D-인자가 강한 충동성과 결합될 경우, 위험하고 무모한 운전과 같은 특정한 형태의 악한 행동을 유발할 가능성이 더욱 높아집니다. 3장에서 이미 설명했듯이 D-인자는 악한 행동이 나타나는지 여부를 결정짓는 핵심 요인이며, 충동성과 같은 다른 특성들은 어떤 악한 행동이 어떻게 나타나는지에 큰 영향을 미칠 수 있습니다.

마찬가지로, 높은 D-인자와 높은 지능이 결합될 경우 타인이나 사회 전체에 대단히 위험할 수 있습니다. 높은 지능을 가진 사람들은 권력과 영향력을 행사할 수 있는 위치에 오를 가능성이 크며, 그 자리에서 훨씬 더 큰 해악을 끼칠 수 있기 때문입니다.

장군, 병원장, 경영자, 교장과 같은 직책에는 대체로 평균 이상의 지능을 가진 사람들이 오르게 됩니다. 이런 이들이 높은 D-인자와 결합될 때 타인에게 끼치는 해악은 훨씬 더 클 것입니다. 게다가 높은 지능을 가진 사람일수록 범죄 행위를 저질러도 적발될 가능성이 상대적으로 낮을 것이라는 점 또한 예상할 수 있습니다.

요약하자면, 어떤 특성이 D-인자와 뚜렷한 관련성을 보이지 않는다고 해서 그것이 악한 행동과 무관하다는 뜻은 아닙니다. D-인자는 우리가 악한 행동을 보일 성향을 결정짓는 핵심 요인이지만, 다른 특성들 또한 그러한 행동이 구체적으로 어떤 형태로 나타나는지, 그리고 그것이 얼마나 큰 피해를 초래하는지를 함께 결정합니다.

앞서 살펴보았듯이 D-인자에서 나타나는 성별 또는 연령의 차이는 여러 방식으로 설명될 수 있습니다. 이런 차이는 당연히 생물학적 기반을 가질 수 있습니다. 그러나 반드시 그래야 하는 것은 아닙니다. 성별 차이는 종종 사회적 규범과 기대의 표현이기도 하며, 연령 차이는 삶의 각 시기마다 경쟁 압력이 얼마나 큰지, 그리고 그에 따라 높은 D-인자가 얼마나 유용하거나 필요한지에 의해 설명될 수 있습니다.

이 설명을 조금 더 확장해 보면, D-인자의 차이에는 사회적 맥락이 일정 부분 영향을 미친다고 볼 수 있습니다. 한 사회에서 개인이 자기주장을 펼치고, 자신의 안녕을 타인의 안녕보다 우선시하고, 타인에게 착취당하지 않기 위해 방어적으로 행동해야 하는 필요성이 클수록 그 사회에서는 높은 D-인자가 더 유용하며, 따라서 더 널리 퍼질 가능성이 높을 것으로 추정할 수 있습니다.

다음 장에서는 이러한 생각과 더불어, 생물학적 유전적 요인이나 사회적 문화적 요인이 D-인자를 결정하는지 여부와 그 방식에 대한 좀 더 일반적인 질문을 다루겠습니다.

# 6장

# 무엇이 D-인자를 결정하는가?: 유전, 환경, 사회적 영향

사람들마다 차이가 나는 모든 특성들과 마찬가지로, D-인자에 대해서도 같은 물음이 제기됩니다. 이러한 차이는 어디서 비롯될까요? 우리의 불안, 지능, 창의력, 악의 등에 영향을 미치는 것은 무엇일까요?

한편으로, 우리의 신체적 키를 비롯한 많은 특성들에서는 유전적 혹은 선천적 영향을 분명히 확인할 수 있습니다. 이 영향은 비단 신체적 특성에만 국한되지 않으며, 불안 성향이나 지능 같은 성격 특성에서도 명확히 입증되어 있습니다. 따라서 사람들 사이의 D-인자 차이 또한 유전적 차이에 기인하리라는 추측은 충분히 가능합니다.

다른 한편으로, 어떤 특성이 얼마나 강하게 나타나는지를 유전자가 단독으로 결정하는 경우는 사실상 없습니다. 환경

적 영향도 항상 중요한 역할을 합니다. 여기서 말하는 '환경'
은 유전적이지 않은 모든 것을 포괄하는 개념으로 어린 시절
의 가정 환경, 청소년기의 친구 관계, 사회의 규범과 기대 등
다양한 요인을 포함합니다. 앞 장에서 살펴본 바와 같이 성별
이나 연령에 따른 D-인자의 차이는 단순히 생물학적으로만
설명될 수 있는 것이 아니라 여러 다른 방식으로도 설명될 수
있습니다.

예를 들어 사회적 기대나 고정관념은 남성이 여성보다 D-
인자가 더 높은 이유를 설명할 수 있습니다. 마찬가지로 연령
차이 또한 생애의 각 시기마다 경쟁 압력이 얼마나 큰지, 그
리고 그에 따라 악한 행동이 얼마나 유용하거나 심지어 필요
한지에 의해 설명될 수 있습니다. 이 두 가지 사실은 모두 사
회적 조건도 D-인자의 차이에 일정 부분 책임이 있을 가능
성을 말해 줍니다. 이때 중요한 것은 사회적 기대와 규범, 그
리고 한 사회에서 높은 수준의 D-인자가 얼마나 유용하게
작용하는가 하는 것입니다.

이번 장에서는 유전적 요인과 환경적 영향(특히 사회적 요인
들)이 D-인자를 결정하는지 여부와 만약 그렇다면 실제로 얼
마나 큰 영향을 미치는지를 살펴보려 합니다. 이를 위해 먼저
유전이 D-인자에 어떤 영향을 미치는지, 즉 사람들 간의 유
전적 차이가 D-인자의 차이를 어느 정도까지 설명할 수 있

는지를 검토할 것입니다. 그에 앞서 이 문제를 과학적으로 어떻게 탐구할 수 있는지 간단히 설명하겠습니다.

## 사람들 간의 차이는 어떻게 유전적으로 설명되는가?

유전자가 성격 특성과 같은 특성들에 미치는 영향을 추정하기 위한 접근법은 여러 가지가 있습니다. 조금 단순화해서 말하면, 이러한 접근법은 모두 유전적으로 연관된 사람들(대부분 형제자매)을 대상으로 해당 성격 특성을 비교한다는 아이디어에 기반합니다. 한 개인의 성격 특성을 측정하고, 형제자매가 이 특성에서 서로 얼마나 유사한지 살펴보는 것입니다.

어떤 요인들은 확실히 형제자매가 서로 더 비슷해지도록 작용합니다. 왜냐하면 이 요인들이 그들 모두에게 동일하게 영향을 미치기 때문입니다. 여기에는 그들이 공유하는 유전자뿐 아니라 함께 성장한 가정 환경(부모의 양육 방식, 가족의 사회경제적 지위, 주거 환경 등)도 포함됩니다. 반면에 형제자매가 서로 달라지는 방향으로 작용하는 요인들도 있습니다. 그것이 형제자매 중 한 사람에게만 영향을 미치기 때문입니다. 여기에는 서로 다른 취미, 친구 관계, 개별적인 생활 경험 등이 포함됩니다.

형제자매가 공유하는 유전자의 영향은 '유전성'이라 불립니다. 그 밖의 모든 영향은 '환경 영향'으로 분류됩니다. 환경적 영향은 다시 두 가지로 구분됩니다. 하나는 형제자매를 서로 비슷하게 만드는 '공유된 환경'으로, 가정 환경 등이 여기에 속합니다. 다른 하나는 형제자매를 서로 다르게 만드는 '공유되지 않은 환경'으로, 서로 다른 친구 관계 등이 이에 해당합니다.

연구의 목표는 세 가지 요인(유전성, 공유 환경, 비공유 환경)이 각각 성격 특성에 얼마나 강하게 작용하는지를 추정하는 데 있습니다. 이때 가장 널리 사용되는 접근법은 같은 가정에서 함께 자란 일란성 쌍둥이와 이란성 쌍둥이를 비교하는 것입니다.*

* 가장 일반적인 대안은, 서로 다른 가정에서 자란 친형제자매(입양된 형제자매)를 연구하는 것입니다. 만약 이들의 특정 성격 특성이 서로 닮았다면, 그 유사성은 주로 유전적 원인에 의한 것일 가능성이 높습니다. 왜냐하면 서로 떨어져서 자랐다는 것은 가정 환경이 다르다는 것이므로, 가정 환경이 그들을 비슷하게 만들었을 수는 없기 때문입니다. 그러나 이 접근법의 문제는 일부 매우 의심스러울 수 있는 가정을 해야 한다는 점입니다. 예를 들어 임신 중의 영향이 무시할 만하다고 가정한다거나, 입양 가정들 간에 일정한 유사성이 있을 수 있는 가능성을 아예 배제하는 것입니다. 게다가 성격 연구에 적합할 만큼 충분한 수의 '서로 다른 가정에서 자란 형제자매'를 찾는 것이 현실적으로 매우 어렵습니다.

쌍둥이의 장점은 임신 기간 등 출생 이전 시기의 영향과 가정 내의 환경적 영향이 매우 유사하다는 점입니다. 이러한 영향들은 일란성과 이란성 쌍둥이 모두에게 거의 동일하게 작용합니다. 그러나 두 집단이 뚜렷하게 구분되는 점이 있습니다. 일란성 쌍둥이는 유전 정보(Genom)가 100% 일치하지만, 이란성 쌍둥이는 평균적으로 50%만 공유한다는 사실입니다.

따라서 모든 쌍둥이가 공통적으로 가지는 것은 공유 환경과 약 50%의 유전 정보입니다. 일란성 쌍둥이는 그에 더해 나머지 50%의 유전 정보까지 '추가로' 동일하게 가집니다. 그러므로 일란성 쌍둥이의 유사성은 유전적 요인과 공유된 환경이 얼마나 복합적으로 작용했는지를 보여줍니다.

한편으로 일란성과 이란성 쌍둥이의 유사성을 비교하면 이러한 복합적인 영향 중 유전적 요인이 차지하는 비중과 공유된 환경적 요인이 차지하는 비중을 추정할 수 있습니다. 어떤 성격 특성에서 일란성 쌍둥이가 이란성 쌍둥이보다 더 비슷하다면, 이 유사성의 차이는 일란성 쌍둥이의 더 높은 유전적 일치에서 비롯된 것이라고 볼 수 있습니다.

쌍둥이 연구는 일란성 쌍둥이의 지능이 매우 비슷하다는 사실도 보여 주었습니다. 이는 유전성과 공유 환경이 사람들 간 지능 차이에서 차지하는 몫이 매우 크다는 뜻이며, 그 비율은 약 80%에 이르는 것으로 나타납니다. 나머지 20%는 공유되지 않은 환경의 영향으로 돌릴 수 있습니다. 또한 일란성 쌍둥이는 이란성 쌍둥이에 비해 절반 이상 더 높은 유사성을 보입니다. 둘 사이의 이러한 추가적 유사성으로 미루어 볼 때 전체적으로 사람들 사이의 지능 차이는 약 66%가 유전적 차이에 기인하는 것으로 추정할 수 있습니다. 정리하면 다음과 같습니다.

- 사람들 간의 지능 차이 중 약 66%는 유전적 차이에 기인합니다.
- 약 14%는 공유된 환경 요인에 기인합니다.
- 약 20%는 공유되지 않은 환경 요인에 기인합니다.

이에 비해 불안 성향과 같은 성격 특성에서는 일란성 쌍둥이의 유사성이 지능만큼 높지 않게 나타납니다. 유전성과 공유 환경에 의해 설명되는 불안 성향의 개인차는 전체의 약 50%에 불과하며, 나머지는 비공유 환경의 영향으로 보아야 합니다.

그러나 이란성 쌍둥이와 비교했을 때 일란성 쌍둥이는 불안 성향에서 거의 2배 정도 더 유사합니다. 이는 유사성이 사실상 전적으로 유전적 요인에 기인한다는 의미입니다. 다시 말해서 사람들 간 불안 성향의 차이는 약 50%가 유전적 차이에서 비롯되며, 공유 환경의 영향은 거의 0%이고 나머지 50%는 모두 비공유 환경의 영향으로 설명된다고 할 수 있습니다.

### 두 가지 중요한 설명

이러한 추정치는 몇 가지 꽤 강력한 전제들이 충족될 때만 정확합니다. 예를 들어 부모가 해당 성격 특성에서도 서로 유사하다면, 즉 지능이 높은 사람이 지능이 높은 사람과, 혹은 악한 성향이 강한 사람이 악한 성향이 강한 사람과 짝을 지어 자녀를 낳는다면 추정치가 왜곡될 수 있습니다. 실제로 이것은 적어도 일부 성격 특성에서는 사실입니다. 그 영향이 아주 크지는 않지만, 이러한 사실은 유전율 추정치가 어디까지나 '추정치'로 이해되어야 한다는 점을 말해줍니다.

또 한 가지 흔히 발생하는 오해를 짚고 넘어갈 필요가 있습니다. 유전성이란 어떤 사람의 성격 특성이 어느 정도까지 유전자의 영향으로 형성되었는지를 의미하지 않습니다. 그보다는 사람들 간의 유전적 차이가 성격 특성 발현의 개인 차이를 얼마나 설명하는지를 나타냅니다.

이 점을 좀 더 직관적으로 이해하기 위해 '신체적 키'라는 특성을 다시 예로 들어보겠습니다. 키는 대략 80% 정도의 높은 유전율을 보입니다. 그러나 이것이 곧 '내 키의 80%는 부모에게서 물려받았고, 나머지 20%는 양육이나 취미 활동 덕분'이라는 의미는 아닙니다('내 키 180cm 중 144cm는 부모에게서, 나머지 36cm는 다른 요인에서 왔다'는 뜻이 아닙니다). 유전율이 80%라는 것은, 사람들 간의 키 차이는 80% 정도가 그들의 유전적 차이, 다시 말해 각자 부모의 키 차이에 기인한다는 뜻입니다.

## D-인자도 유전될까?

D-인자의 유전 가능성은 매우 중요한 문제이지만, 현재까지 이와 관련된 단서를 제공하는 쌍둥이 연구는 단 하나뿐입니다.[*]

그에 따르면 사람들 간의 D-인자 차이 중 약 절반 이상은 쌍둥이들이 공유하는 영향, 즉 유전자와 공유 환경(주로 가족 조건)으로 설명될 수 있다고 합니다. 이 두 영향 요인은 거

---

[*] 이러한 연구 부족은 놀라운 일도 드문 일도 아닙니다. 쌍둥이 연구에는 비용과 시간이 매우 많이 듭니다. 특정 성격 특성에 대한 일련의 대규모 연구에서 유전과 환경의 구체적인 영향을 명확히 밝히기까지는 보통 수년에서 수십 년이 걸리기도 합니다.

의 비슷한 강도로 작용하지만, 공유된 환경 요인이 유전성보다 약간 더 큰 영향을 미치는 것으로 나타납니다. 전체적으로 D-인자의 유전율은 약 25%로 추정됩니다. 사람들 사이에 나타나는 D-인자의 차이에서 25% 정도가 유전적 차이로 설명될 수 있다는 뜻입니다. 따라서 D-인자 역시 일정 부분 유전적 요인에 의해 결정된다는 중간 결론을 일단 도출할 수 있겠습니다.

이것은 확정된 사실이라기보다 하나의 초기 단서로 이해해야 합니다. 해당 연구가 일란성 쌍둥이 75쌍과 이란성 쌍둥이 64쌍만을 대상으로 했기 때문에 산출된 추정치는 확실치 않습니다. 그런데도 D-인자가 일정 부분 유전적으로 결정되기도 한다는 결과는 기존의 다른 성격 연구 결과와도 부합합니다.

성격 특성들이 일정한 유전적 비중을 가진다는 사실은 훨씬 더 많은 표본을 바탕으로 한 여러 연구들에서 이미 반복적으로 입증되어 왔습니다. 특히 부정직함이나 편협함같이 D-인자와 뚜렷한 유사성을 보이는 성격 특성들에서도 확인되었습니다. 따라서 D-인자가 유전적 기반을 가진다는 가정은 타당하다고 할 수 있습니다.

동시에 이 결과는 D-인자의 유전적 비중이 다른 성격 특성에 비해 다소 낮을 수 있다는 단서로도 해석될 수 있습니다. 앞서 불안 성향의 예에서 보았듯이, 여러 성격 특성들의 유전율은 평균적으로 40~50% 정도로 추정됩니다. 더욱 눈에 띄는 점은, 대부분의 성격 특성에서는 공유 환경의 영향이 매우 미미하거나 거의 없다는 사실입니다. 즉, 대부분의 성격 특성에서 나타나는 쌍둥이들 간의 유사성은 거의 전적으로 유전적 요인에 의해 결정된다는 뜻입니다. 이 역시 앞서 불안 성향의 사례에서 이미 확인되었습니다. 따라서 여기서 제시된 D-인자에 관한 연구 결과가 더 큰 규모의 연구에서도 재현된다면, D-인자는 이 점에서 다소 예외적인 특성일 수 있습니다.

정리하자면, D-인자는 유전적으로 형성되는 부분이 분명히 존재하지만, 다른 성격 특성들에 비해 환경적 영향이 상대적으로 강하게 작용하는 것으로 보입니다. 다만 구체적으로 어떤 환경 요인들이 작용하는지는 아직 명확히 밝혀지지 않았습니다. 공유 환경과 관련해서는, 가정 환경의 어떤 요소들이 D-인자 형성에 영향을 미치는지를 규명하는 것이 중요한 과제가 될 것입니다.

첫 번째 단서는 D-인자가 낮은 사람일수록 자신이 온전한 가정에서 자랐다고 회상하는 경향이 있다는 점에서 찾을 수 있습니다. 그러나 여기에는 기억의 왜곡이 작용했을 수도 있습니다. D-인자가 높은 사람들이 실제로 가정 환경이 더 어려웠거나 문제가 많았던 것이 아니라 단순히 자신의 가정 환경을 더 부정적으로 평가하는 것일 가능성을 배제할 수 없습니다.

더 신뢰할 수 있는 방법은 장기적 연구(종단 연구)를 수행하는 것입니다. 예를 들어 3세에서 10세 사이의 아동들을 대상으로 가정 환경의 여러 측면을 조사하고, 약 20년 후에 같은 사람의 D-인자를 측정하여 그 관계를 분석하는 방식입니다. 다만 이 연구는 실제로 수행하는 데 20년 이상의 긴 시간이 필요합니다.

공유 환경의 영향 외에 비공유 환경의 여러 요인도 D-인자에 영향을 미치는 것으로 보입니다. 예를 들어 개인적 환경이 일정한 역할을 할 수 있다는 초기 단서들이 있습니다. 사람들은 일반적으로 자신과 유사한 성격 특성을 지닌 사람들과 더 쉽게 친분을 맺는 경향이 있습니다. 이러한 경향은 가치관이나 도덕성과 관련된 성격 특성에서 두드러집니다. 실제로 평균보다 높은 D-인자를 지닌 사람은 친구들 또한 평균 이상으로 높은 D-인자를 가진 경우가 많습니다.

물론 이때 악한 주변 환경이 개인을 실제로 악하게 만드는지(환경이 D-인자에 영향을 미치는지), 아니면 본래 악한 성향이 강한 사람이 악한 성향이 강한 친구를 곁에 두는 것인지는 분명하지 않습니다. 이 문제에 정확히 답하려면 이 경우에도

‘종단 연구(longitudinal study, 시간의 흐름에 따라 변화를 추적하는
연구-역주)’가 필요합니다.

반면에 시간이 지나도 비교적 안정적으로 측정할 수 있는,
사회 전체에 영향을 미치는 환경 요인들을 살펴보면 훨씬 더
의미 있는 결과를 얻을 수 있습니다. 한 사회의 현재 D-인자
수준(그 사회 구성원들의 평균 D-인자 수준)은 사회 구성원 전반에
영향을 미쳤을 법한 사회적 조건들과 비교적 신뢰할 수 있게
연관 지을 수 있습니다.

따라서 다음에서는 이러한 광범위한 사회적 요인들 중 어
떤 것이 D-인자에 영향을 미치는지, 그리고 그 방식은 어떠
한지 살펴보겠습니다.


## D-인자에 대한 사회적 영향


D-인자에 영향을 미치는 사회적 요인들을 살펴보기 전에
먼저 한 사회가 어떻게 우리의 성격, 특히 D-인자에 영향을
미치는지를 간략히 설명하겠습니다.

성격은 중장기적으로 삶의 환경이 요구하는 조건들, 즉 우
리가 일상적으로 마주하는 상황들과 그 상황을 성공적으로
극복하기 위해 필요한 요소들에 의해 형성됩니다. 반복적으

로 발생하는 중요한 상황에서 유용하게 작용하는 성격 특성은 '적응적' 특성(해당 상황의 요구에 잘 적응할 수 있게 해주는 특성)이거나, 또는 '기능적' 특성(개인이 그 상황에서 성공적으로 '기능'할 수 있게 해주는 특성)으로 간주됩니다. 간단히 말하면, 어떤 성향이 환경에 더 적응적일수록 그 성향을 따르는 사람이 늘어나고, 결과적으로 그 성향은 점점 더 강화되어 더 널리 확산됩니다.

예를 들어 성공을 위해 높은 수준의 신중함, 정확성, 집중력 등이 요구되는 상황에 자주 노출되는 사람들은 시간이 지나면서 '성실성'이라는 성격 특성을 더욱 강하게 발달시키게 됩니다. 해당 상황에서는 성실성이 높은 사람이 더 유리하기 때문입니다. 이때 생기는 것이 바로 더 높은 성실성으로 발전하도록 이끄는 일종의 환경적 요구라 할 수 있는 '선택 압력'입니다.

이러한 요구에 노출된 개인은 몇 달 혹은 몇 년에 걸쳐 점진적으로 적응해 나가며 자신의 성실성 수준을 변화시킬 수 있습니다. 더 큰 집단, 심지어 전체 사회가 이러한 요구에 노출될 경우, 적응은 세대를 넘어 지속됩니다. 성실성이 높은 사람들은 더 성공적이므로 후손을 남길 가능성이 더 크고, 그 후손은 유전적 요인에 의해 다시금 높은 수준의 성실성을 지니게 될 것입니다.

원칙적으로 모든 성격 특성에 대해, 어떤 상황이나 환경 조건하에서 그 특성이 유용하거나 기능적일 가능성이 높은지 말할 수 있습니다. D-인자의 경우 그것은 비교적 명확합니다. 타인을 착취하는 것이 큰 이익이 되거나 심지어 생존을 위해 불가피한 환경에서는 D-인자가 높을수록 기능적으로 유리합니다. 그러면 타인을 착취하려는 압박이 자연스럽게 생겨나기 때문입니다. 특히 타인의 위협에 끊임없이 노출되거나, 식량이나 물 같은 중요한 자원이 부족해 타인이 희생해야만 자신의 생존을 보장받을 수 있는 상황이라면 더욱 그렇습니다.

타인의 위협을 억제할 수 있는 신뢰할 만한 메커니즘(예를 들어 법치주의에 기반한 효과적인 법 집행 기관)이 갖춰지지 않았거나, 자원 부족을 흡수하거나 완화할 수 있는 제도(예를 들어 최저 생활 수준을 보장하는 사회 보장 제도)가 존재하지 않는 경우 문제는 심각해집니다. 그러면 말 그대로 '먹느냐, 먹히느냐'의 세계 속에서 개인이 스스로 생존해야 합니다. 이런 환경에서는 높은 D-인자를 가진 사람이 장기적으로 더 유리한 위치에 서게 되고, 낮은 D-인자를 가진 사람은 착취당하고 손해를 보게 됩니다.

이처럼 위협과 자원 부족이 지배적이고 제도적 완화 장치가 미흡한 환경을 '혐오적 사회 조건'이라고 부를 수 있습니다. 폭력과 범죄가 만연해 사회적 불안이 높고, 법 집행이 부패하거나 임의적으로 이루어져 안전이 보장되지 않으며, 생존에 필수적인 기본 자원조차 부족할 만큼 빈곤해 기본적 생계와 욕구가 충족되지 않고, 극심한 물질적 불평등과 재분배의 부재 같은 사회적 결핍이 제도적으로 보완되지 않는 사회 조건을 말합니다.

혐오적 사회 조건들은 단순히 높은 D-인자를 가진 사람들에게 직접적인 이익을 주는 데서 그치지 않습니다. 그것들은 점차적으로 사회 전체의 악한 행동에 대한 저항력을 약화시킵니다. 악한 행동을 억제하는 사회적 규범이나 기대는 점점 사라지게 됩니다.

이런 환경에서는 악한 행동이 오히려 기능적으로 유리하게 작용하기 때문에 시간이 지나면 거의 아무도 타인에게, 심지어 자기 자녀에게조차 그런 행동을 하지 말아야 한다고 말하지 못하거나 말하고 싶어 하지 않습니다. 악한 행동은 이제 너무 만연해서, 사람들은 그것이 오히려 유용하거나 불가피하다고 생각하게 됩니다. 많은 사람들에게 악한 행동은 주관적으로 정당화될 수 있는 것으로 받아들여지며, 더는 윤리적·도덕적 의미에서 '악'으로 인식되지 않습니다.

사회적 규범이 사라지면 악한 행동에 맞서는 사회적 압력도 사라집니다. 극단적으로 말하면, 아이들은 더는 도둑질,

거짓말, 폭력이 나쁜 짓이며 응분의 결과가 따른다는 가르침을 받지 못하게 됩니다. 오히려 주변에서 악한 행동을 통해 성공하는 사람들을 반복적으로 목격하면서 이를 모방하게 됩니다.

따라서 이러한 혐오적 사회 조건은 중장기적으로 사회 구성원 전반의 D-인자를 높이는 방향으로 작용하리라고 예상할 수 있습니다. 다음에서는 이와 같은 현상이 실제로 국가 간 차이에서 어떻게 나타나는지를 구체적으로 살펴보겠습니다.

### 국가의 혐오적 사회 조건과 국민의 D-인자 수준

그림 6에는 여러 나라에서 측정된 평균 D-인자가 제시되어 있습니다. 각 나라에 현재 거주하는 사람들의 D-인자 평균값을 약 20년 전 해당 국가에 존재했던 혐오적 사회 조건의 심각성 정도와 비교하여 보여주고 있습니다.[*]

그림에서 명확히 알 수 있듯이, 과거의 혐오적 사회 조건은

---

[*] 여기서 사용된 값은 여러 개별 지표들, 즉 살인 사건 발생 빈도, 부패, 생존을 위협하는 빈곤, 경제적 불평등 등의 수준을 종합하여 산출한 값입니다. 이 자료는 세계은행에서 제공한 독립적 데이터에 기반한 것입니다. 그 밖에 법치주의 결여, 무력 분쟁으로 인한 사망자 수, 성별 불평등 등 다른 지표를 사용하더라도 유사한 결과가 확인됩니다.

현재 그 나라 국민의 높은 평균 D-인자 수준과 연관되어 있습니다. 다시 말해서 20년 전의 사회적 조건들이 혐오스러울수록 해당 국가의 평균 D-인자 수치가 더 높은 것으로 나타납니다.

이러한 차이는 경제 규모나 전반적인 발전 수준이 비슷한 국가들을 비교할 때도 확인됩니다. 예를 들어 스웨덴(SE)과 이탈리아(IT)는 1인당 국내 총생산(GDP)과 발전 수준이 비슷합니다. 그러나 D-인자의 수준은 이탈리아가 스웨덴보다 눈

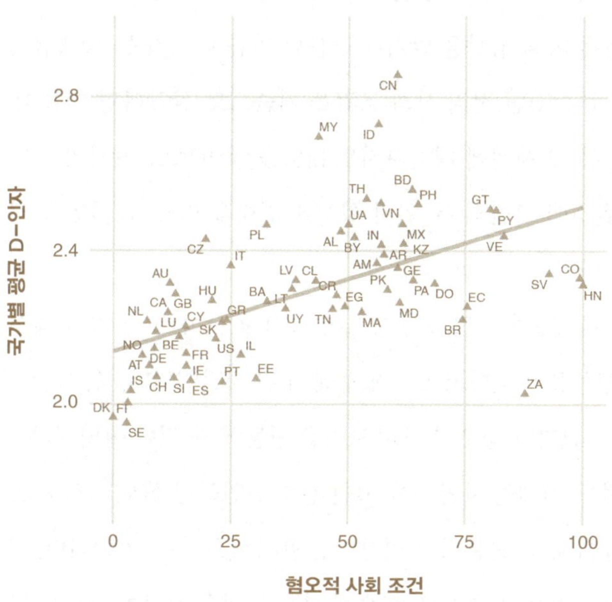



그림 6. 20년 전의 혐오적 사회 조건 수준에 따른 국가별 평균 D-인자.
(각 국가는 ISO 국가 코드로 표시되어 있음.)

에 띄게 높습니다. 이에 상응하여 20년 전 이탈리아의 혐오적 사회 조건은 스웨덴보다 약 25점(0~100점 척도 기준) 더 높았습니다.

혐오적 사회 조건과 D-인자 측정 시점 사이의 20년 격차는 두 가지 이유에서 중요한데, 두 이유 모두 D-인자에 대한 데이터가 평균 30세에 가까운 사람들로부터 수집되었다는 점과 관련이 있습니다(이 연령대는 대체로 전 세계 인구의 평균 연령과도 일치합니다).

첫째, 20년 전이면 연구 대상자들은 당시의 혐오적 사회 조건에 의해 영향을 받기에 충분할 만큼 나이가 든 상태입니다. 만약 50년 전의 사회 조건을 기준으로 삼았다면 이들 대부분은 그 시점에 태어나지도 않았을 것이므로, 당시의 사회적 환경이 그들의 D-인자 형성에 영향을 미칠 수 없었을 것입니다.

둘째, 20년의 격차는 혐오적 사회 조건이 D-인자의 형성에 영향을 미쳤다고 보기에 충분히 긴 시간입니다. 즉, 사람들의 D-인자가 혐오적 사회 조건을 만들어 낸 것이 아닙니다.

현재 30세인 사람들이 20년 전에 만연하던 혐오적 사회 조건들에 대해 근본적인 영향력을 행사했을 수는 없습니다. 이러한 이유와는 별개로, 혐오적 사회 조건은 시간이 지나도 크게 변하지 않기 때문에 다른 시간 간격, 예를 들어 10년 전의

사회 조건을 기준으로 분석하더라도 비슷한 결과가 도출됩
니다.

## 오해를 피하기 위해 먼저 분명히 해야 할 점

과거에 더 혐오스러운 사회 조건을 경험한 나라의 국민들
은 현재 평균적으로 더 높은 D-인자 수준을 보입니다. 중북
부 유럽 지역은 과거에도 현재에도 이러한 혐오적 사회 조건
이 상대적으로 덜합니다. 따라서 상대적으로 D-인자가 낮은
국가들은 대체로 중북부 유럽에 위치하고, D-인자가 높은
국가들은 세계 다른 지역에 분포되어 있습니다.[*]

이러한 국가 간의 D-인자 차이는 그 나라의 고유성(예를 들
어 민족이나 문화의 차이) 때문에 생긴 것이 아닙니다. 다시 말해
서 중북부 유럽 출신이어서 사람들이 덜 악하다는 식의 해석
은 잘못된 것입니다. 이러한 해석이 틀리다는 것은 중북부 유

---

[*] 한 가지 유의해야 할 점은, 한 국가 내 인구 집단 간의 D-인자 차이가 서로
다른 나라 사람들 간의 차이보다 크다는 사실입니다. 예를 들어 독일어권 국
가에서 임의로 두 사람을 뽑는다면, 그 두 사람의 D-인자 차이는 독일어권 국
가의 D-인자 평균값과 에콰도르·모로코·파키스탄 등의 평균값 사이의 차이
보다 클 가능성이 높습니다. 또한 국가 간의 D-인자 차이는 대부분의 국가 내
부에서 나타나는 남녀 간의 D-인자 차이보다도 작습니다. 예를 들어 독일어
권 지역의 평균적인 남성의 D-인자 수준은 에콰도르, 모로코, 파키스탄의 평
균적인 여성의 D-인자 수준과 대체로 비슷합니다.

럽에서는 외국인과 자국인, 즉 이민 배경이 있는 사람과 그렇지 않은 사람 사이에 D-인자의 유의미한 차이가 없다는 사실만 보아도 알 수 있습니다.

더 중요한 점은, 혐오적 사회 조건과 높은 D-인자 사이의 상관관계는 동일한 국가 내에서도 뚜렷하게 나타난다는 사실입니다. 예를 들어 미국의 50개 주를 분석했을 때도 전 세계 국가 단위에서 관찰된 것과 동일한 양상이 나타납니다. 20년 전의 혐오적 사회 조건이 더 심각했던 주일수록, 현재 그 주에 거주하는 주민들의 평균 D-인자 값은 인종 구성과 관계 없이 더 높게 나타납니다. 백인 인구 비율을 제외하더라도 여전히 혐오적 사회 조건이 클수록 D-인자가 높게 나타나는 둘 사이의 상관관계는 동일하게 유지됩니다.

미국 북동부의 웨스트버지니아와 버몬트를 예로 들면, 두 주 모두 백인 인구 비율이 약 90%로 거의 동일합니다. 그러나 20년 전 웨스트버지니아의 혐오적 사회 조건은 버몬트보다 훨씬 심각했으며, 실제로 현재 웨스트버지니아 주민들의 평균 D-인자가 버몬트 주민들의 평균 D-인자보다 뚜렷하게 높게 나타납니다.

요약하면, 국가들이나 연방주들 간 D-인자 차이는 '인종'이나 '출신 성분'이 더 악하거나 덜 악해서 나타나는 것이 아니라 사회적 환경의 차이에서 비롯된 결과입니다.

## 예고된 악순환, 그리고 탈출구

지금까지 살펴본 바와 같이, 불안정성과 불평등 같은 혐오적 사회 조건은 사람들을 더욱 악하게 만듭니다. 그러나 그 영향은 거기서 멈추지 않습니다. D-인자가 높을수록 타인의 희생을 대가로 자신을 이롭게 하거나 범죄를 저지를 가능성이 커집니다. 악한 성향이 강한 사람들이 다시금 그러한 혐오적 사회 조건을 더욱 강화시키는 방향으로 작용하는 것입니다. 그 결과 사회 전체의 평균 D-인자가 다시 높아지는 악순환이 형성됩니다.

하지만 이 악순환은 끊을 수 있습니다. 사회는 불안정성과 불평등을 억제하고 그 영향을 완화할 수 있는 신뢰할 만한 제도적 장치를 구축할 '능력'이 있습니다. 효과적인 법 집행, 법치주의의 강화, 부패의 근절은 중장기적으로 위협과 불안정성을 줄일 것입니다. 불평등을 줄이고 일반 대중의 기본적 생존 욕구를 보장하는 정책들은 생존 자체를 위협하는 자원 부족 문제를 완화할 수 있습니다.

이러한 여건이 조성되면 높은 D-인자는 더는 기능이나 적응 면에서 유리하지 않게 되고, 악한 행동에 대한 사회적 규범이 다시 제대로 작동하기 시작합니다. 그러면 사회는 악순환에서 벗어나 '선순환'으로 나아갈 수 있습니다.

결론

대부분의 성격 특성과 마찬가지로 D-인자 역시 일정 부분 유전적 기반을 가지고 있습니다. 이는 개인 간의 D-인자 차이가 그들 부모 세대의 D-인자 차이와도 연관되어 있다는 뜻입니다. 그러나 D-인자에서 유전적 요인의 영향은 지능이나 불안 성향 같은 다른 성격 특성들에 비해 다소 약한 것으로 보입니다. 따라서 D-인자의 개인차는 그만큼 공유 환경과 비공유 환경의 영향을 더 많이 받는다고 하겠습니다. 이러한 환경 요인에는 사회적 조건들이 포함됩니다.

그중에서도 특히 D-인자와 깊이 관련된 것은 불안정성과 불평등 같은 혐오적 사회 조건입니다. 이런 조건들은 타인에 대한 불신을 강화하고 필요하다면 자신의 이익을 타인이나 공동체의 이익보다 우선시하도록 만드는 일종의 적응 압력을 형성합니다. 따라서 오늘날 사회나 국가 간에 나타나는 D-인자의 차이는 과거의 혐오적 사회 조건, 즉 범죄와 폭력, 부패와 법치주의의 결여, 경제적, 사회적 불평등, 생존을 위협하는 빈곤 등에 기인한다고 볼 수 있습니다.

물론 사회 간의 차이는 각 사회 내부에서 개인 간의 차이만큼 크지는 않습니다. 그러나 사회 전체의 D-인자가 조금만 증가해도 그 사회 내 수백만 또는 수십억 명의 사람들에게 심각한 영향을 미칠 수 있습니다.

지금까지 이 책에서 우리는 다음과 같은 내용을 살펴보았습니다.


- 악한 행동이란 어떤 행동을 말하며, 사람마다 매우 다르게 나타나는 악한 행동의 성향은 어떻게 성격 특성에 의해 설명되는가.
- 우리는 모두 성격 특성을 가지고 있지만 각자 정도의 차이가 있으며, 결국 항상 성격과 상황이 결합하여 어떤 행동이 나타날지를 결정한다.
- 다양한 악한 성격 특성들은 사실상 하나의 공통된 핵심인 D-인자를 공유한다. 이 '악의 본질'은 궁극적으로 타인의 희생을 통해 자신의 이익을 극대화하려는 성향이며, 이를 정당화하는 신념들과 결합되어 있다.
- 성격 특성들, 특히 D-인자는 어떻게 측정할 수 있으며, 그 측정은 언제 그리고 어떤 이유로 신뢰할 만한가. D-인자가 높은 사람이 실제로 '더 악하다'고 어떻게 말할 수 있는가.
- 누가 더 높은 D-인자를 가지며, 사람들의 어떤 일반적 특성이 그들의 D-인자와 연결되는가.
- 왜 각 사람들은 D-인자가 서로 다르게 나타나며, 이를 부분적으로 설명해 주는 조건들은 무엇인가.

지금까지 우리는 D-인자를 이해하기 위한 토대를 다져 왔습니다. 이제 관점을 바꾸어 다음 장부터는 D-인자가 삶의 다양한 영역에 어떤 영향을 미치는지를 살펴보려 합니다. 도덕적 가치, 정치적 신념, 환경과 기후, 직업과 노동, 인간관계 등에서 D-인자가 낮거나 높은 사람들은 어떻게 생각하고 느끼고 행동할까요? 높은 D-인자는 과연 사람을 행복하게 만들어 줄까요, 아니면 병들게 할까요?

# 7장

# 가치와 도덕

사람마다 D-인자의 수치는 모두 제각각입니다. 그것은 한 국가의 국민들마다도 마찬가지입니다. 어떤 이들은 다른 사람에게 해를 끼치는 경향이 더 강하며, 이를 정당하다고 여깁니다. 그렇다면 이들이 가지고 있는 윤리와 도덕에 대한 구체적인 관념은 무엇일까요? 이들의 시각에서는 모든 사람이 윤리적·도덕적 제한 없이 어떤 행위든 마음대로 해도 된다는 것일까요?

1장에서 우리는 '악한 행동'이 어떤 행동인지를 살펴보면서 윤리적·도덕적 관념의 중요성을 강조한 바 있습니다. 그에 따르면 악한 행동이란 다른 사람에게 해를 끼치고, 상호 합의 없이 이루어지며, 일반적으로 공유되는 윤리적·도덕적 관념에 어긋나는 행동으로 간단히 정의될 수 있습니다.

그러나 이것이 곧 악한 성향이 강한 사람들은 윤리적·도덕적 관념이 아예 없거나, 아니면 아주 특정한 형태의 윤리관만 가지고 있다는 의미일까요? 사람들은, 특히 높은 D-인자를 지닌 사람들은 어떻게 윤리적·도덕적 판단에 이르게 될까요? 그리고 이들에게 중요하고 추구할 만한 가치는 무엇일까요?

## 악한 성향이 강한 사람들은 어떤 가치를 따르는가?

어떤 사람이 마음에 품고 있는 가치는 결국 '나에게 중요한 것은 무엇이며, 나는 내 삶에서 무엇을 이루고자 하는가?'라는 질문에 대한 그 사람의 대답이라고 할 수 있습니다. 가치는 한 개인이 수년, 혹은 수십 년에 걸쳐 유지하는 근본적인 생각과 목표로서, 일상생활을 포함하여 자신의 삶 전반을 구성하는 지침이 됩니다.

사람들은, 그리고 전체 사회도 마찬가지로 서로 다른 가치를 품고 있으며, 중요하게 여기는 가치도 다릅니다. 어떤 사람이 중요하다고 여기는 가치는 다른 사람에게는 중요하지 않거나 심지어 강하게 거부될 수도 있습니다. 가치는 그 사람이 추구하는 목표입니다. 따라서 '많은 돈을 소유하는 것'도

'즐거운 시간을 갖는 것', '건강하게 사는 것', '규칙을 지키는 것', '전통을 보존하는 것', '배려하는 것', '관용을 지니는 것', '자연과 조화롭게 사는 것'과 마찬가지로 소중한 가치입니다.

이 예시에서 짐작할 수 있듯이, 원칙적으로 가치는 무수히 많습니다. 각 개인은 삶에서 전혀 다른 목표를 가질 수 있기 때문입니다. 그럼에도 대부분의 문화권에서는 수많은 개별적 가치들을 포괄하는 몇 가지 주요 가치를 확인할 수 있습니다. 명예, 배려, 권력, 자기 결정, 관용, 전통 등이 그것입니다.

그렇다면 악한 사람들을 특징짓는 가치는 어떤 것들일까요? 이들은 무엇을 중요하게 여기고, 삶에서 무엇을 추구할까요? D-인자가 높은 사람들은 무엇보다 자신에게 이익이 되는 목표를 추구할 것이며, 다른 사람들의 안녕에는 별로 가치를 두지 않을 것이라고 예상할 수 있습니다. 그리고 실제로 그렇습니다.

사람들에게 그들의 삶에서 중요한 목표 세 가지가 무엇이냐고 구체적으로 물어보면, 평균 이상의 D-인자를 지닌 사람들은 평균 이하의 D-인자를 지닌 사람들에 비해 명예, 성공, 개인적 부(富)와 같은 목표를 대략 3배 정도 더 자주 언급합니다. 반면에 우정이나 파트너십과 관련된 목표는 절반 정도만 언급하며, 성실성, 정직성, 도움주기와 같은 목표는 사실상 거의 언급하지 않습니다.

D-인자가 높은 사람들이 D-인자가 낮은 사람들에 비해서 더 중요하게 여기는 가치를 순서대로 나열하면 다음과 같습니다.

- 사회적 지위, 명성, 권력, 영향력
- 성공, 명예
- 재미, 향락, 쾌락

반대로 D-인자가 높은 사람들이 특히 중요하지 않게 여기는 가치는 다음과 같습니다.

- 배려, 신뢰성
- 모두의 안녕, 자연 보호
- 법, 규칙, 사회 규범 준수

자신의 이익을 타인의 희생을 통해 극대화하며 그것을 정당하다고 여기는 사람들은 공동체나 다른 사람들의 안녕에는 관심이 없고, 법과 규칙을 자신의 목표 달성에 장애가 되는 것으로 이해합니다. 이들에게 '이익'이란 무엇보다도 인정, 돈, 향락, 권력을 의미하는데, 이런 것들은 모두 기본적으로 그들 자신에게 이득을 가져다주는 가치들입니다.

이러한 기본적인 가치들 중 상당수는 이어지는 장들에서 다시 등장할 것입니다. 이 가치들은 D-인자가 높은 사람들이 왜 특정한 정치적 신념을 갖는지, 환경이나 기후 보호와 같은 공동의 생활 기반과 관련하여 왜 특정한 태도를 보이는지, 왜 특정 분야에 강한 직업적 관심을 드러내는지 등의 이유를 적어도 일부는 설명해 줍니다.

### 가치와 도덕

이제 우리는 악한 성향이 강한 사람들이 어떤 가치를 따르는지, 삶에서 무엇을 추구하고 무엇을 외면하는지 알게 되었습니다. 그러나 '가치'라는 개념이 이미 암시하듯, 가치는 단지 삶의 목표일 뿐만 아니라 평가의 기준이 되기도 합니다. 사람들은 자신의 가치에 따라 사건과 행동을 평가하고, 자기 자신과 타인을 평가합니다. 사람들은 이러한 가치를 척도로 삼아, 그것이 강화되거나 의문시될 때 긍정적이거나 부정적인 감정으로 반응합니다. 이런 이유로 가치는 행위를 옳고 그름이나 선과 악으로 평가하는 윤리적·도덕적 문제에서 대단히 큰 중요성을 갖습니다.

예를 들어 일부 무슬림들이 이성과 인사할 때 악수하기를 거부하는 행동을 생각해 보겠습니다. 비무슬림이 다수인 중부 유럽과 같은 사회에서 사는 사람들은 이런 거부 행동을 어떻게 평가할까요? '규칙 준수(여기서는 악수라는 사회적 관습)'나 '평등(여성과 남성의 동등성)'이라는 가치를 중시하는 사람들과, '관용(종교적 소수자의 관습에 대한 존중)'이나 '전통(종교적 규범의 준수)'과 같은 가치를 중시하는 사람들의 반응은 아마도 다르게 나타날 것입니다.

이처럼 어떤 행동이 자신이 중요하게 여기는 가치에 반할 때는 강한 부정적 감정(도덕적 분노의 감정)이 생겨날 수 있습니다. 가치는 어떤 행동에 대한 개인의 도덕적 평가에 결정적인 영향을 미칩니다. 이런 의미에서 가치는 단순한 목표가 아니라 우리를 이끄는 지침이라고 하겠습니다. 이 지침에 따라 우리는 무언가를 중요하게 여기고, 어떤 사건이나 행동을 평가하고, 자기 자신과 타인을 평가하고, 옳고 그름에 대한 판단을 내립니다.

이제 바로 이 평가 기능에 초점을 맞추어, 높은 D-인자를 지닌 사람들이 도덕적 판단을 내릴 때 어떤 특정한 윤리 원칙을 따르는 경향이 있는지 살펴보겠습니다. 이들은 '모두의 안녕'이라는 가치를 거의 중요하게 생각하지 않으므로, 윤리 원칙도 당연히 모든 사람들의 안녕을 증진하는 방향은 아닐 것이라고 예상할 수 있습니다. 그러나 문제는 그렇게 단순하지 않습니다.

# 윤리와 D-인자

윤리 원칙은 무엇이 도덕적으로 옳고 그른지를 가능한 한 보편적으로 규정하려는 시도입니다. 그러나 도덕적 판단은 여러 윤리 원칙이 서로 모순되는 결론을 이끌어낼 때 특히 복잡해집니다. 탐욕 때문에 무고한 사람을 살해하는 행위는 어떤 윤리 원칙으로도 정당화될 수 없으며, 확실하게 '악한 행동'으로 평가될 것입니다. 그러나 경우에 따라서는 무고한 사람을 죽이는 것이 윤리적으로 허용되거나 심지어 요구되기까지 하는 상황도 존재합니다.

테러리스트들이 승객으로 가득 찬 여객기를 납치해서 도시에 고의로 추락시켜 승객뿐 아니라 아주 많은 사람들을 죽이려 한다고 가정해 보겠습니다. 이를 막으려면 그 비행기를 사전에 격추시키는 방법밖에는 없습니다.

더 큰 희생을 막을 수만 있다면 비행기를 격추하여 무고한 승객들을 포함한 모든 탑승자를 죽여야 할까요? 여러분이 이 상황에서 격추 여부를 결정해야 한다면 어떻게 하시겠습니까?

이 상황은 1장에서 다루었던 '하인츠 딜레마'와 마찬가지로 여러 바람직한 목표들이 서로 충돌하는 전형적인 도덕적 딜레마입니다. 한편에는 개개인의 존엄과 보호(무고한 승객 한 사람 한 사람), 다른 한편에는 모든 사람들의 안녕(승객들과 위협받는 도시 주민들 모두)이 놓여 있습니다. 이런 도덕적 딜레마의 특징은 일반적으로 모두가 받아들일 수 있는 '도덕적으로 옳은' 해결책이 존재하지 않는다는 점입니다.

어떤 윤리 원칙을 적용하는가에 따라 격추해야 한다는 판단도, 격추해서는 안 된다는 판단도 모두 도덕적으로 요구될 수 있습니다.

### 의무론과 공리주의

한편에는 도덕적 의무를 강조하며, 어떤 행위가 그 자체로 옳은지 그른지를 그 행위의 결과와 무관하게 판단하는 윤리적 접근 방식이 있습니다. 이를 의무론적 윤리라고 부릅니다. 이 관점에서는 어떤 행위가 그 자체로 나쁘다면 그로 인해 더 큰 부정적 결과를 피할 수 있더라도 그 행위는 여전히 금지됩니다.[*]

의무론적 관점에서 보면 비행기를 격추해 사람들을 죽이는 행위는 그 자체로 잘못입니다. 이 행위가 더 많은 사람의 죽음을 막는다 하더라도, 옳은 행위가 되지는 않습니다. 이러

---

[*] 정확히 말하면 이는 도덕적 절대주의에 관한 것으로, 그 자체로 잘못된 행위는 어떠한 상황에서도 결코 정당화될 수 없습니다. 하지만 약한 형태의 의무론에서는 일정한 예외를 인정할 수 있습니다.

한 의무론적 윤리에 따라 독일 연방 헌법 재판소는 2006년 2월 15일 판결에서, 여객기 격추는 승객들을 국가의 자의적 결정의 '객체'로 만들어 인간 존엄성을 박탈한다는 이유에서 기본법(헌법)과 양립할 수 없다고 보았습니다.

다른 한편에는, 어떤 행위가 그 자체로 옳고 그른지가 아니라 그 행위가 초래하거나 막을 수 있는 결과에 따라 도덕성을 판단하는 윤리 원칙이 있습니다. 이러한 접근 방식을 결과주의적 윤리라고 부르며, 그 대표적 형태가 공리주의입니다. 공리주의는 모든 사람에게 최대의 안녕을 가져오는 방향으로 행동해야 한다고 주장합니다. 어떤 상황에서 모든 사람을 동시에 만족시킬 수 없다면, 적어도 가능한 한 많은 사람에게 최대의 안녕을 제공해야 한다는 것입니다. 이 원칙을 비행기 딜레마에 적용하면, 결국 더 적은 수의 무고한 사람이 죽는 것이 낫다는 결론에 이르게 됩니다. 따라서 비행기는 격추되어야 합니다.[**]

### 악한 성향이 강한 사람들의 윤리

비행기 딜레마와 같은 상황에서 어떤 결정을 내려야 할지

---

[**]  공리주의적 행동은 여기에서 설명된 것보다 훨씬 더 정교하고 복잡하며, 단순히 희생자 수를 비교하는 수준을 훨씬 뛰어넘습니다.

를 사람들에게 물어보면, 공리주의적 요구에 맞추어 82%라는 압도적 다수가 비행기를 격추해야 한다고 답합니다. 특히 평균 이상의 D-인자를 지닌 사람들은 격추에 대해 더욱 강하게 찬성합니다. 평균 이하의 D-인자를 지닌 사람들과 비교하면, 이들은 비행기 격추를 '전적으로 정당하다'고 볼 가능성이 3배 이상 높습니다. 그렇다면 D-인자가 높은 사람들이 특별히 모범적인 공리주의자일까요? 그렇지 않습니다.

첫째로, 공리주의적 행동에서 중요한 것은 행위자 자신의 안녕만이 아니라 자신과 가깝고 멀고를 떠나 모든 사람의 안녕입니다. 따라서 공리주의적 행동은 다른 사람들의 안녕을 증진할 수 있다면 행위자 자신에게도 희생을 요구할 수 있습니다. 긴급한 상황에서 누군가의 생명을 오직 자신의 다리를 희생하는 방법으로만 구할 수 있다면, 공리주의자는 그렇게 해야 합니다. 그러나 이런 생각은 D-인자가 높은 사람들에게 몹시 터무니없는 것이며, 실제로 평균보다 높은 D-인자를 지닌 사람들 가운데 90% 이상이 이를 거부합니다.

둘째로, 공리주의적 행동은 한쪽에서 발생하는 고통이 다른 쪽에서 증가하는 행복으로 상쇄되는지를 면밀히 따져 보는 판단이 요구됩니다. 그러나 이 판단은 매우 어려우며, 공리주의에 대한 주요 비판 중 하나이기도 합니다. 평균 이상의 D-인자를 지닌 사람들은 이 같은 판단 과정에서 사실상 눈

먼 상태와 다름없습니다. 이는 다음의 딜레마로 설명될 수 있습니다.

> 상황을 가정해 보겠습니다. 여러분은 경찰의 특수부대 일원입니다. 현재 한 남성이 아이 다섯 명을 납치한 혐의를 받고 있습니다. 그가 아이들을 어디에 숨겼는지 전혀 알 수 없고, 그는 위치를 말하기를 완강하게 거부하고 있습니다. 아이들은 앞으로 24시간 안에 발견되지 않으면 탈수로 목숨을 잃게 됩니다. 합법적인 모든 심문 방법을 시도해 보았지만 아무런 성과도 없었습니다. 이제 아이들의 위치를 알아내기 위해 여러분은 고문으로 간주되는 불법적 심문 방법을 사용할지를 고민해야 합니다. 이 경우 불법적인 방법을 사용하는 것이 적절할까요?

여러분은 어떻게 하시겠습니까? 만약 이 상황이 다섯 명의 죽어가는 아이들이 아니라 영영 사라질 위기에 처한 도난당한 그림 다섯 점에 관한 것이라면 여러분의 결정은 달라질까요?

대부분의 사람들은 죽어가는 아이들과 도난당한 그림을 구하는 일 사이에 매우 큰 차이가 있다고 여깁니다. 그러나 높은 D-인자를 지닌 사람들은 이런 차이에 거의 관심을 두지 않습니다. 이들은 두 경우 모두에서 고문의 사용을 별 거리낌 없이 찬성합니다. 하지만 공리주의적 관점에서 볼 때 고문이 정당화될 수 있는 경우는, 용의자에게(그리고 그의 가족이나 친구 등에게) 가해지는 고통이 다른 사람들의 더 큰 고통을 방지하는 데 실제로 도움이 될 때뿐입니다.

이 기준은 납치된 아이들의 경우에는 충족될 가능성이 높지만,[*] 도난당한 그림의 경우는 그렇다고 보기 어렵습니다. 따라서 공리주의적 윤리에서는 아이들을 구하기 위해서만 고문이 정당화될 수 있으며, 그림을 되찾기 위해서는 정당화될 수 없습니다. 그러나 높은 D-인자를 가진 사람들은 상황이 어떻든 고문을 지지할 것입니다.

공리주의는 실제로 타인에게 해를 가하는 행위를 허용하거나 심지어 요구할 수도 있습니다. 이에 대해 높은 D-인자를 가진 사람들은 전혀 문제를 느끼지 않습니다. 그러나 공리주의에서는 가해지는 해악이 인류 전체의 안녕을 증진하는지 면밀히 따져 봐야 합니다. 물론 악한 성향이 강한 사람들은 이 점에도 거의 관심이 없습니다.

---

[*] 이를 위해서도 여러 추가적 가정이 필요합니다. 예컨대, 피의자가 높은 확률로 실제 유괴범일 것, 아이들의 위치를 알고 있을 것, 아이들을 제때에 구출할 수 있는 현실적 가능성이 존재할 것, 고문이 높은 확률로 정확한 진술을 이끌어 낼 것 등등이 모두 전제되어야 합니다. 이처럼 공리주의적 판단은 매우 복잡합니다.

또한 공리주의는 모든 사람의 안녕이 증가한다면 자신의 희생을 감수하기를 요구합니다. 바로 이 지점에서 D-인자가 높은 사람들은 완전히 탈락합니다. 이들은 매우 좁고 왜곡된 의미에서만 공리주의자입니다. 오직 자신의 이익에만 관심이 있으며, 자기 이익이 도덕적 기준으로 격상됩니다. 공리주의의 본래 의미, 즉 모든 사람의 안녕을 목표로 하는 공리주의는 그들의 행동을 이끄는 기준이 되지 않습니다. 이는 악한 성향이 강한 사람들이 공동체 전체의 안녕에 거의 가치를 두지 않는다는 점과 다시 일치합니다.

그렇다고 D-인자가 높은 사람들이 의무론적 윤리를 따른다고 생각해서도 안 됩니다. 위의 딜레마에서 고문은 의무론적 관점에서는 그 자체로 잘못된 행위이므로 명확히 거부되어야 마땅합니다. 그러나 악한 성향이 강한 사람들은 고문의 사용을 강력히 지지합니다.

의무론적 윤리의 부재는 사형 제도에 대한 태도에서 더욱 분명하게 드러납니다. 사람을 죽이는 행위는 의무론적 관점에서 그 자체로 잘못된 것이므로, 과거 범죄에 대한 응징이나 미래 범죄의 예방 같은 긍정적 결과가 예상되더라도 정당화될 수 없습니다. 하지만 D-인자가 높은 사람들은 사형 제도를 매우 뚜렷하게 찬성합니다(그림 7 참조). 둘 사이의 상관관계는 지능과 학업 성적 사이의 상관관계만큼 강한 수준입니

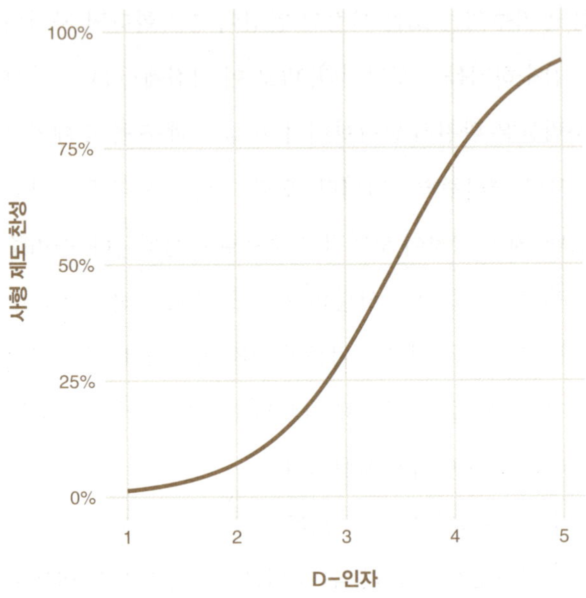


그림 7. D-인자와 사형 제도를 찬성할 확률 사이의 상관관계.

다. 평균 이상의 D-인자를 지닌 사람들은 사형 제도를 찬성할 확률이 6배 정도 더 높습니다.

평균 이상의 D-인자를 지닌 사람들은 여러 이유로 사형 제도를 훨씬 더 받아들일 만한 것으로 여깁니다. 3장에서 설명했듯이 이들은 특징적으로 다른 사람들에 대한 강한 불신을 지녔습니다. 그래서 사형제의 시행을 통해, 비록 개별적으로는 그 가능성이 매우 낮다 하더라도 자신이 언젠가 범죄의 피해자가 될 수 있는 위험을 피하고 싶어 합니다. 게다가 이들은 공감 능력이 낮고, 타인의 고통에서 쾌감을 얻기도 하며, 보복에 대한 욕구도 강합니다.

끝으로 사형 제도를 찬성하는 태도는 금전적 이점과도 맞닿아 있습니다. 사형 제도는 사회적으로, 따라서 D-인자가 높은 사람들에게도, 장기 구금에 비해 더 저렴한 수단입니다.


## 직관적 도덕 판단

높은 D-인자를 가진 사람들은 도덕적 딜레마에서 의무론보다는 공리주의적인 판단을 내리는 편이지만, 그렇다고 해서 진정한 의미의 공리주의자라고 볼 수는 없습니다. 그 이유는 이들이 다른 사람들의 안녕에는 대부분 무관심하고, 고통과 행복을 서로 비교하여 저울질하지 않으며, 다수의 안녕을 위해 스스로 희생할 의지가 전혀 없기 때문입니다. 이들의 판단이 항공기 격추나 고문 사용을 지지하는 쪽으로 기울어 공리주의 윤리에 더 가까워 보이더라도, 그것은 최대한 많은 사람들의 안녕을 극대화하기 위함이 아니라 단지 무고한 사람을 죽이거나 고문을 가하는 일에 대한 거리낌이 적기 때문입니다.

물론 대부분의 사람들은 특정한 철학적 윤리 체계와 완전히 일치하는 방식으로 도덕적 판단을 내리는 경우가 드뭅니다. 대체로 상황마다 즉각적인 감정 반응에 따라 직감적으로 무엇이 도덕적으로 옳고 그른지를 판단합니다. 이는 특정 윤리 원칙을 적용할 때 모순과 불일치를 초래할 수 있습니다.

예를 들어 무고한 사람을 죽인다는 생각은 대부분의 사람들에게 일반적으로 큰 불쾌감을 불러일으키기 때문에, 처음에는 '의무론적 차원에서' 그런 행위를 도덕적으로 잘못된 것이라고 판단할 가능성이 큽니다. 그래서 공리주의가 경우에 따라 무고한 사람들에게 해를 가할 수도 있으며, 심지어 그래야 한다고까지 요구하는 측면에 대해 거부감을 보입니다. 하지만 비행기 딜레마처럼 어떤 선택을 해도 무고한 사람이 반드시 죽게 되는 상황에서는 다르게 반응합니다. 어차피 희생이 불가피하다면 '공리주의적 차원에서' 가능한 한 적은 수의 사람이 희생되는 쪽이 감정적으로 더 견딜 만하다고 느끼게 됩니다.

그러나 비행기 탑승객 가운데 자신의 아이가 타고 있을 때도 이렇게 생각할 사람은 거의 없을 것입니다. 다수의 안녕을 위해 자기 아이를 죽이는 것도 도덕적으로 옳다고 인정할 수는 없기 때문입니다. 하지만 바로 이것이 공리주의가 요구하는 바입니다. 공리주의는 자신과 가까운 사람과 그렇지 않은 사람을 구분하지 않습니다. 탑승객이 누구든 구해지는 사람이 누구든, 그런 것이 고려되어서는 안 됩니다. 공리주의에서는 모든 사람의 안녕이 동등한 가치를 갖기 때문입니다. 그러나 대다수 사람들의 즉각적인 감정 반응은 이와 다릅니다. 자기 자녀의 안녕은 그들에게 침해될 수 없는 절대적 가치입니다. 그러므로 진정으로 일관된 공리주의자는 극히 드물 수밖에 없습니다.

## 직감과 도덕

대부분 사람들의 도덕적 판단은 일반적인 윤리 원칙을 신중하게 저울질한 결과라기보다는 즉각적으로 반응하는 '직감'에 더 의존할 때가 많습니다. 어떤 행동이 자신에게 불편한 느낌을 준다면 곧바로 도덕적으로 의심스러운 것으로 간주됩니다. 그것이 왜 도덕적으로 잘못이라고 여겨지는지에 대한 근거는 나중에 가서야 생각합니다. 그 과정에서 적용 가능한 보편적 윤리 원칙들을 생각해 내기도 하지만, 최초의 판단은 대부분 감정에 의해 이루어지며 특정 윤리 체계를 깊이 숙고한 결과는 아닙니다.

윤리 원칙이 아니라면 이러한 직감은 어디서 비롯되는 것일까요? 한 영향력 있는 이론에 따르면, 인간에게는 내면에 깊이 뿌리내린 몇 가지 '도덕적 기둥'이 존재한다고 합니다. '배려(누군가 피해를 보았는가?)', '공정성(누군가 속임을 당했는가?)', '충성(가족, 집단, 국가 등이 배신당했는가?)', '권위(권위가 위협받았는가?)'가 그것입니다. 어떤 행동이 이러한 도덕적 기둥 가운데 하나와 충돌할 경우 우리는 강한 감정을 느끼게 됩니다.

예컨대 누군가가 해를 입었다면 연민이 일어나고, 누군가가 속임을 당했다면 분노가 일어납니다. 이 감정이 바로 우리의 직감을 형성하고 도덕적 판단에도 영향을 미칩니다. 특정한 행동이 어떤 감정을 불러일으키는지는 각 개인과 문화마다 서로 다릅니다. 똑같은 행동이라도 모두가 그것을 예컨대 '충성'의 문제로 받아들이는 것은 아닙니다. 더 나아가 이 도덕적 기둥들 하나하나를 얼마나 중요하게 여기는지도 각 개인과 문화마다 서로 다르며, 그로 인해 생겨나는 감정의 강도도 다릅니다.

그렇다면 악한 성향이 강한 사람들의 도덕 판단은 어떤 도덕적 기둥에 근거할까요? 이 질문에 대해서는 문화권에 따라 상당한 차이가 존재하지만, 32개국에 걸친 조사에서 공통적으로 나타나는 점이 있습니다.[*] D-인자가 높은 사람들에게

---

[*] 32개국은 다음과 같습니다. 아르헨티나, 호주, 벨기에, 브라질, 칠레, 중국, 덴마크, 독일, 핀란드, 프랑스, 영국, 홍콩, 인도네시아, 이탈리아, 일본, 캐나다, 크로아티아, 말레이시아, 멕시코, 네덜란드, 노르웨이, 오스트리아, 폴란드, 루마니아, 러시아, 스위스, 세르비아, 싱가포르, 스페인, 대만, 체코, 미국.

는 '배려'와 '공정성'이 지니는 정서적, 도덕적 중요성이 현저히 낮게 나타난다는 것입니다. 누군가가 다치거나 속임을 당하더라도 이들은 연민이나 분노를 훨씬 덜 느낍니다. 따라서 어떤 행동이 도덕적으로 옳은지 그른지를 판단할 때 그 행동에 해악이나 기만이 있었는지 여부는 이들에게 별로 영향을 미치지 않습니다. 어찌 보면 당연한 일입니다. 이들의 행동 자체가 애초에 배려나 공정성에 기반하지 않기 때문입니다.

반면 다른 도덕적 기둥들의 경우, 악한 성향이 강한 사람들이 그것을 얼마나 중시하는지는 문화에 따라 크게 달라집니다. 예를 들어 독일, 오스트리아, 스위스에서는 D-인자와 권위 사이에 사실상 어떠한 상관관계도 나타나지 않습니다. 그러나 브라질, 칠레, 멕시코에서는 평균 이상의 D-인자를 지닌 사람들이 평균 이하의 D-인자를 지닌 사람들에 비해 권위의 중요성을 훨씬 낮게 평가합니다. 이는 중북부 유럽에서는 일반적으로 권위를 의문시하는 것이 더 널리 받아들여져 있어 그러한 행위가 정서적으로 크게 동요를 일으키지 않기 때문으로 보입니다. 중북부 유럽 사람들 대부분에게 권위는 별로 중요하지 않은 도덕적 범주입니다.

결론

이 장에서는 D-인자의 일차적이고 근본적인 영향, 즉 악한 성향이 강한 사람들이 어떤 도덕 관념을 지니고 있는지를 살펴보았습니다. 높은 D-인자를 지닌 사람에게는 궁극적으로 그런 것이 없습니다. 이들은 다른 사람이 해를 입게 되는 상황을 크게 문제 삼지 않습니다.

이런 부분을 제외하면 이들의 도덕적 판단은 행위의 결과에 주목하는 공리주의적 원칙과 전혀 관련이 없습니다. 그렇다고 이들이 행위 자체의 옳고 그름을 기준으로 판단하는 의무론적 관점을 따르는 것도 아닙니다. 고문이나 사형은 이들에게 원칙적으로 문제가 되지 않기 때문입니다.

대부분의 사람들과 마찬가지로 이들의 판단도 즉각적인 직감에 따라 이루어지지만 배려와 공정성을 소홀히 한다는 점에서 특히 두드러집니다.

달리 말하면, 이들은 피해자에 대한 연민이나 가해자에 대한 분노를 거의 느끼지 않습니다. 따라서 배려와 모두의 안녕, (일부 문화권에서는) 규칙 준수와 같은 가치까지도 중요하게 여기지 않으며, 그보다는 자신에게 이익이 되는 돈, 권력, 명성, 향락과 같은 목표를 추구합니다.

우리의 가치와 도덕적 판단은 비행기 딜레마나 유괴 사건과 같은 극단적 상황에서만 중요한 역할을 하는 것이 아닙니다. 일상적 상황, 특히 정치적 태도와 같은 사회 공동체적 삶의 문제에서도 중요하게 작용합니다. 비록 가치가 개인적 목표와 관련된 것이기는 하지만, 정치적 태도가 종종 이러한 가치 위에 구축되기 때문입니다.

이 점은 분명합니다. 어떤 사람이 '전통'이나 '규범 준수'라는 가치를 매우 중요하게 여긴다면, 그 사람은 정치적으로 비교적 보수적인 영역에 위치할 가능성이 높습니다. 반대로 '관용'에 더 큰 의미를 두는 사람은 정치적으로 좀 더 진보적인 입장에 설 것입니다.

그렇다면 D-인자가 높은 사람들은 어떨까요? 앞서 살펴본 것처럼 이들은 타인의 안녕에 관심이 없으며, 관용과 같은 가치를 중요하게 여기지 않고, 도덕적 판단에서도 배려나 공정성을 거의 고려하지 않습니다. 이 모든 점을 종합하면, 관용이나 평등을 강조하는 정치적 입장이나 정책이 이들에게는 별로 호의적으로 받아들여지지 않으리라고 예상할 수 있습니다. 이와 관련된 내용은 다음 장에서 좀 더 자세히 살펴보겠습니다.

# 8장

# D-인자와 정치적 태도

이제 우리의 일상적 삶의 조건을 규정하지만 아마도 대부분의 사람들이 D-인자와 직접적으로 연결해서 생각하지는 않을 영역으로 시선을 돌려 보겠습니다. 바로 정치 분야입니다. D-인자와 정치적 태도 사이에 어떤 관련이 있을 것이라는 생각은 처음에는 다소 의외로 느껴질 수도 있습니다. 왜냐하면 악한 행동의 성향이 특정한 정치적 태도의 원인으로 언급되는 경우가 드물고, 정치인들 또한 자신의 목표를 타인이나 사회 전체의 희생을 통해 이루려 한다고 공개적으로 내세우는 일은 거의 없기 때문입니다,

이는 곧바로 다음 질문으로 이어집니다. 정치인은 D-인자가 더 높은 사람들일까요? 일부 유명 정치인들이 명백히 높은 D-인자를 의심케 하는 행동을 보이기도 하지만, 전체적

으로 보았을 때 정치적 선거에 출마하는 사람들의 D-인자 수준은 일반 시민들과 유의미한 차이를 보이지 않습니다. 마찬가지로, 적어도 독일에서는 정치적 공직에 출마하는 후보자의 D-인자가 높다고 해서 선거에서 더 큰 성공을 거두는 결과로 이어지지 않습니다. 이는 다른 개인적 특성이나 소속 정당을 함께 고려해서 분석해 보더라도 마찬가지입니다.

정치인들 전체를 보면 일반 시민들과 비교해서 D-인자가 높은 사람이 특별히 더 많거나 적은 것은 아닙니다. 다만 정치인이 높은 D-인자를 지닌 경우 그에 상응하는 행동을 보이기는 합니다. 이런 정치인들은 정치적 경쟁자를 공격할 때가 더 많고, 개인이나 개인적 배경에 대한 비방 발언을 더 자주 하고, 무례한 방식의 공격을 보일 때도 더 많습니다.

하지만 이 장에서 우리는 방금 언급한 정치인이라는 특정 집단에 대해 다루려는 것이 아닙니다. 여기서 살펴보려는 것은, D-인자가 정치적 태도 전반과 어떤 관련이 있는가 하는 문제입니다. D-인자의 수준은 우리가 어떤 정치적 태도를 갖고 있는지, 포퓰리즘이나 음모론에 얼마나 취약한지, 정치적 행동주의나 심지어 무장 극단주의가 나타날 가능성이 있는지 등에 대해 많은 것을 말해주기 때문입니다.

일반적으로 정치적 태도는 사람들이 함께 살아가는 질서와 구조에 대해 우리가 어떻게 생각하는가를 의미합니다. 즉, 사람들이 사회 안에서 어떻게 함께 살아야 하는지에 대한 우리의 소망과 생각에 관한 것입니다. 이러한 소망과 생각은 '자유'나 '평등'처럼 매우 일반적인 것일 수도 있고, '자유주의'나 '사회주의'처럼 특정 정치 이념에 기초할 수도 있고, '속도 제한 반대'나 '자전거 도로 확대'처럼 구체적이고 특수한 형태를 띨 수도 있습니다.

사회에서 함께 살아가는 것과 관련된 모든 의견은 정치적 태도에 해당합니다. 자신을 '정치에 관심 없다'고 여기는 사람들조차도 아주 많은 정치적 태도를 가지고 있기 마련인데, 이는 어떻게 함께 살아가야 하는지에 대한 생각을 다들 하면서 살아가기 때문입니다. 다만 이러한 생각이, 적어도 그들 자신의 시각에서는 특정한 정치적 이념에 포함되지 않을 뿐입니다.

정치철학의 영역으로 너무 깊이 들어가지 않더라도, 우리는 모든 정치 이념이 특정 윤리와 마찬가지로 핵심적인 상위 원칙들을 포함하고 있음을 확인할 수 있습니다. 예를 들어 자유주의라는 정치 이념은 개인의 자유권이라는 원칙을 강조합니다. 이 상위 원칙들로부터 우리는 사람들이 어떤 방식으로 함께 살아야 하는지에 대한 구체적인 태도를 도출할 수 있습니다. 개인의 친밀한 관계를 국가가 규제하는 것에 대한 거부가 그런 태도일 수 있습니다(예를 들어 성인 간 합의하에 이루어지는 특정한 성적 행위가 법으로 금지되어야 하는지 여부).

하지만 국가가 성인의 친밀한 관계를 규제하는 것에 반대하기 위해 굳이 특정한 정치 이념이 필요한 것은 아닙니다. 실제로 정치 이념의 관점에서 보면 많은 사람들의 정치적 견해는 매우 일관성이 없거나 모순적입니다. 예를 들어 미국에는 한편으로 총기 소유에 대한 어떤 제한도 소위 자유주의적 원칙에 따른 자유권에 근거해서 반대하면서, 다른 한편으로는 낙태를 금지해야 한다고 믿는 사람들이 많습니다. 낙태 금지는 자유주의적 원칙에 따른 자유권과 모순됩니다.

따라서 여기서 말하는 정치적 태도가 반드시 특정 정치 이념과 연결되는 것이 아닙니다. 오히려 함께하는 삶의 여러 측면과 관련된 폭넓은 신념, 가치관, 의견 전반을 가리킵니다. 여기에는 정치 이념에 대한 태도뿐 아니라 정당, 정치 지도자, 정치 현안(외교 정책, 사회 정책, 경제 정책 등), 정치 제도(사법부, 의회, 정부 등)에 대한 태도까지도 포괄합니다. 이러한 정치적 태도는 종종 깊이 뿌리내려 있으며, 심지어 일부는 유전적으로 결정되기도 합니다. 그렇기 때문에 정치적 태도는 장기간에 걸쳐 비교적 안정적으로 유지됩니다만, 한편으로 새로운 경험이나 정보에 의해 변할 수도 있습니다.

더 구체적인 내용으로 들어가기 전에, 가장 널리 알려져 있고 이해하기 쉬운 방식으로 사람들의 정치적 태도를 파악하는 접근 방식을 먼저 살펴보겠습니다. 바로 '정치적 좌우 성향'입니다.


## D-인자와 좌우 정치 성향


사람들의 정치적 성향을 묻는 한 가지 간단한 방법은 그들 자신이 '정치적 좌파'에서 '정치적 우파'까지의 척도에서 어디에 위치한다고 생각하는지를 스스로 평가하게 하는 것입니다. 물론 이러한 좌파 우파의 척도가 정치적 태도의 복잡성을 모두 담아낼 수는 없지만, 대략적인 평가를 위해서는 꽤 잘 작동합니다. 적어도 대부분의 자유롭고 안정된 민주주의 국가에서는 사람들이 스스로 어느 위치에 속하는지 비교적 정확하게 파악하고 있으며, 그들의 자기 평가 역시 특정 정당, 정치 지도자, 정치 현안, 정치 제도 등에 대한 구체적 태도와 어느 정도 일치합니다.

사람들에게 그들의 D-인자와 좌우 정치 성향을 함께 물어보면, 척도의 각 지점에서 나타나는 평균적인 D-인자 값

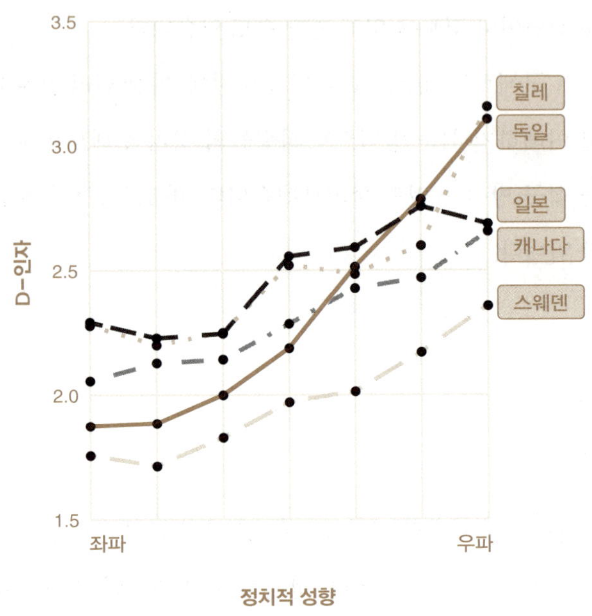


그림 8A. 5개 국가에서 나타나는 D-인자와 좌우 정치 성향 사이의 상관관계.

을 산출할 수 있습니다. 그림 8A는 5개 국가에서 각각 약 1,000명의 표본을 대상으로 조사한 결과를 예시적으로 보여 줍니다. 독일에서 자신을 정치적으로 가장 왼쪽에 위치시키는 사람들은 평균적으로 D-인자가 2보다 조금 낮습니다. 반면 스스로 정치적 '중도'에 가깝다고 여기는 독일 사람들은 평균적으로 약 2.2의 D-인자 값을 보이는데, 이는 독일 전체 인구의 평균적인 D-인자 수준과도 일치합니다. 그리고 자신을 정치적으로 가장 오른쪽에 위치시키는 독일 사람들은 평균적으로 3 이상의 D-인자 값을 보입니다.

무엇보다도, 그림에서 보듯이 모든 나라에서 정치적 위치가 우측으로 이동할수록 평균적인 D-인자는 높아집니다. 이러한 패턴은 이 다섯 나라뿐 아니라 전 세계 30개가 넘는 민주주의 국가에서도 동일하게 관찰됩니다.[*] 다시 말해 이들 국가에서 D-인자가 높은 사람들은 평균적으로 낮은 D-인자를 가진 사람들보다 정치적으로 더 우파입니다. D-인자와 좌우 성향의 이러한 결합은 정치인만을 대상으로 조사할 때에도 똑같이 나타납니다.

또한 그림에서 확인할 수 있듯이, D-인자와 정치 성향 사이의 상관관계가 모든 나라에서 동일한 강도로 나타나는 것은 아닙니다. 독일에서는 정치 성향이 한 단계 오른쪽으로 이동할 때마다 평균 D-인자가 상승하는 폭이 캐나다에 비해 약 2배 정도 더 큽니다. 이런 국가 간 차이는 '정치적 좌파'나 '정치적 우파'라는 표현이 어디서나 동일한 의미를 갖는 것은 아니라는 사실에 기인합니다.

* 아르헨티나, 호주, 벨기에, 브라질, 칠레, 덴마크, 독일, 핀란드, 프랑스, 그리스, 영국, 아일랜드, 이스라엘, 이탈리아, 일본, 캐나다, 크로아티아, 라트비아, 룩셈부르크, 뉴질랜드, 네덜란드, 노르웨이, 오스트리아, 폴란드, 포르투갈, 루마니아, 스웨덴, 스위스, 스페인, 체코, 미국.

그러나 모든 나라를 통틀어 보았을 때, D-인자와 정치적 성향 사이의 상관관계는 적어도 시험 불안과 성적 사이의 상관관계만큼은 뚜렷하게 나타납니다. 자신을 정치적으로 '매우 좌파'라고 평가하는 사람이 평균보다 높은 D-인자를 보일 확률은 7%이고, 자신을 '중도'라고 여기는 사람들은 그 확률이 15%, 정치적으로 '매우 우파'라고 생각하는 사람은 33%로 나타납니다. 독일과 오스트리아를 포함한 일부 유럽 국가들에서는 둘의 상관관계가 지능과 학업 성적 사이의 상관관계만큼이나 강합니다.

D-인자가 높은 사람들은 '정치적 좌우'의 척도에서 자신을 좀 더 오른쪽에 위치시키는 경향이 있습니다. 왜 그럴까요? 이를 이해하기 위해서는 먼저 정치적 태도의 두 가지 주요 영역에 대한 정확한 이해가 필요합니다.

정치적 태도의 두 가지 주요 영역:

사회 정치적 영역과 사회 경제적 영역

안정된 민주주의 국가에서는 정치 성향을 단순히 '좌우'로 구분하는 방식이 그럭저럭 가능하지만, 그럼에도 정치적 태도를 이런 식으로 규정하는 것은 확실히 너무 거칠고 부정확합니다. 예를 들어 '국가는 가능한 한 시민들의 삶에 개입해서는 안 된다'라고 생각하는 사람은 좌우 어느 쪽에 위치해야 할까요? 이런 태도는 단순한 좌우 구분으로는 제대로 설명하기 어렵습니다. 이 사람은 사회 정치적 문제에서는 국가 감시나 통제에 반대하는 좌파적 입장을 취할 수 있지만, 사회 정책 및 경제 정책의 문제에서는 낮은 세율을 선호하는 등 우파적 입장을 견지할 수 있기 때문입니다.

그러므로 정치적 태도를 좀 더 정교하게 살펴보기 위해서는 사회 정치적 태도와 사회 및 경제 정책적(사회 경제적) 태도를 명확히 구분하는 것이 더 유용하며, 이러한 구분은 실제로도 널리 사용됩니다. 이 두 영역은 정치적 태도를 이루는 두 개의 큰 축으로 여겨집니다. 한 축은 진보적 입장에서 보수적 입장까지 이어지는 사회 정치적 축이고, 다른 한 축은 사회 지향적 입장에서 시장 자유주의적 입장까지 이어지는 사회 경제적 축입니다.

사회 정치적 축에서는 국가가 시민들의 개인적 사회적 삶을 어떻게, 어느 정도까지 규제해야 하는지가 논의됩니다. 여기에는 낙태, 처벌, 동성혼, 다문화주의, 종교, 이혼, 성, 약물 소비, 감시 등과 같은 주제가 포함됩니다. 이 축의 진보적 입장에서는 개인적 사회적 삶에 대한 국가의 규제와 개입이 거부됩니다. 모든 사람이 가능한 한 자유롭게 자기 자신을 실현할 수 있어야 하며, 전통적 관념에 반하더라도 다양한 삶의 방식과 가치, 의견이 존중되고 소수자들이 보호되어야 합니다. 이 축의 보수적 입장에서는 국가가 다양성을 제한하고, 도덕적 권위를 행사하며, 전통적 생활 방식을 보존하고, 안전과 질서를 확보해야 한다고 여깁니다. 경우에 따라서는 강제력 사용도 허용됩니다. 사회 정치적 축의 양극단은 모두 민주적 원칙과 충돌합니다. 국가 개입의 완전한 거부는 무정부주의로, 전면적 국가 통제는 권위주의로 이어집니다.

두 번째 축인 사회 경제적 축은 한편으로는 경제 활동을 규율하는 제도적 틀과 규제(예를 들어 노동자 보호, 경쟁법)를, 다른 한편으로는 사회적 자원의 보호와 재분배 조치(예를 들어 조세, 사회 보장 제도)를 의미합니다. 이 축에서 사회 지향적 입장은 강력한 경제 규제와 부유층에서 빈곤층으로의 강력한 소득 재분배(복지 국가)를 옹호합니다. 반면 시장 자유주의적 입장은 경제에 대한 국가의 규제를 최소화하고(자유 시장), 세금 인상과 소득 재분배 조치를 반대하며, 개인의 자기 책임을 강조합니다. 사회 경제적 축에서 극단적인 사회 지향적 입장은 사회주의로, 극단적인 시장 자유주의 입장은 아무런 규제가 없는 (맨체스터식) 자본주의로 귀결됩니다.

사회 정치적 축과 사회 경제적 축은 함께 일반적으로 '정치적 스펙트럼'이라고 불리는 것을 형성합니다. 원칙적으로 두 축은 상호 간에 비교적 독립적입니다. 예컨대 동성혼이나 낙태에 대해 찬성하거나 반대하는 입장이 노동자 보호나 소득

그림 8B. 2021년 연방 의회 선거에서 내세운 공약에 기초한 6개 독일 정당의 사회 정치적 축과 사회 경제적 축에서의 위치.

세에 대한 입장과 반드시 연결되어 있는 것은 아닙니다.

그런데도 정치권의 정당들은 두 축에서 특정한 입장들을 집중적으로 취하는 경향이 있습니다. 그림 8B는 2021년 선거에서 독일 정당들이 내세운 공약에 대한 과학적 분석을 바탕으로 각 정당이 정치적 스펙트럼의 두 축에서 어디에 위치하는지를 보여줍니다. 독일뿐 아니라 여러 다른 나라에서도 마찬가지로 (큰 규모의) 정당들은 정치적 스펙트럼 전체를 모두 포괄하지 않습니다. 또한 미국과 같이 사실상 양당제로 운영되는 국가에서는 스펙트럼의 네 개 사분면 모두를 양대 정당이 채우는 일이 애당초 불가능합니다. 아울러 스펙트럼의 포괄 범위가 나라마다 다를 수 있습니다. 예를 들어 모든 나라에 사회 정치적으로 보수적이면서 사회 경제적으로는 사회 지향적인 정당이 있는 것은 아닙니다. 그리고 각 정당들의 스펙트럼 내 위치는 시간이 흐르면서 변하기도 합니다.

이 모든 이유로, 높은 D-인자를 지닌 사람들이 특정 정당을 더 지지하는지 여부를 묻는 것은 그다지 유익하지 않습니다. 어차피 국가 간 비교도 불가능합니다. 그보다는 D-인자가 사회 정치적 태도나 사회 경제적 태도와 각각 어떤 관련이 있는지를 살펴보는 것이 훨씬 더 유익합니다. 실제로 D-인자는 스펙트럼의 두 축에서 특정한 입장을 취할 가능성을 높이지만, 그 이유는 제각각 다릅니다.

이제 D-인자가 특정한 사회 정치적 태도나 사회 경제적 태도와 함께 나타나는 이유를 차례로 자세히 살펴보겠습니다.


사회 정치적 태도


심리학적 관점에서 사회 정치적 태도의 축은 변화에 대한 개방성으로 이해될 수 있습니다.[*] 전통적인 역할과 규범, 가치가 의문시될 뿐만 아니라 대안적 생활 방식과 의견에 의해 위협받는 상황에서 이를 받아들이려면 변화와 다름에 대한 관용이 필요합니다. 반면에 전통적 가치, 규범, 질서의 유지를 중시하는 사람들은 변화에 비판적으로 대응할 것입니다. 특히 정치적 종교적 리더, 가부장, 특정 집단의 지배적 지위와 같은 기존의 권위나 권력 구조가 의문시될 때 더욱 그렇습니다.

기본적으로 사회 정치적 문제에서의 보수적인 입장은 다양한 가치나 신념에 의해 동기 부여가 될 수 있습니다. 예컨대 어떤 사람은 전통을 매우 중요하게 여기기 때문에 변화에 회의적일 수 있습니다. 그러나 이것만으로는 악한 성향이 강한 사람들이 왜 사회 정치적 축의 보수적 끝단에 빈번히 위치하는지가 설명되지 않습니다. 왜냐하면 D-인자와 전통의 중요성 사이에는 뚜렷한 상관관계가 없을 뿐더러, 보수적이지 않은 전통(예를 들어 노동절 집회)이나 정치적이지 않은 전통(예

---

* 보수적 태도에서 나타나는 변화의 거부가 곧 현 상태를 받아들인다는 뜻은 아니며, 그보다는 이미 이루어진 변화를 되돌리려는 것일 수 있습니다. 전통적 삶의 방식이나 가치가 변화된 경우(예를 들어 동성혼의 도입), 이에 대한 거부는 그전의 바람직한 상태로 돌아가는 것(남녀만의 결혼으로 회귀)을 의미할 수 있습니다. 이러한 회귀 역시 현 상태를 바꾸는 것이지만 그 목표는 이전 상태의 복원입니다. 복원되어야 할 상태가 실제로 존재했든 그것을 원하는 이들의 상상 속에만 존재했든 상관없습니다.

를 들어 새해맞이)도 존재하기 때문입니다.

사회 정치적 문제에서 보수적인 태도에 동기 부여를 할 수 있는 또 다른 신념이 있는데, 이것은 악한 사람들이 자신을 훨씬 더 보수적으로 묘사하는 이유를 잘 설명해 줍니다. 그것은 바로 '세상이 위험한 곳이라는 믿음'입니다.

## 세상이 위험한 곳이라는 믿음

사회 정치적 문제에서 보수적인 태도는 세상이 불안하고 위험한 곳이라는 신념에 의해 강화됩니다. 그에 반해 전통적 질서는 안전한 항구처럼 느껴지기 때문에, 보수적인 태도를 지닌 사람들은 이를 지키거나 다시 회복해야 한다고 생각합니다. 이런 안전한 항구가 의문시되는 모든 상황은 그들에게 잠재적 위협으로 받아들여집니다. 그러므로 이 세계관을 지닌 사람들은 질서, 안정, 전통적 사회 구조를 갈망할 뿐만 아니라, 필요할 경우 국가의 감시와 강제력, 강력한 처벌을 통해 적극적으로 이를 관철해야 한다는 태도를 갖게 됩니다. 문제는 이들이 자신만 전통적 방식으로 살려고 하는 것이 아니라, 다른 모든 사람들도 그렇게 살아야 한다고 요구하는 것입니다. 그래야만 안전한 항구가 보호된다고 여기기 때문입니다.

이처럼 위협적으로 인식된 세상에 대한 응답으로서 전통적 사회 구조의 유지를 위한 강제력을 지지하는 태도는, 악한 성향이 강한 사람들이 사회 정치적 축의 보수적 끝단에 자신을 위치시키는 이유를 설명해 줍니다. 3장에서 설명했듯이, 높은 D-인자를 지닌 사람들은 세상이 악하고 위협적이고 위험한 곳이며, 다른 사람들은 궁극적으로 자신을 착취하려 든다고 확신합니다. 이런 신념은 악한 행동을 정당화하는 데 유용하며, 바로 그렇기 때문에 높은 D-인자와 강하게 결합합니다. 타인으로부터 끊임없이 위협받고 있다면 악한 행동도 정당화될 수 있다는 것입니다.

이와 같은 위협과 불신의 신념은 또한 사회 정치적으로 보수적인 태도를 조장합니다. 이에 상응하여 정치적 논쟁에서도 이러한 위협과 불신의 모티브가 자주 활용됩니다. 예를 들어 사회 정치적으로 보수적인 정당들은 강한 처벌의 억제 효과를 강조하고, 이민 문제와 관련해 대부분의 난민들이 실은 박해가 아니라 경제적 이유로 온 것이며 이들로 인해 폭력 범죄가 증가한다고 주장합니다.

난민과 관련한 이런 주장은 불신을 드러내며 위협적 상황을 그려 내는데, 이는 실제로 박해받는 사람들을 지원하지 않는 상황을 덜 문제적으로 보이게 만듭니다. 자신들의 사회가 착취와 범죄로부터 보호받아야 한다는 논리입니다. 이 같은 논리는 해당 세계관을 지닌 사람들에 의해 쉽게 확산되며, 특히 높은 D-인자 보유자들에게서 자신의 악한 행동을 정당화하기 위한 목적으로 자주 등장합니다.

실제로 D-인자와 이민에 대한 태도를 함께 조사했을 때, 높은 D-인자를 가진 사람들은 이민에 대해 부정적인 경향이 더 컸습니다. 이들은 낮은 D-인자를 가진 사람들에 비해 이민으로 인해 범죄가 증가한다고 믿는 경향도 더 높게 나타납니다. '이 나라에는 이제 외국인, 이민자, 난민이 너무 많아졌다. 그들을 원래 나라로 돌아가게 하는 재이주(Remigration)가 시급하며, 필요하다면 강제력도 사용해야 한다'라는 주장에 동의하는 사람은 평균 이상의 D-인자를 가질 확률이 그렇지 않은 사람들보다 2배나 더 높았습니다.

D-인자와 결부된 위협과 불신의 신념은 이민에 대한 태도에만 국한되지 않고, 변화와 규범 일탈에 대한 거부, 강제력과 강한 처벌에 대한 지지 같은 더욱 보수적인 사회적 관념으로 이어집니다. 예컨대 평균 이상의 D-인자를 가진 사람들은 '이 나라가 이렇게 돌아가는 걸 보면 선동가, 범죄자, 변태들을 척결하기 위한 강력한 해독제가 필요하다'라거나, '선동가들은 사회에서 환영받지 못한다는 것을 분명히 느껴야 한다'처럼 규범 일탈을 강력히 제재해야 한다는 주장에 동의할 확률이 2~3배 정도 더 높습니다. 이는 독일, 오스트리아, 스위스뿐 아니라 30개국의 수만 명을 대상으로 한 연구에서도 확인되었습니다.

높은 D-인자를 가진 사람들이 이런 주장들에 동의하는 이유는 타인에 대한 불신과 변화에 대한 위협감 때문이지만, 또 한편으로는 이들이 전반적으로 강한 처벌을 지지하기 때문이기도 합니다. 자유와 안전 중 어느 것을 더 중요하게 생각하는지를 물었을 때 D-인자가 높은 사람들은 안전을 선호합니다.

7장에서 이미 언급했듯이 높은 D-인자를 가진 사람들은 사형과 같은 매우 강력한 처벌의 위협과 실행을 지지합니다. 이는 역설적으로 보일 수도 있습니다. 악한 성향이 강한 사람들은 규칙을 위반하기 쉬우므로 그들 자신이 처벌 대상이 될 가능성 또한 높기 때문입니다. 그런데도 이들은 강한 처벌을 지지합니다. 단, 자신이 아니라 타인에게 적용될 때만 그렇습니다.

## 나에게 이익인가?

악한 성향이 강한 사람들이 사회 정치적 태도에서 더 보수적인 태도를 취하는 한 가지 이유는, 다른 사람들에 대한 높은 불신과 세상을 위험한 곳으로 보는 시각 때문입니다. 이런 신념 탓에 사회 정치적으로 더욱 보수적인 견해로 기울게 되는 것입니다.

D-인자가 높은 사람들이 사회 정치적 축에서 진보적 축과

거리가 먼 데에는 또 다른 이유가 있습니다. 바로 진보적인 사회 정치적 태도와 정책이 소수자 보호를 중시한다는 점입니다. 높은 D-인자를 지닌 사람들은 자신이 해당 소수자 집단에 속하는 경우에만 그러한 보호 조치를 지지합니다. 그렇지 않은 경우 소수자 보호는 그들 자신의 이익을 제한하는 것이거나, 아니면 적어도 부당한 특혜로 간주됩니다. 다시 말해서 다수 집단의 일원인 평균 이상의 D-인자 보유자들은 동성애자의 동등한 권리나 소수자 전반에 대한 보호에 반대합니다.

그러나 상황이 바뀌어 그들 자신이 그러한 규정의 혜택을 받는 위치에 놓이면 태도는 즉시 돌변합니다. 이 점은 성 역할에 대한 태도에서 명확히 드러납니다. '남성이 여성보다 더 나은 정치 리더인가?'라는 질문에 대해 남성들의 경우 D-인자 수준이 높을수록 동의한다는 대답이 증가하지만, 여성들의 경우 그렇지 않습니다.

### 권위주의적 구조

높은 D-인자를 지닌 사람들이 사회적으로 보수적인 태도를 취하는 이유는 앞서 언급된 것들 외에도 더 있습니다. 권위자의 요구를 일반적인 도덕 원칙보다 우선시하는 경향이 그것입니다. 이는 특히 권위자의 요구가 타인이나 집단을 향할 때 두드러집니다. 권위자(예를 들어 정치적 지도자)가 특정 집단(대개 소수 집단)에 낮은 가치를 부여하거나 그들을 직접적으로 박해할 경우, 해당 집단의 구성원에 대한 악한 행동은 아주 쉽게 정당화될 수 있습니다. 특정 집단이 다른 집단보다 보호할 가치가 덜 하다고 여겨지는 사회에서는 배려와 공정성 같은 도덕적 가치가 우선시되지 못하며, 이는 악한 성향이 강한 사람들에게 특히 유리하게 작용합니다.

높은 D-인자는 권위주의적 구조에 대한 더 큰 관심으로 나타나는데, 그 이유는 자신이 저지르는 악한 행위에 대한 책임을 타인에게 전가할 수 있거나, 악한 행위 자체가 악한 것이 아니라 필요하고 옳고 바람직한 것으로 여겨질 수 있어서입니다. 그렇기 때문에 평균 이상의 D-인자를 지닌 사람들은 '우리나라에 지금 가장 필요한 것은 규율이며, 모두가 하나 되어 우리의 지도자를 따라야 한다'라거나 '우리가 사회에서 안전하게 살기 위해서는 강력한 지도자가 필요하다'와 같은 주장에 동의할 가능성이 2배나 더 높게 나타납니다.

이때 권위주의적 구조와 순응에 대한 열망은 악한 사람들에게는 도덕적 문제라기보다 단지 기능적인 것일 뿐입니다. 이들은 규칙이나 권위를 도덕적으로 보호하려는 것이 아니라, 권위주의적 구조가 자신들의 악한 행동을 정당화할 수 있는 유리한 환경을 제공하기 때문에 이를 원합니다.

권위주의적 구조에 대한 선호는 매우 강력하게 작용합니다. 그래서 높은 D-인자를 지닌 사람들은 일반적으로 자유 선거, 권력 분립, 법치주의와 같은 민주적 시스템과 원칙을 의문시하고, 한 명의 강력한 지도자나 강력한 정당에 의해 이끌리는 권위주의적 국가를 선호하게 됩니다. 평균보다 높은 D-인자를 지닌 사람들은 '의회나 선거에 얽매이지 않는 강력한 국가 원수를 갖는 것이 더 낫다'라거나 '표현의 자유가 모든 사람에게 적용될 필요는 없다'와 같은 주장에 동의할 가능성이 2배 정도 더 높습니다. 반면에 '모든 성인은 선거권과 공직 출마 자격을 가져야 한다'라거나 '누구도 결코 법 위에 있어서는 안 된다'와 같은 주장에는 2배 정도 더 높은 확률로 반대합니다.

이러한 태도는 명백히 반민주적이며, D-인자는 정치적 좌우 성향보다도 훨씬 더 강하게 이러한 반민주적 태도와 연결되어 있습니다. 이는 성별과 신체 크기 사이의 상관관계만큼이나 강한 수준입니다. 다시 말해서 이들의 반민주적 성향은 보수적 입장으로 기우는 성향을 훨씬 넘어서는 것입니다.

### 중간 결론

높은 D-인자를 가진 사람들은 자신의 악한 행동을 정당화하기 위해 특정 신념들을 공유하는데, 이 신념들은 사회 정치적으로 보수적인 태도를 취할 뿐만 아니라 이를 권위주의적 방식으로 관철하고자 하는 주요 동기로 작용합니다. 이들은 타인에 대한 불신이 높고 세상을 위험한 곳으로 인식하기 때문에 변화에 대해 강제력과 강한 처벌로 대응하는 것을 지지하고, 권위주의적이고 명백히 반민주적인 시스템을 선호합니다. 특히 그것이 자신의 이익과 맞아떨어진다고 느낄 때 더욱 그러합니다.

흥미로운 점은, 평균 이상의 D-인자를 가진 사람들의 이 같은 기본 태도가 민주주의 국가나 서구의 영향을 받은 부유한 산업 국가에서만 나타나는 것이 아니라 중국, 콜롬비아, 말레이시아 등 다른 많은 국가들에서도 비슷하게 나타난다는 것입니다. 다만 특정 정치 현안에 대해서는, 평균 이상의 D-인자를 가진 사람들이 취하는 입장이 문화적 차이에 따라 크게 달라질 수 있습니다.

예를 들어 앞서 언급된 동성애에 대한 부정적 태도가 독일과 미국에서는 평균 이상의 D-인자를 가진 사람들에게서 매우 뚜렷하게 나타납니다. 그러나 중국에서는 D-인자와 동성애에 대한 태도 사이에 아무런 상관관계가 나타나지 않습니다. 이는 중국에서 평균 이상의 D-인자를 가진 사람들이 동성애에 우호적이기 때문이 아니라, 중국 사회 전체에서 동성애에 대한 관용 수준이 낮아서 그렇습니다. 다시 말해서 평균 이하의 D-인자를 가진 중국 사람들도 동성애에 대한 관용 수준이 낮기는 마찬가지라는 것입니다.

전체적으로 볼 때, D-인자와 보수적인 사회 정치적 태도 사이의 상관관계는 시험 불안과 성적 사이의 관계보다 다소 강한 정도로 충분히 유의미하지만 아주 큰 수준은 아닙니다. 여기에는 여러 가지 이유가 있을 수 있는데, 그중 하나는 높은 D-인자를 가진 사람들이 항상 다수 집단의 구성원인 것은 아니기 때문입니다. 스스로 동성애자이거나 이민 배경을 가지고 있는 경우, 소수자 보호는 이들에게도 대체로 자신의 이익과 일치합니다. 자신의 삶의 방식이 간섭받기를 원하지는 않기 때문입니다.

D-인자와 보수적인 사회 정치적 태도 사이의 상관관계가 다소 제한적인 이유는 무엇보다도 여기에 있습니다. D-인자가 단지 특정한 세계관이나 신념에 의해서만 규정되는 것이 아니라, 타인의 희생을 통해 자신의 이익을 극대화하려는 의지에 의해 크게 좌우되기 때문입니다. 사람들은 세상이 위험하다고 생각할 수도 있고, 전통적 가치와 규범을 중요하게 여기며 질서와 안정을 바랄 수도 있습니다. 그렇다고 반드시 다른 사람에게 해를 가하거나, 소수자를 억압하거나, 민주적 원칙을 훼손하려고 들 필요는 없습니다.

다시 말해서 보수적인 사회 정치적 입장이 반드시 높은

D-인자와 연결되는 것은 아닙니다. 반면에 높은 D-인자는 보수적인 사회 정치적 입장, 특히 명백히 권위주의적이거나 소수자에게 적대적이거나 반민주적인 태도로 이어지는 경향이 있습니다.

## 사회 경제적 태도

심리학적 관점에서 볼 때 사회 경제적 태도는 사람들과 집단들의 불평등을 어느 정도까지 수용하는지에 따라 결정됩니다.[*] 사회적, 경제적 국가 개입의 목적은 상당 부분 사람들 사이의 불평등을 줄이는 데에 있습니다. 이때 문제가 되는 것이 부의 불평등입니다. 많은 나라에 누진 소득 세율이 존재하고, 사회 보장 제도 역시 대체로 연대의 원칙에 따라 재원이 마련되기 때문에 부유한 사람들은 가난한 사람들보다 더 많이 부담하게 됩니다.

권력과 영향력 측면에서의 불평등도 문제입니다. 많은 유

---

[*] 불평등의 수용은 사회 정치적 축에서도 역할을 합니다. 전통적인 가치와 구조를 유지하고자 하는 욕구(사회적 보수주의)는 성별이나 소수자 등 기존의 불평등을 고착화할 수 있습니다. 그럼에도 불평등의 수용은 사회 경제적 태도에서 훨씬 더 중요한 요소입니다.

럽 국가들이 강력한 해고 보호 제도를 운영합니다. 무기한 계약으로 고용된 근로자를 쉽게 해고할 수 없게 함으로써, 기업 활동의 자유에 일정한 제약을 두고 있습니다. 이러한 규제는 고용주와 피고용인 사이의 권력 관계에서 발생하는 불평등을 줄이는 것을 목표로 합니다.

따라서 사람들 사이의 불평등을 거부하는 사람들은 그에 상응하는 국가 조치를 지지하며, 사회 경제적 축의 사회 지향적 입장에 서게 됩니다. 반대로 이러한 개입과 재분배 조치를 반대하는 태도는 불평등을 수용하거나 심지어 불가피하게 여기는 인식과 함께 나타납니다. 규제가 없는 자본주의는 재분배 조치 없이 불평등을 최소한 유지하거나, 경우에 따라서는 더욱 심화시키기 때문입니다. 불평등을 수용하거나 불가피하다고 여기는 사람들은 국가의 개입을 지지할 이유를 거의 찾지 못하며, 사회 경제적 축에서 시장 자유주의적 입장을 취할 것입니다.

### 생존 경쟁으로서의 세계

불평등의 수용은, 무엇보다도, 세상이 자원과 권력을 둘러싼 타협도 규칙도 없는 가혹한 경쟁의 장이라는 신념에 의해 촉진됩니다. 이 같은 '경쟁적 정글'에는 승자와 패자가 존재하기 마련이며, 따라서 불평등과 위계가 필연적으로 나타납니다. 그러므로 자신이 승자가 되기 위해 가능한 모든 노력을 기울여야 합니다.

이러한 세계관은 불평등이 세상에 존재할 뿐만 아니라, 불평등과 위계는 사회가 기능하게 하기 위해 필요하고 바람직한 것이라는 식으로 사고방식을 좀 더 일반화하여 강화합니다. 모든 사람이 다 동등한 존재인 것은 아니며, 따라서 누구나 다 똑같은 만큼의 권력과 자원을 누릴 자격을 갖지는 않는다는 것입니다. 불평등은 단지 세계의 한 특성으로 인식되는 것을 넘어서 변경 불가능하고, 필요한 것이며, 더 나아가 바람직한 상태로 여겨지게 됩니다.

이 지점에서 다시 D-인자와의 관련성이 명확해집니다. 왜냐하면 이러한 세계관과, 위계와 지배 등 불평등에 대한 선호는 높은 D-인자를 가진 사람들 사이에서 훨씬 더 두드러지기 때문입니다. 이런 것들은 타인의 피해를 개의치 않고 자기 이익을 추구하는 행동을 정당화하는 데 기여합니다. 어차피 모든 사람이 같을 수 없고 같아야 하는 것도 아니라면, 자기 자신이나 자신이 속한 집단이 위계의 최상단에 있어야 한다는 것입니다.

실제로 평균 이상의 D-인자를 가진 사람들은 '어떤 집단은 다른 집단보다 단순히 열등하다'는 견해를 지닐 확률이 2~3배 정도 더 높습니다. D-인자 수준이 2점 정도로 낮은 사

람들은 85%가 '삶은 적자생존에 의해 결정되지 않으며, 연
민과 도덕 규범이 우리의 지침이 되어야 한다'는 진술에 동의
하는 반면, D-인자 수준이 4점인 사람들은 18%만이 동의합
니다.

높은 D-인자를 가진 사람들은 자원을 둘러싼 무자비한 경
쟁의 장으로서 세상을 인식하며, 불평등과 위계를 필요하고
바람직한 것으로 여깁니다. 때문에 시장 자유주의적인 사회
경제적 입장을 취하는 경향이 있습니다. 이 같은 신념은 자
신의 악한 행동을 정당화하기에는 적합하지만 불평등을 줄
이려는 발상과는 어긋나므로 사회 경제적 축에서 사회 지향
적 입장보다는 시장 자유주의적 입장에 더 부합합니다. 이에
따라 높은 D-인자를 가진 사람들은 국가가 경제에 개입하는
것을 달가워하지 않고, 소득 불평등을 쉽게 받아들이며, 국가
의 돌봄 정책에 대해 부정적인 태도를 취합니다.

사회 정치적 태도와 마찬가지로, 높은 D-인자를 가진 사
람들에게서는 사회 경제적으로 시장 자유주의적 입장이 어
느 나라를 막론하고 일관되게 나타납니다. 해당 국가가 안정
된 민주주의 국가이든 다른 정치 체제를 가진 국가이든, 산
업 국가이든 신흥국이든 개발 도상국이든 관계없이 다양한
국가에서 공통적으로 관찰되는 현상입니다. 모든 국가를 통
틀어 D-인자와 시장 자유주의적인 사회 경제적 태도 사이의

상관관계는 상당히 강력합니다. 심지어 지능과 학업 성취 사이의 상관관계보다도 더 강한 수준입니다.

그러나 사회 정치적 태도의 경우에서처럼, 여기서도 그 반대 방향의 추론은 성립하지 않습니다. 사회 경제적 태도에서 시장 자유주의적인 입장를 취한다고 해서 반드시 D-인자가 높다고 단정할 수는 없습니다. 타인의 희생을 통해 자신의 이익을 극대화하지 않으면서도 능력주의를 근거로 불평등을 받아들이는 사람들도 충분히 있을 수 있습니다.

다시 말해서 D-인자는 특정한 신념만으로 규정되는 것은 아니며, 다른 사람을 희생시키면서까지 자신의 이익을 극대화하려는 의지가 중요합니다. 따라서 시장 자유주의적인 사회 경제적 태도에서 D-인자를 직접적으로 추론할 수는 없지만, D-인자가 높을수록 시장 자유주의적인 사회 경제적 태도가 더 많이 나타나는 것은 분명해 보입니다.

### 자민족 중심주의, 민족주의, 애국심

이 주제를 마무리하기에 앞서, 사회 정치적 축에 더 가깝게 분류되지만 심리학적으로는 변화에 대한 거부뿐 아니라 불평등의 지지까지 포괄하는 중요한 정치적 태도를 살펴보려 합니다. 바로 민족주의입니다.

민족주의에는 서로 관련되어 있으나 똑같지는 않은 두 가지 형태가 있습니다. 한 형태는 이른바 '맹목적 민족주의'로, 자신의 국가를 무조건적으로 숭배하도록 요구하고 자국이 다른 국가들을 지배해야 한다고 주장합니다. 자국에 대한 비판이나 그 지배적 지위에 대한 의문은 허용되지 않습니다. 목표는 다른 국가들보다 우위에 서고 다른 국가들을 자국의 목적에 동원하는 것입니다.

맹목적 민족주의에는 흔히 자민족 중심주의적 태도가 동반됩니다. 이는 자신의 문화와 생활 방식이 남들의 것보다 훨씬 우월하며, 다른 문화권의 사람들이 자신의 문화와 생활 방식에 동화되는 것이 바람직하다는 신념을 의미합니다. 이런 태도는 '다른 나라들은 그들의 정치 체제를 최대한 우리와 비슷하게 구성하려고 노력해야 한다'와 같은 진술에 강하게 동의합니다.

맹목적 민족주의와 자민족 중심주의는 권위주의적 구조, 전통적 가치, 위계, 불평등의 지지를 결합한 형태라고 할 수 있으며, 다만 그 대상이 개인이나 집단이 아니라 자국과 타국, 자국 문화와 타국 문화의 관계로 확장된 것이라고 하겠습니다.

맹목적 민족주의 외에도 이른바 '건설적' 민족주의가 있으며, 이는 때때로 애국심이라고도 불립니다. 여기에도 기본적으로 자국에 대한 긍정적 태도가 수반되며, 종종 자긍심이나 소속감과 같은 긍정적 감정으로 표현됩니다. 그러나 자신의 국가를 무비판적으로 찬양하거나 다른 국가들을 지배하려는 목적이 있는 것은 아닙니다. 오히려 건설적인 비판을 통해 자국을 점점 더 나은 국가로 만들고, 스스로 그 국가에 기여하려 합니다. 건설적 민족주의는 '나는 내 나라와 어느 정도 정서적으로 연결되어 있으며, 내 나라의 행위에 정서적으로 영향을 받는다'와 같은 진술에 대한 동의로 표출됩니다.

물론 애국심이 민족주의나 자민족 중심주의와 상충되는 것은 아닙니다. 오히려 이 모든 태도는 기본적으로 자국에 대한 긍정적 관계를 포함하기 때문에 서로 연결되어 있습니다. 그러나 모두 동일시될 수는 없습니다. 민족주의와 자민족 중심주의가 자국 또는 자국 문화를 우위에 둘 것을 강조하는 반면, 애국심은 자국을 더 나은 국가로 만들기 위해 기여하려는 의지를 내포합니다.

이에 상응하여, 평균 이상의 D-인자를 지닌 사람들은 민족주의와 자민족 중심주의에는 뚜렷하게 기우는 경향이 있지만, 애국심에는 그렇지 않습니다. 이들이 특별히 자기 나라를 사랑하거나 자랑스러워하거나 더 나은 국가로 만들고 싶어 하는 경향이 강한 것은 아닙니다. 그보다는 자국과 자국 문화가 의심의 여지없이 우월하며, 무비판적으로 숭배받기를 원합니다.

왜 악한 성향이 강한 사람들은
정치적 극단주의에 쉽게 기우는가?

높은 D-인자는 사회 경제적으로는 더 시장 자유주의적이고 사회 정치적으로는 더 보수적인 태도로 나타나며, 심지어는 권위주의적이고 반민주주의적인 사회 구조에 대한 선호로까지 나아갑니다. 여기서 다음 질문이 이어집니다. D-인자는 급진화와 정치적 극단주의에 대해서도 무언가를 말해 주지 않을까요?

먼저 정치적 행동주의와 정치적 급진화를 구분해야 합니다. 행동주의는 특정한 정치적 목표를 달성하기 위해 이루어지지만 불법이 아니고 타인에게 직접적으로나 의도적으로 피해를 주지 않는 정치적 행위를 말합니다. 예컨대 평화적 시위에 참여하거나, 청원서를 작성 또는 서명하거나, 정치인과 접촉하거나, 언론에 정치적인 글을 게재하는(예를 들어 신문 기고) 등의 행위가 여기에 해당합니다.

반면에 급진화는 법을 어기거나 다른 사람에게 해를 끼칠 가능성이 있는 정치적 행위를 포함합니다. 도로 봉쇄, 폭력 사태가 예상되는 시위 참여, 증오 발언과 허위 정보 유포, 선전 관련 범죄, 공공 재산이나 사유 재산의 파괴 등이 이에 해당합니다. 만약 여기에 더해 사람에 대한 폭력 사용을 지지하는 경우 '무장 극단주의'라고도 불립니다.

이처럼 정치적 행동주의와 정치적 급진화 사이에는 분명한 구분이 있지만, 때에 따라 정치적 행동주의는 정치적 급진화(나아가 무장 극단주의)의 '전조'로 여겨지기도 합니다. 이러한 가정은 행동주의를 보이는 사람들이 급진화될 가능성도 크다는 것을 전제로 합니다.

그러나 D-인자와 정치적 행동주의와 정치적 급진화 사이의 상관관계(그림 8C)가 보여 주듯, 이 가정은 근본적으로 잘못되었습니다. D-인자가 높아질수록 급진화하려는 경향은 증가하지만, 행동주의에 참여하려는 경향은 감소합니다. 행동주의와 급진화에 기울기 쉬운 사람들은 동일한 집단이 아니라 각각 다른 사람들입니다. 행동주의에는 평균 이하의 D-인자를 가진 사람들이 더 적극적으로 나서는 경향이 있지만, 급진화에 기울기 쉬운 사람들은 평균 이상의 D-인자를 가진 사람들입니다.

결국 급진화는 무장 극단주의로 이어질 수 있습니다. 이는 폭력을 정치적 목표 달성을 위한 정당한 수단으로 간주하여 정치적 반대자에 대해 폭력을 선동하거나 스스로 폭력을 행사하는 것을 의미합니다. 이때 정치적 목표, 즉 그 배후의 이념은 상대적으로 대체 가능합니다.

그러나 다양한 형태의 무장 극단주의에는 공통점이 있습

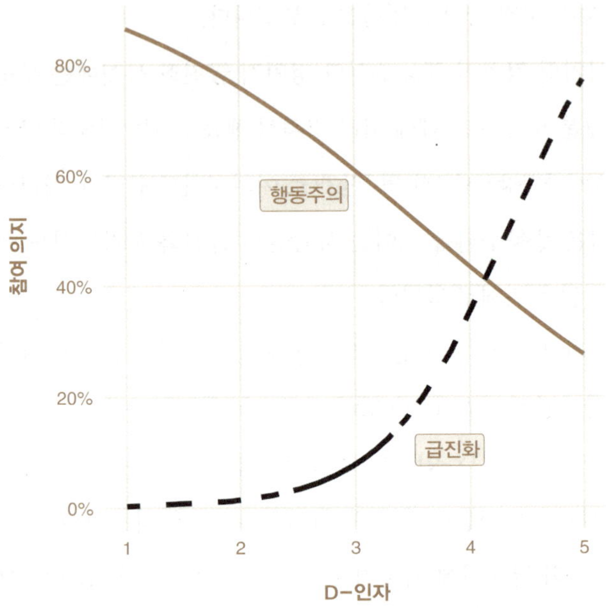


그림 8C.
D-인자와 정치적 행동주의 및 정치적 급진화 가능성 사이의 상관관계.

니다. 유토피아적 목표(파시즘, 신정국가, 무계급 사회 등)를 추구하고, 특정 집단을 적대 세력(좌파, 불신자, 부르주아 등)으로 규정하며, 폭력을 유토피아적 목표 상태에 도달하기 위한 정당하고 필수적인 수단으로 간주한다는 점입니다.

무장 극단주의에 대한 성향을 파악하기 위해서는 그 세 가지 구성 요소라 할 수 있는 폭력 성향, 유토피아적 목표, 적대 세력에 대한 위협감을 어떻게 생각하는지 질문해 보아야 합니다. 그러면 예상대로 악한 성향이 강한 사람들은 폭력 사용의 의지를 강하게 드러냅니다. 이것은 '폭력이 문제를 해결하지 못한다면, 단지 충분히 사용되지 않았기 때문이다'와 같은 진술을 통해서도 확인할 수 있습니다. 앞에서 이미 살펴보았듯이, 평균보다 높은 D-인자를 가진 사람들은 세상을 위험하다고 여기는 경향이 있으므로 다른 집단을 위협적인 적대 세력으로 인식할 가능성도 큽니다.

그러나 유토피아적 목표와 D-인자 사이에는 아무런 상관관계도 없습니다. 악한 성향이 강한 사람들이 특정한 유토피아적 이상을 더 자주 추구하는 것은 아닙니다. 다만 자신들에게 설득력 있게 느껴지는 유토피아적 목표가 주어지는 순간, 이들은 앞장서서 나서며 목표를 이루기 위해 폭력을 사용하기를 주저하지 않습니다.

이러한 유토피아가 특별히 중요한 이유는 명백합니다. 유토피아적 목표는 강력한 정당성을 부여할 뿐 아니라, 상응하는 행동에 대해 각 개인에게 높은 이득을 제공하기 때문입니다(그 이득이란 바로 목표의 성취입니다). 유토피아적 목표가 없을 경우, 높은 D-인자를 가진 사람들에게는 첫째로 공격해야 할 정치적인 적이 없고, 둘째로 폭력의 직접적 정당성이 없으며, 셋째로 폭력 행위로부터 얻을 특별한 이득도 없게 됩니다.

높은 D-인자를 가진 사람들이 자동적으로 무장 극단주의로 기우는 것은 아닙니다. 그러려면 그들에게는 이를 가능하게 해줄 적절한 유토피아가 필요합니다. 반면에 무장 극단주의자들에게는 매우 높은 수준의 D-인자가 존재할 가능성이 큽니다.


## 불신은 D-인자, 포퓰리즘, 음모론을 어떻게 연결하는가?


D-인자가 높은 사람들에게 흔히 나타나는 불신과 세상이 위험한 곳이라는 믿음은 포퓰리즘과 음모론에 대한 취약성을 높입니다. 더 정확히 말하면, 근본적이고 폭넓은 불신이 포퓰리즘과 음모론의 공통 기반을 형성합니다.

포퓰리즘과 음모론은 자신이 고의적으로 속임을 당하고, 어둠 속에 방치되고, 그 과정에서 착취를 당하거나 정치적 영향력에서 배제되는 다수 집단의 일원이라는 확신을 공유합니다. 이러한 속임과 착취를 행하는 주체는 부패한 정치 엘리트나 꼭두각시 정부, 통제되지 않은 정보 기관, 지하에서 활동하거나 배후에서 조종하는 악의적 비밀 결사 등과 같은 소수 집단으로 상정됩니다.

포퓰리즘과 음모론적 사고의 공통된 핵심은 이 둘이 D-인자와 강하게 연결된 신념의 표현이라는 것입니다. 불신과 악의적이고 위험 가득한 세상에 대한 믿음은 악한 성격과 포퓰리즘이나 음모론적 사고를 이어 주는 일종의 연결고리로 작용하며, 이는 D-인자가 높은 사람들이 그러한 정치적 태도에 훨씬 더 취약한 이유를 설명해 줍니다.

'정치는 본질적으로 국민과 권력자들 사이의 투쟁이다(포퓰리즘)'라거나 '정부가 자국 영토에서 테러 행위를 용인하거나 자행하고 있으며, 자신들의 이러한 행위를 은폐하고 있다(음모론적 사고)'와 같은 진술에 동조하는 사람들 중 80% 가까이가 평균 이상의 D-인자를 지니고 있습니다.


## 결론

평균보다 높은 D-인자를 가진 사람들은 정치적으로 좀 더 우파에 가까운 태도를 취하는 경향이 있으며, 보수적인 사회 정치적 태도와 시장 자유주의적인 사회 경제적 태도가 모두 여기에 포함됩니다. 이들은 특정한 세계관과 신념을 가지고 있는데, 이들의 신념은 자신의 이익이 증대되는 경우 보수적이고 시장 지향적인 정치적 입장과 더욱 잘 부합합니다. 흥미로운 점은, 악한 성향이 강한 사람들에게 이런 신념은 자신의 행동을 정당화하기 위한 매우 사사로운 기능을 수행하는 한편, 이런 신념이 동시에 정치적 우파의 입장과도 일치한다는 사실입니다.

또한 악한 성향이 강한 사람들은 민주주의의 테두리를 벗어난 태도를 보이는 경우가 훨씬 더 많습니다. 이는 권위주의적이고 반민주적인 구조의 지지, 맹목적인 민족주의 성향, 정치적 급진화와 심지어 무장 극단주의에까지 이르는 행태 등에 대한 높은 취약성에서도 드러납니다.

여기에서는 다루지 않았습니다만 정치적으로 중요한 결과를 가져올 수 있는 또 다른 범주의 태도도 존재합니다. 바로 환경과 기후에 대한 태도입니다. 얼핏 직접적인 관련이 없어 보일 수도 있지만, D-인자는 이 영역에서도 중요한 역할을 합니다. 이에 대해서는 다음 장에서 살펴보겠습니다.

9장

# 대홍수는 나 이후에:
# D-인자와 환경과 기후

악한 성격과 환경과 기후? 이 조합을 보면 아마도 독성 폐기물 불법 처리, 디젤 차량의 불법 조작 장치, 열대 우림의 불법 방화 개간 같은 환경 범죄 사례들이 먼저 떠오를 것입니다. 그러나 자연, 환경, 기후에 대한 태도와 행동은 사실 훨씬 더 일반적인 차원의 문제입니다. 우리는 누구나 자연을 경험할 때 특정한 감정을 느끼고, 기후 변화에 대한 나름의 견해를 갖고 있으며, 환경 보호와 관련된 크고 작은 행동을 합니다 (일상적인 예를 들자면, 비행기 대신 기차 타기, 일회용 플라스틱 사용 줄이기, 지역 유기농 제품 구매하기, 친환경 전력 사용하기 등이 있습니다).

이제 이와 같은 일반적인 감정과 태도, 행동에 대해 살펴보려 합니다. 여기에는 개인의 의견과 일상적인 행동에서부터 전체 집단, 심지어 국가 차원의 광범위한 행동에 이르기까지가 모두 포함됩니다.

구체적으로 D-인자가 환경과 기후 보호에 대한 사람들의 태도나, 그들이 개인적으로 또는 공동체로서 환경과 기후를 대하는 방식과 어떤 관련이 있는지, 그리고 그 이유는 무엇인지 살펴보겠습니다. 이를 이해하기 위해서는 먼저 자연, 환경, 기후와 같은 자원이 근본적으로 어떤 성격을 갖는지, 그리고 이러한 자원을 보호하는 과정에서 궁극적으로 어떤 어려움이 발생하는지를 간단히 짚고 넘어가야 합니다.

## 많은 사람들에게 큰 피해가 우려되는 공유재

좋든 싫든 우리는 한정된 자원을 가진 세계에서 살고 있으며, 이러한 자원에 의존하고 있습니다. 우리의 건강과 기대 수명은 맑은 공기, 깨끗한 식수, 그리고 충분하고 균형 잡힌 음식에 달려 있습니다. 개인의 활동 능력, 사회적 생산성, 나아가 문명의 발전도 일정한 기후 조건이 필요하며, 그렇지 않으면 이 모든 것들이 손상됩니다.

가뭄, 전염병, 극단적 기상 현상, 해수면 상승 등의 위험 요소들을 통제 가능한 수준으로 유지할 수 있는지 여부에 따라 전체 산업은 물론 국가와 국민의 생존 자체가 위협받을 수도 있습니다. 세계 경제 포럼(WEF)이 발표한 2025년 위험 보고서에 따르면, 극단적 기상 현상은 이미 무력 분쟁 다음으로 큰 글로벌 위험 요소로 평가되고 있습니다. 독일 연방 정보국 또한 2025년에 '기후 변화로 인한 불안정화와 이주 문제는 독일이 직면한 5대 외부 위협 중 하나'라고 밝혔습니다.

우리는 인류라는 종으로서, 사회로서, 그리고 개인으로서 수많은 지구적 자원에 의존합니다. 특정 기후 조건, 온전한 생태계와 생물 다양성, 비옥한 토양, 깨끗한 공기와 물 등이 이에 해당합니다. 이 모든 자원의 공통점은 '공유재'라는 것입니다. 공유재는 원칙적으로 누구나 이용할 수 있거나 누구에게나 제공되는 자원입니다.[*]

바로 여기에 근본적인 문제가 놓여 있습니다. 매우 많은 사람들이 공유재에 사실상 무제한적으로 접근할 수 있습니다. 누구나 그것을 마음대로, 그리고 과도하게 사용할 수 있습니다. 그러나 공유재를 과도하게 사용하거나 과도하게 소진하면, 이 자원들은 더는 이전과 같은 방식으로 제 기능을 수행하지 못하게 됩니다. 예를 들어 비료가 너무 많이 투입된 토

---

[*]  물론 대부분의 농업 용지는 사유지이며 일부 수역도 사유 재산이므로 엄밀히 말하면 공유재가 아닙니다. 그러나 토양이 농업에 적합한 상태로 비옥하게 유지되는 것, 그리고 수역이 깨끗하고 온전하게 유지되는 것 자체는 간접적으로 공유재로 볼 수 있습니다.

양에서는 수확량이 점점 감소합니다. 심한 경우에는 자원이 아예 붕괴되기도 하는데, 대표적인 사례가 남획 이후 붕괴한 어족(魚族) 자원입니다. 이러한 현상은 '공유지의 비극' 또는 '공유재의 비극'이라고도 불립니다.

많은 사람들이 공동으로 이용하고 모두가 그 혜택을 누리는 자원은 모두에게 열려 있다는 바로 그 이유 때문에 특별히 더 남용되거나 고갈될 위험에 노출됩니다. 그 장기적 결과는 자원이 더는 모두를 충분히 지원하지 못하거나, 심지어 완전히 붕괴할 위험이 있다는 것입니다.

이런 극단적인 결과는 중부 유럽 지역도 예외가 아닙니다. 유럽 환경청(EEA)에 따르면 유럽에서 해마다 수십만 명이 대기 오염으로 인해 조기에 사망하고 있습니다. 농업 분야에서의 과도한 비료 사용은 전 세계적으로 가장 큰 규모의 '데드 존(Dead Zone, 산소가 최소 수준으로 떨어져 사실상 생명체가 살 수 없는 지역)'이 북해와 발트해에 형성하게 된 주된 원인입니다. 더 나아가 2022년 유럽에서는 5월에서 9월 사이에만 6만 건이 넘는 폭염 관련 사망이 보고되었습니다.

산업화 이전보다 섭씨 3도가 올라가면 유럽에서만 매년 약 8만 5,000건의 폭염 관련 사망이 추가적으로 발생할 것으로 추정됩니다(유엔의 2024년 온실 가스 감축 보고서에 따르면 우리는 금세기 말까지 계속해서 그러한 방향으로 나아갈 것입니다). 또한 그중 약 7,000건 정도가 독일에서 발생할 것으로 예상됩니다. 이는 연방 범죄 수사청 통계 기준으로 독일에서 20년이 넘는 기간 동안 집계된 살인에 의한 전체 사망자 수보다 단 한 해 동안 폭염 때문에 추가로 사망하는 사람의 수가 더 많다는 뜻입니다. 이 비교는 특정 기후 조건과 같은 공유재가 더는 제 기능을 하지 못할 때 어떤 결과가 초래되는지를 극명하게 보여줍니다. 위협받는 공유재는 그 자체로 심각한 위험입니다. 공유재는 너무나 많은 사람이 의존하고 있는 자원이기 때문입니다.

수많은 공유재가 전 세계인들에게 지닌 생존적 중요성을 고려한다면, 공유재가 왜 위협받고 있으며, 이 모든 것이 D-인자와 어떤 관련이 있는지를 묻는 것은 더욱 필요한 일이 됩니다. 이를 이해하기 위해서 공유재를 다루는 우리의 방식에서 무엇이 문제이며, 어떤 딜레마가 존재하는지를 먼저 살펴보아야 합니다.


모두가 한 배를 탔지만
소수만이 노를 젓는 사회적 딜레마


공유재를 다룰 때 우리가 내리게 되는 결정들은 다른 여러 상황에서와 마찬가지로 흔히 '사회적 딜레마'라고 불리는 갈등을 반영합니다. 사회적 딜레마 상황에서 개인, 집단, 조직, 기업, 나아가 국가 전체를 아우르는 개별 행위자들은 공유재를 최대한 많이 이용하고 공유재의 보전에는 기여하지 않는 것이 당장에는 더 유리해 보입니다. 물고기를 더 많이 잡는 사람은 돈을 더 많이 벌 수 있습니다. 열대 우림을 벌채하는 사람은 더 많은 콩이나 팜유를 팔 수 있습니다. 온실 가스 배출을 줄이지 않는 국가는 단기적으로 경제적 이득을 볼 수 있고, 국내의 정치적 불만을 좀 더 피할 수 있습니다.

그러나 개인, 기업, 국가 등 모든 행위자가 이런 식으로 생각한다면 공유재는 모두 고갈될 때까지 계속해서 약탈당하고, 결국 모두가 극단적인 피해를 입게 됩니다. 모두가 가능한 한 많은 물고기를 잡으려 한다면 어느 시점부터는 어족이 회복되지 못하고, 마침내 잡을 물고기 자체가 사라집니다. 어느 나라도 온실 가스 배출을 줄이지 않는다면 기후 변화의 경제적, 사회적 보건적 결과를 모두가 감당해야 할 것이며, 많은 이들은 아예 감당조차 할 수 없을 것입니다.

그렇다고 해서 약탈된 자원의 불이익이 모두에게 똑같이 분배된다는 뜻은 아닙니다. 공유재가 붕괴하면 언제나 남들보다 더 큰 타격을 받는 사람들이 나오기 마련입니다. 그러나 궁극적으로는 모두가 더 불리한 처지에 놓이게 되는 것 또한 사실입니다. 모든 (또는 충분히 많은) 행위자들이 처음부터 협력적으로 행동하여 공유재의 지속 가능한 이용과 보호에 합의하고 이를 준수했다면 해당 자원은 잘 보존되었을 것이고, 이는 장기적으로 모두에게 이익이 되었을 것입니다.

이러한 제한적 이용의 개념은 예를 들어 어획 할당량이나 온실 가스 감축에 관한 구속력 있는 목표에서 잘 드러납니다. 어획 할당량은 남획을 방지하여 어족 자원을 장기적으로 모두에게 보존하려는 것입니다. 온실 가스 배출량 감축은 기후 변화를 일정한 수준으로 제한하여 수십억 인구가 적응할 현실적인 기회를 제공하고 더 긴 수명을 누리게 할 수 있습니다. 원리는 동일합니다. 모든 이가 공유재를 착취하지 않음으로써 그 보존에 일정하게 기여하고, 이를 통해 모두가 가능한 한 오래 그 혜택을 누릴 수 있게 하는 것입니다.

따라서 많은 행위자들이 직면하게 되는 딜레마는 단기적인 개별적, 사적 이익과 장기적인 집단적 이익 사이의 갈등에서 비롯됩니다. 대기와 환경 오염, 농약과 비료의 과도한 사용, 열대 우림 벌채, 온실 가스 배출, 남획 등은 단기적으로 일부 행위자의 이익에 부합할 수 있지만 중장기적으로는 모두에게 해롭습니다.

모든 사회적 딜레마에서 행위자들은 협력과 착취 사이에서 결정을 내려야 합니다. 협력이란 자원의 유지에 기여하려는 의지, 즉 자원을 최대한 많이 이용하려는 욕구를 포기하는 태도를 의미합니다. 반대로 착취란 가능한 한 최대의 이익을 끌어내려 하고, 그로 인해 자원이 언젠가 붕괴하는 데 일조하는 것을 의미합니다.

문제의 핵심은, 개별 행위자에게는 모든 다른 행위자들이 협력하여 자원을 보호하는 와중에 자신만 그 자원을 약탈하고 그 보호와 유지에 기여하지 않는 것이 가장 유리하거나 적어도 그렇게 보인다는 점에 있습니다. 이런 것을 흔히 '무임승차'라고 부릅니다. 다른 모든 사람들은 협력하는데 자신만 협력하지 않는 경우입니다. 그 유혹은 매우 클 수 있습니다. 다른 모든 기업들이 산업 폐수 처리를 위한 값비싼 정화 시설을 가동하여 공유재(깨끗한 강물)를 전체적으로 보존하는 동안 자기 회사만 그런 설비를 운영하지 않는다면 얼마나 이득이 크겠습니까? 다만 다른 회사들도 마찬가지로 생각할 가능성이 큽니다.

반대로 최악의 경우는 자신은 협력적으로 행동하며 자원을 아끼지만 대부분의 다른 행위자들이 자원을 약탈하는 상황입니다. 이때는 단기적으로 최대한 착취돼 이익을 얻지도 못하고, 장기적으로 자원이 유지되지도 않을 것이기 때문에 손해는 2배가 됩니다. 경제학 전문 서적에서 이러한 상황에 처한 행위자를 비하하는 속어이자 매우 경멸적인 영어 표현

인 'sucker(번역하면 호구, 패배자)'라는 단어를 사용하는 데에
는 이유가 있습니다.


## 사회적 딜레마와 D-인자

사회적 딜레마에서 무임 승차가 개별 행위자에게 가장 이
익이 되는 것처럼 보이고, 반대로 다른 행위자들이 자원을 약
탈하는 동안 혼자 협력하는 것은 개별 행위자에게 단연코 가
장 불리해 보입니다. 정말 그렇다면 그와 같은 딜레마 상황에
서 어떻게 협력이 성립하고 오래도록 유지될 수 있을까요?

이것이 가능하려면 충분히 많은 행위자들이 (1) 공정하고,
(2) 다른 이들을 신뢰하며, (3) 엄격하되 용서할 줄 알아야 합
니다. 이제 이 세 가지 조건을 조금 더 자세히 관찰하고, 각각
에서 D-인자가 어떤 역할을 하는지 살펴보겠습니다.

### 공정성

공정하다는 것은 사회적 딜레마 속에서 기본적으로 자신
의 이익만이 아니라 모두에게 가능한 한 많은 이익, 즉 전체
적인 이익을 추구하려는 태도나 마음가짐을 갖는 것을 의미
합니다. 이러한 전체적 이익은 모두가 협력할 때 가장 커집니

다. 따라서 공정성은 협력적으로 행동하려는 근본적인 의지이며, 이 의지는 무임 승차의 유혹이 매우 클 때조차도 마찬가지로 유지됩니다.

공정성은 다른 많은 행위자들이 협력적이어서 무임 승차가 가능하다고 예상되는 상황에서, 무임 승차를 통해 큰 이익을 얻을 수 있으리라고 기대되는 바로 그 순간에도 협력적으로 행동하는 것을 의미합니다. 공정성은 다른 사람들을 착취하려는 마음을 가능한 한 버리고, 최대의 전체 이익을 위해 자기 이익의 일부를 기꺼이 포기할 준비가 되어 있음을 의미합니다.

따라서 어떤 사람이 공정한지 여부는 그 사람이 어느 정도까지 자신의 이익을 타인의 이익보다 우위에 두는지에 달려 있습니다. 이 점에서 높은 D-인자가 공정성의 성향을 보이지 않으리라는 것은 분명해 보입니다. 높은 D-인자를 가진 사람들은 자신의 이익을 다른 사람들의 이익보다 명백히 우위에 두며, 가능한 한 무임 승차를 통해 다른 사람들을 착취하려 할 것입니다.

공정성은 또한 누군가가 타인에 대해 얼마나 많은 연민을 느끼는지와 관련이 있습니다. 환경, 자연, 기후 보호의 맥락에서는 미래 세대나 다른 종(식물, 동물 등)에 대한 연민도 포함됩니다. 그러나 높은 D-인자를 가진 사람들은 연민의 감정이 훨씬 떨어집니다. 이들은 다른 사람들의 운명에는 거의 관심이 없으며, 다른 이들이 고통을 받을 때 오히려 이익을 얻기도 합니다. 이런 점에서도 높은 D-인자를 가진 사람들에게 공정성을 기대하기는 어렵습니다.

마지막으로 공정성은 7장에서 설명했듯이 그 자체로 하나의 도덕적 가치입니다. 공정성은 무엇보다도 세상이 어떠해야 한다고 믿는 우리의 신념에 의해 좌우됩니다. 누군가가 세상이 정의롭게 운영되어야 하고 불평등은 최소화되어야 한다는 신념을 갖고 있다면, 사회적 딜레마 상황에서 우선적으로 공정하게 행동해야 한다는 결론에 이르게 될 것입니다.

그러나 높은 D-인자와 함께 나타나는 신념들은 이와 정반대입니다. 절대적인 도덕적 가치란 존재하지 않는다거나, 어차피 모두가 동등하게 잘살 수 있는 것은 아니므로 불평등과 지배가 오히려 바람직하다는 등의 신념이 그것입니다. 한마디로, 높은 D-인자를 지닌 사람들에게는 여러 가지 이유로 공정성을 기대하기 어렵습니다.

### 신뢰

사회적 딜레마 상황에서 모두가 협력에 이를 수 있는 두 번째 핵심 요건은 신뢰입니다. 기본적으로 다른 사람들을 착취하지 않을 의지가 있는, 앞서 말한 의미에서 '공정한' 행위자라 하더라도 충분히 많은 다른 행위자들도 그렇게 행동하리라고 기대할 수 있을 때에만 실제로 협력할 것입니다. 반대로 다른 사람들이 협력적이지 않고 착취적으로 행동하리라고 예상되는 상황에서 그 자신만 공정하게 행동하는 것은 비합리적인 선택이 됩니다. 그렇게 하면 자신을 명백히 '호구'로 만드는 꼴이 되기 때문입니다.

따라서 여기서 말하는 신뢰는 사회적 딜레마에 직면했을 때 대부분의 사람들이 어떻게 행동할지에 대한 우리의 믿음을 표현하는 것입니다. 다른 행위자들이 공정할 것이라고 여길수록 우리는 더 많은 신뢰를 갖게 되며, 자신도 공정하게 행동할 수 있습니다. 반대로 우리가 다른 사람들을 믿지 못한다면, 설령 마음속으로는 공정하게 행동하고 싶더라도 실제로 공정하게 행동하기가 어렵습니다.

이는 기후 정책 논의에서 일부 사람들이 즐겨 사용하는 수사에서도 반복적으로 확인됩니다. 예를 들어 2017년에 도널드 트럼프 대통령은 미국의 파리 기후 변화 협약 탈퇴를 정당화하면서, 미국은 이 협약으로 인해 불공정하게 착취당하고 있으며 다른 나라들은 기후 보호에 훨씬 적은 기여만 하면서 사실상 무임 승차를 하고 있다는 논리를 내세웠습니다. 자신은 도덕적으로 문제가 되는 불공정하고 착취적인 행위자가 아니며, 단지 다른 나라들에게 이용당할 만큼 어리석거나 순진한 호구가 아니라는 메시지를 전달한 것입니다.

공정성과 마찬가지로 신뢰 또한 높은 D-인자를 가진 사람들에게서 일반적으로 기대하기 어려운 성향입니다. 앞서 여러 차례 보았듯이 악한 성향이 강한 사람들은 세상이 자원을 둘러싸고 무자비한 경쟁이 이루어지는 위험한 곳이며, 남들 역시 기회만 주어지면 언제든지 착취적으로 행동할 것이라고 믿습니다. 따라서 무임 승차를 처벌할 아주 강력한 제도적 장치가 존재하지 않는 한 다른 사람들 모두가 불공정하게 행동할 것이라고 가정합니다. 그 결과 극도의 불신이 만연하게 됩니다.

간단히 말해서, 악한 성향이 강한 사람들은 협력하지 않을 것입니다. 그 이유는 단지 그들 스스로 공정성이 부족하기 때문만이 아니라, 다른 사람들 역시 불공정하게 행동할 것이라고 기대하기 때문입니다. 이들의 태도는 다음의 한 문장으로 요약될 수 있을 것입니다. '어차피 다른 사람들은 아무 기여도 하지 않을 테지만, 만약 누군가 그렇게 한다면 바보 같은 짓일 뿐이다!'

### 엄격함과 용서

종종 동일한 행위자들은 비슷한 상황에서 반복적으로 서로 마주치게 되는데, 이는 환경, 자연, 기후의 보호에서도 마찬가지입니다. 이런 분야에서는 일회성이 아니라 지속적인 행동이 요구되기 때문입니다. 이처럼 반복되는 사회적 딜레마 상황에서 포괄적인 협력이 유지되기 위해서는 엄격함과 용서가 중요합니다. 엄격함이란 무임 승차를 처벌할 준비가 되어 있어야 한다는 의미입니다. 스스로 직접 처벌을 가하는 경우가 있을 수도 있고, 무임 승차를 제재하는 제도나 기구를 마련하고 유지하는 데 기여하는 방식으로 이루어질 수도 있습니다. 이러한 조치에는 대개 비용이 발생하므로 이를 분담할 준비가 되어 있어야 합니다.

예를 들어 모두가 배출 기준을 준수하는지 점검하고 이를 위반할 경우 처벌을 부과하는 감독 기관을 설립해 지속적으로 운영하는 것은 비용이 많이 들고 수고가 필요한 일입니다. 이러한 '억제 조치에 대한 투자'에 충분히 많은 행위자들이 동의해야만 무임 승차가 감추어지고 처벌받지 않는 상황을 막을 수 있습니다. 그렇지 않으면 무임 승차는 불공정한 행위자들에게 계속해서 매력적인 선택지로 남게 됩니다.

덧붙이자면, 충분히 많은 행위자들이 이러한 의미에서 엄격하게 행동하여 무임 승차를 제재하는 메커니즘을 구축하게 되면 신뢰가 형성됩니다. 그렇게 하면 불공정한 행위자조차도 협력에 나설 거라고, 협력을 원해서가 아니라 적어도 처벌을 피하기 위해서라도 협력할 가능성이 크다고 모두가 기대할 수 있기 때문입니다.

여기서 우리는 악한 성향이 강한 사람들에게도 엄격함이 부족하지 않을 것이라고 생각할 수 있습니다. 이미 살펴보았듯이, 이들은 다른 사람들에게 가혹한 처벌을 가하는 데 아무런 거리낌이 없으며, 고문이나 사형에 강한 지지를 보이기도 합니다. 그러나 사회적 딜레마의 맥락에서 엄격함은 무임 승차를 억제하기 위한 제도적 장치에 기여할 의지를 의미합니다. 바로 이 점에서 악한 성향이 강한 사람들은 그러한 기여에 거의 관심이 없습니다. 그것이 결국에는 그들 자신에게 불리하게 작용할 것이기 때문입니다.

앞서 설명했듯이, 악한 성향이 강한 사람들은 불공정하며 가능하다면 무임 승차하려는 경향이 강합니다. 그런데 무임 승차를 제재하는 제도나 감시 기구가 구축되면 불공정한 행동은 더욱 위험하고 매력적이지 않은 선택이 됩니다. 따라서 이들은 그러한 제재에 기여하려 하지 않을 것입니다. 덧붙여 말하자면, 이런 논리는 D-인자나 환경과 기후 보호와 무관하게 국제 무대에서 반복적으로 관찰됩니다. 예를 들어 중국, 이란, 이스라엘, 북한, 러시아, 미국 등 현재 국제(형사)법과 긴장 관계에 있는 국가들은 국제법 위반을 다루는 헤이그 국제 형사 재판소(ICC)를 재정적으로 지원하지도 않고 그 판결을 인정하지도 않습니다.

반복되는 사회적 딜레마 상황에서는 엄격한 태도가 불공정한 행위자들을 좀 더 협력적으로 만드는 데 원칙적으로 도움이 됩니다. 하지만 용서하는 태도 역시 중요합니다. 처벌은 적절한 수준에서 이루어져야 하고, 한 번 비협조적으로 행동한 행위자와도 언젠가는 다시 협력해야 합니다. 더 정확히 말하면, 어떤 행위자가 착취적으로 행동하면 엄격하게 대응하여 그 사람이 저지른 착취적 행동을 적절히 처벌해야 하지만, 그러고 나서는 다시 우호적이고 신뢰하는 방식으로 협력을 이어 가야 하는 것입니다. 그렇지 않으면 단 한 번의 '일탈'이 끝없는 갈등의 악순환을 초래하여 다시는 협력이 이루어지지 않는 상황에 빠질 수 있기 때문입니다. 그러므로 착취적 행동에 대한 처벌이 이루어진 뒤에는 다시 상대에게 신뢰를 보낼 준비가 되어 있어야 합니다.

단 한 번의 착취적 행동에 대해 지나치게 가혹하고 과도하게 대응하거나, 극도로 앙심을 품고 한없이 불신하는 태도로 일관한다면 전반적인 협력은 사실상 다시 회복될 수 없습니다. 예를 들어 '디젤게이트'로 알려진 불법 배출 가스 조작 스캔들에 연루된 독일 자동차 제조사들은 지금도 여전히 자동차를 판매할 수 있습니다. 사회는 그들의 위반 행위에 대해 엄격하게 대응했지만(그 대응이 영구적인 행동 변화를 이끌 만큼 충분했는지는 별개의 문제입니다), 그 이후에는 다시 협력적 관계로 돌아가서 신뢰를 가지고 이들의 자동차를 구매하고 있습니다.

그러나 이런 식의 용서하려는 경향은 악한 성향이 강한 사람들에게서는 찾아보기 힘듭니다. 다른 사람들로부터 착취를 당하면 높은 D-인자를 가진 행위자들은 과도하고 가혹한 처벌에 나설 가능성이 크며, 적대감과 복수심 같은 성향 때문에 다시는 협력하려 들지 않을 것입니다. 그 결과 상호 협력이 회복되기보다는 갈등이 점점 더 고조되는 악순환에 빠질 가능성이 큽니다.

바로 그렇기 때문에 개별 행위자들이 협력 수준을 낮추는 상황은 특히 위험합니다. 예를 들어 국가 전체가 대규모로 열대 우림 벌채를 추진하거나(보우소나루 집권기 브라질) 파리 기후 협정에서 탈퇴한 경우(트럼프 1기 집권기 미국), 다른 행위자들이 이를 적극적으로 용서해야만 협력이 재구축될 수 있습니다. 그러나 D-인자가 높은 이들에게 이것은 매우 어려운 일입니다.

### 중간 결론

요약하자면, 타인과 사회적 딜레마로 간주될 수 있는 상황에 처할 때마다 높은 D-인자를 가진 행위자들은 여러 가지 이유로 착취적으로 행동할 것입니다. 이는 또한 높은 D-인자를 가진 사람들이 공유재의 보전에 기여하려 들지 않을 것이라는 뜻이기도 합니다. 이들은 자원을 절약하기보다는 오히려 착취적으로 사용할 것입니다.

첫째, 이들은 불공정한 태도를 지니고 있기 때문입니다. 자신의 이익을 전체의 이익보다 우선시하고, 타인에 대한 공감이 적고, 정의와 같은 도덕적 가치를 공유하지 않습니다. 둘째, 이들은 타인을 불신하기 때문입니다. 다른 사람들도 자원을 보전하기보다는 약탈할 것이라고 가정합니다. 더 나아가, 높은 D-인자를 가진 사람들은 상호 협력과 자원 보존을 감독하고 잠재적 착취를 제재하기 위한 제도적 장치를 거부하거나 심지어 적극적으로 훼손하려 할 것입니다.

이러한 이유들로 미루어 볼 때 높은 D-인자를 가진 사람들은 자연, 환경, 기후의 보호에 거의 기여하지 않으리라고 예상할 수 있습니다. 이들 역시 그 결과의 부정적 영향을 피할 수 없다는 점에서 비합리적 행태로 보일 수도 있지만, 악한 성향이 강한 사람들에게는 장기적 결과보다 단기적 이익이 훨씬 더 중요합니다(5장 참조). 또한 자기 자신의 행동을 자신과 타인 앞에서 정당화하기 위해, 높은 D-인자를 가진 사람들은 자연, 환경, 기후 보호의 중요성이나 필요성을 축소하기에 적절한 신념과 태도를 취하려 할 것입니다. 이제부터는 그들이 실제로도 그렇다는 점을 구체적으로 살펴보겠습니다.

## D-인자와 자연과 환경

앞의 설명과 일관되게, D-인자가 높을수록 환경 친화적인 행동을 덜 보인다는 사실은 반복적으로 확인됩니다. 이 둘의 상관관계는 지능과 학업 성적 사이의 상관관계만큼 강합니다. 평균보다 높은 D-인자를 지닌 사람들은 약 75%의 확률로 평균 이하의 환경 친화적 행동을 보입니다. 여기서 환경 친화적 행동은 넓은 의미로 사용됩니다. 전기와 에너지 절약, 지역 생산품이나 지속 가능한 제품의 구매, 배출량이 적은 교통수단 사용, 육류 소비를 줄인 식단 등이 여기에 포함됩니다. 또한 평균 이상으로 높은 D-인자를 지닌 사람들은 환경 보호 단체에 직접 참여하거나 환경 보호를 위해 돈을 기부하는 행위를 거부하는 경향이 뚜렷합니다.

오해를 피하기 위해 덧붙이자면, 이러한 상관관계가 환경 친화적이지 않은 행동이 반드시 악한 성향의 표현이라거나 D-인자가 높은 사람들에게서만 나타나는 현상임을 의미하는 것은 아닙니다. 중요한 것은 환경 친화적으로 행동할 수 있는 현실적인 기회나 가능성이 있는지 여부입니다. 임대 주택에 살아서 난방 방식의 배출 수준을 스스로 결정할 수 없는 사람, 적절한 대중교통이 없어 자동차 외의 현실적 대안이 없는 사람, 경제적 여유가 없는 사람은 지속 가능한 소비를 하거나 환경 보호를 위해 기부할 수 있는 능력이 그렇지 않은 사람과 똑같을 수 없습니다.

그러나 둘의 상관관계는 이와 같은 장애물이 별로 없는 행동들에서도 사실상 동일하게 나타납니다. 예를 들어 D-인자가 높은 사람들은 소득이 평균 이상인 경우에도 환경 보호를 위한 기부를 거의 하지 않습니다. 악한 성향이 강한 사람들의 낮은 기부 의향은 소득 수준과 무관합니다. 또한 이들은 쓰레기 분리수거, 빈 병 수거함에 가져다 놓기, 일회용 병 대신 다회용 병 구매하기, 화학적 살충제 사용 자제하기, 고속도로에서 자발적으로 시속 130km 이하로 주행하기 등 현실적으로 충분히 가능한 환경 친화적 행동들에 대해서도 훨씬 소극적입니다.

예를 들어, 꼭 필요하지 않은 항공 여행을 앞으로도 계속하겠다고 응답한 사람의 비율은 전체의 15%에 불과했지만, 이들 중에서는 무려 70% 이상이 평균 이상의 D-인자를 가지고 있었습니다. 또한 D-인자가 높은 사람들은 앞으로도 환경 친화적으로 행동할 의향이 전혀 없다고 말합니다. 다시 말해서 악한 성향이 강한 사람들이 단순히 (재정적) 여건이 부족해서 환경 보호에 덜 기여한다고 보기는 어렵습니다. 그들에게는 의지가 없는 것입니다.

그렇다면 높은 D-인자를 가진 사람들은 왜 이런 방식으로 행동하며, 왜 그것이 정당하다고 여기는지가 의문입니다. 답은 간단합니다. 이들은 자연과 환경이 온전하게 유지되는 것을 별로 중요하게 여기지 않습니다. 악한 성향이 강한 사람들은 자연과 연결된 느낌을 잘 받지 못합니다. 자신을 자연의 일부로 인식하지도 않고, 동식물에 대한 공감 능력도 떨어집니다. '나는 자연의 일부라고 느낀다' 또는 '식물과 동물은 인간과 동일한 생존권을 가진다'와 같은 진술에 전혀 동의하지 않습니다.

오히려 악한 성향이 강한 사람들은 많은 사람들이 환경 오염에 대해 지나치게 걱정한다고 생각합니다. 이들은 경제적으로 중요한 동식물만이 보호할 가치가 있다고 여깁니다. '인간은 자연의 나머지 부분을 지배하도록 태어났다'는 진술에 동의하는 사람들 중 약 75%는 평균보다 높은 D-인자를 가지고 있습니다. 산업화된 사회에서 살아가는 사람들을 기준으로 보면, D-인자가 높은 사람들은 무제한적이고 값싼 소비의 이점을 그로 인해 발생하는 환경 오염보다 더 중요하게 여깁니다. 이들 중 향후 선진국 사회가 더욱 절제된 생활 방식을 채택해야 한다는 주장에 동의하는 사람은 소수에 불과합니다.

마지막으로, D-인자가 높은 사람들은 환경 관련 주제에 대해 다소 정확하지 않은 사실적 지식을 갖추었다는 점도 눈에 띕니다. 예컨대 '교토 의정서가 무엇인가?', '1,000kcal의

고기 생산이 1,000kcal의 채소 생산과 비교할 때 환경에 미치는 부담은 어느 정도인가?'와 같은 질문을 제시하면, 평균 이상의 D-인자를 가진 사람들은 평균 이하의 D-인자를 가진 사람들보다 낮은 정답률을 보입니다. 차이가 크지는 않지만, D-인자가 높은 사람들이 전반적으로 교육 수준이 낮거나 지능이 떨어지는 것은 아니라는 점(5장 참조)을 감안하면 흥미로운 결과입니다.

이것은 일종의 선택적 무지, 즉 환경 관련 사실을 굳이 정확히 알고 싶어 하지 않는 태도라고 볼 수 있습니다. 앞서 언급된 행동 성향과 태도를 고려하면, 환경오염과 그 결과에 대해 자세히 알지 못하는 편이 그들에게는 더 편하게 살아갈 수 있는 방식일 것입니다. 비슷한 현상은 우리가 다음에 살펴볼 기후 변화에서도 나타나는 듯이 보입니다.


악한 성향이 강한 사람들은
기후 변화와 기후 보호를 어떻게 바라보는가?


기후는 우리 환경의 일부이긴 하지만, 기후와 환경은 구분해서 살펴보는 것이 타당합니다. 그 이유는 두 가지입니다. 첫째, 환경은 기후보다 훨씬 폭넓은 개념입니다. 환경에는 기후뿐 아니라 토양, 물, 공기, 모든 생물종 등이 모두 포함됩니다. 둘째, 기후와 기후 변화는 안타깝게도 매우 특수한 영역입니다. 유독 이 분야에서는 일부 행위자들이 의도적으로 잘못되거나 오해를 불러일으키는 주장을 퍼뜨리는 일이 빈번히 발생하는데, 그 효과가 매우 커서 일관되고 효과적인 기후 보호 정책이 제대로 시행되지 않고 지체되는 결과가 초래됩니다. 물론 환경 분야에서도 개별 행위자들이 유사한 지연 전술을 쓰는 경우가 있지만, 사회의 일부나 심지어 국가와 정부가 아예 문제 자체를 부정하는 형태로까지 나타나지는 않습니다. 이런 이유로 공론장에서는 '기후 변화의 부정'에 대해서는 많이 언급되지만 대기오염이나 생물종 감소를 부정하는 주장은 거의 찾아볼 수 없습니다.

기후 변화를 부정하는 태도는 내용적으로 서로 다른 네 가지 신념으로 이루어져 있으며, 이 신념들은 강하게 서로 맞물리며 구축되어 흔히 '기후 변화 부정론'이라 불리는 것을 형성합니다. 구체적으로 부정되는 내용은 다음과 같습니다.

1. 기후가 현재 실제로 변화하고 있다는 사실 자체를 부정합니다.

2. (설령 변화하고 있다고 하더라도) 온실 가스 배출과 같은 인간의 활동이 그 변화의 원인이라는 사실을 부정합니다.

3. (설령 인간이 원인이라 하더라도) 현재의 기후 변화가 수백만 명의 사람들을 해칠 수 있는 전 지구적 위협이라는 점을 부정합니다.

4. (설령 전 지구적 위협이라 하더라도) 우리의 행동이나 정치적 조치를 통해 기후 변화를 실질적으로 억제할 수 있다는 가능성을 부정합니다.

이에 따라 '기후 변화 부정론'은 오랫동안 특정 이익 집단들이 기후 보호 정책을 방해하기 위해 유포해 온 다음과 같은 주장들을 그대로 답습합니다. 기후 변화는 존재하지 않으며(자연적 변동의 범위일 뿐), 현재의 기후 변화는 인간의 활동 때문이 아니라 자연적 원인 때문이며, 기후 변화의 영향은 인류에게 위협적이지 않고 관리 가능하거나 심지어 긍정적일 수 있으며, 기후 변화는 아예 억제할 수 없거나 억제 가능하더라도 그렇게 하려면 지난 150년의 문명적 성취를 포기해야 한다는 것입니다. 그러나 이 모든 주장은 명백히 거짓입니다.

이것이 부정적 서사에 쉽게 현혹되는 경향 때문인지는 아직 불분명하지만, 한 가지는 분명합니다. D-인자가 높을수록 기후 변화 부정 역시 더 강하게 나타나며, 이는 앞의 네 가지 신념 모두에서 공통적으로 확인됩니다. 특히 벨기에, 독일, 프랑스, 오스트리아, 폴란드, 스위스 등 서유럽과 중부유럽 국가들처럼 기후 변화 부정이 비교적 소수 현상에 그치는 지역에서는 주로 D-인자가 높은 사람들이 기후 변화를 부정하는 경향을 보입니다. 이러한 국가들에서 '기후 변화는 입증된 사실이다'라는 진술에 동의하지 않거나, '기후 변화와 같은 주제에서 언론은 지나치게 호들갑이다'라는 진술에 동의하는 사람은 약 70%의 확률로 평균 이상의 D-인자를 가진 것으로 나타납니다.

반면에 기후 변화 부정론이 전반적으로 더 널리 퍼져 있는 일부 국가들, 예를 들어 1인당 온실 가스 배출량이 상대적으로 높은 오스트레일리아, 중국, 사우디아라비아, 미국 등에서는 D-인자와 기후 변화 부정론 사이의 상관관계가 다소 덜 뚜렷하게 나타납니다. 여기서 오해를 피하기 위해 분명히 하자면, 지금까지 연구된 어떤 국가에서도 높은 D-인자를 지닌 사람들이 기후 변화를 부정하는 경향이 더 낮게 나타난 적은 없습니다. 그러나 자국이 이 문제에 현재 과도하게 기여하고 있다는 사실을 인정해야 하는 상황에서는 기후 변화 부정론이 더 흔하게 나타나므로, 이를 단순히 악한 성향이 강한 사람들만의 문제로 규정하기는 어렵습니다.

특히 앞서 언급한 유럽 국가들에서는 높은 D-인자를 지닌 사람들이 기후 변화의 실제적인 위협과 그것의 효과적인 억제 가능성에 대해 유독 강하게 회의적인 것으로 나타납니다.

이들은 기후 변화가 실제로 일어나고 있다는 점이나 그것이 인간의 활동에 의해 발생한다는 점에 대해서도 부정하는 경향을 보이지만, 부정의 강도는 상대적으로 약합니다. 따라서 이들의 부정적 태도는 기후 변화 자체보다는, 그 영향의 심각성과 그에 대한 우리의 대응 가능성에 더 초점을 맞추는 것으로 보입니다.

이와 일관되게, 높은 D-인자를 가진 사람들은 기후 변화와 관련하여 불안이나 슬픔을 훨씬 덜 느끼고, 기후 변화를 제한하기 위한 조치가 불충분하다는 점에 대해서도 분노를 덜 경험하며, 기후 변화로 인해 받는 부담감이나 압박감도 상대적으로 더 적습니다. 이러한 점에서 기후 변화 부정론은 높은 D-인자를 가진 사람들로 하여금 부정적인 감정을 피할 수 있게 해준다는 점에서 (단기적인) 이점을 제공한다고 볼 수 있습니다.

그러나 높은 D-인자를 가진 사람들은 기후 변화 부정론에서 그치지 않고, 화석 연료에 대한 국가 보조금의 폐지, 산림이나 습지에 대한 엄격한 보호 및 복원 등과 같은 효과적인 기후 보호 조치도 빈번히 거부합니다. 독일에서 풍력 발전의 확대를 원칙적으로 (즉, 자신의 지역에 국한되지 않고 전반적으로) 반대하는 사람들 가운데 약 70%가 평균 이상의 D-인자를 가지고 있습니다.

또한 이들은 기후 행동주의에 대해서도 훨씬 더 부정적인 인식을 보입니다. 이른바 '마지막 세대'와 같은 단체를 '기후 테러리스트'나 '기후 적군파'라고 부르는 것이 전적으로 옳다고 평가하는 사람은 전체의 10%에도 못 미치지만, 이들 중에서는 약 75%가 평균 이상의 D-인자를 지니고 있습니다. 따라서 높은 D-인자를 가진 사람들은 이러한 단체를 범죄 집단으로 규정하고, 도로 봉쇄에 참여한 사람들을 언어적으로나 신체적으로 공격하는 것까지도 훨씬 더 쉽게 지지하는 경향을 보입니다.

이때 이들의 판단은 어떤 형태의 시민 불복종이 행해졌는지에 따라 달라집니다. 높은 D-인자를 가진 사람들은 특히 도로나 공항의 봉쇄를 강하게 거부하는 반면, 미술 작품이나 개인 요트나 전용기 등에 페인트를 뿌리는 행위에 대해서는 낮은 D-인자를 가진 사람들보다 딱히 더 큰 거부감을 보이지 않습니다. 간단히 말해서, 자신이 직접적으로 피해를 입을 가능성이 거의 없는 한 (대다수는 개인 전용기를 소유하지 않기 때문에) 악한 성향이 강한 사람들도 시민 불복종을 크게 문제 삼지 않습니다. 그러나 도로 봉쇄처럼 자신에게 실제로 영향을 미칠 수 있는 경우에 이들의 판단은 훨씬 더 가혹해집니다.

자주 지적되듯이, 개별적인 사람들의 태도와 행동이 그 자체만으로 '대규모' 공유재의 기능에 미치는 영향은 상대적으로 적을 수밖에 없습니다. 실제로 D-인자가 높은 평범한 개인이 아무리 쓰레기 분리수거를 엉망으로 하거나 단거리 항공편을 연간 여러 차례 이용한다 해도 전 지구적 차원에서 보면 그로 인한 피해는 상대적으로 제한적입니다. 그러나 우리의 태도는 우리 자신의 행동에 직접적인 영향을 미칠 뿐만 아니라, 정치권에 대한 영향력의 형태로 집단의 행동을 결정짓기도 합니다. 그리고 이런 정치적 결정은 다시 공유재에 중대한 영향을 미칩니다.

예컨대 어떤 사회에 높은 D-인자를 지닌 사람들이 많고 또 이들이 기후 변화를 부정한다면 어떤 현상이 나타날까요? 기후에 대한 이들의 영향력은 식생활이나 이동 방식 같은 개인적 행동의 총합을 통해서만 나타나는 데서 그치지 않고 그 사회의 정치적 의사 결정자들이 기후 보호 조치를 덜 시행하도록 만듦으로써 결국 기후에 상당한 영향을 미치게 됩니다.

따라서 한 국가가 환경과 기후 보호를 얼마나 잘 실행하고 있는지는 그 나라 사람들의 평균적인 D-인자 수준에 따라 달라질 것이라고 추정해 볼 수 있습니다. 그런데 정말 그럴까요? 한 국가의 사람들이 더 악한 성향을 지니고 있을수록 환경과 기후에 대한 보호가 그만큼 줄어들까요?

한마디로 답하면 '그렇다'입니다. 길게 답하자면 약간의 설명이 필요합니다.

## 더 '악한' 사회,
## 더 낮은 수준의 환경과 기후 보호

긴 답변을 위해서는 국가들의 자연, 환경, 기후 보호 수준을 과연 측정하고 비교할 수 있는지, 그럴 수 있다면 어떻게 가능한지를 먼저 살펴보아야 합니다. 많은 이들은 아마도 한 나라의 이산화탄소 배출량, 즉 해당 국가가 대기 중으로 배출하는 이산화탄소의 양을 주로 떠올릴 것입니다. 그러나 이산화탄소 배출량은 자연과 환경과 기후를 보호하려는 국가의 노력을 보여주는 하나의 중요한 요소일 뿐입니다. 국가가 생태계를 얼마나 보호하고 있는지, 폐기물과 폐수를 어떻게 처리하는지, 토양 오염은 어느 정도인지 등도 그 나라의 전반적인 환경과 기후 성과를 평가하는 데 있어 중요한 부분입니다.

이러한 이유로 약 20년 전 환경 성과 지수(EPI)가 도입되었습니다.[*] EPI는 각 국가의 전반적인 환경과 기후 보호 성과를 직접 비교하고 이해하기 쉬운 단일 척도로 나타내는 것을 목표로 합니다. 구체적으로 각 국가는 0점에서 100점 사이의 값을 부여받으며, 점수가 낮을수록 환경과 기후의 보호 성과

---

[*] 환경 성과 지수(Environmental Performance Index)의 다소 번거로운 독일어 번역은 'Umweltleistungsindex'입니다.

가 나쁘고 점수가 높을수록 성과가 좋음을 의미합니다.

2024년에 발표된 최신 버전에서는 총 11개 범주에 속한 58개의 세부 항목이 종합 점수에 반영되며, 이 항목들은 다시 기후 변화 및 보호, 생태계의 상태, 환경 건강이라는 세 가지 핵심 영역으로 분류됩니다. 기후 변화 및 보호 영역에는 이산화탄소, 질소산화물, 메탄 배출량 등이 포함됩니다. 생태계의 상태 영역에는 생물 다양성(예를 들어 멸종 위기종 보호), 산림의 상태와 특히 산림 벌채, 농업에서의 농약 오염, 폐수 발생 등이 포함됩니다. 환경 건강 영역에는 폐기물 관리, 대기질, 중금속 오염 등이 포함됩니다.

EPI는 한 국가의 기후와 환경 보호 성과를 산정하기 위해 다양한 지표(및 그 추세)를 함께 고려합니다. 이때 각 세부 영역은 각기 다른 가중치가 부여됩니다. 예를 들어 농약 오염은 전체 EPI에서 약 0.5%를 차지하는 반면, 납 오염은 2%, 이산화탄소 배출은 7.5%를 차지합니다. 세 가지 핵심 영역은 각각 기후 변화 및 보호 30%, 생태계의 상태 45%, 환경 건강 25%의 비중으로 EPI에 반영됩니다. 종합하면, EPI는 기후와 환경 보호의 모든 측면을 평가하는 정교한 도구라고 하겠습니다.

참고로 2024년 최신 EPI 보고서에 따르면 상위 10개국(EPI 약 70점)은 모두 유럽에 위치해 있으며, 그 안에는 독일, 핀란드, 노르웨이, 오스트리아, 스위스, 영국 등이 포함됩니다. 반대로 EPI 점수가 약 30점대로 특히 낮은 국가로는 방글라데시, 인도, 파키스탄, 베트남 등이 있습니다. 이를 보면 EPI는 각 국가의 경제력, 특히 인구 대비 경제력과도 어느 정도 관련이 있어 보입니다. 실제로 1인당 국내 총생산이 높은 국가들은 평균적으로 EPI 점수도 더 높습니다. 이는 그러한 국가들이 깨끗한 식수 공급, 안전한 폐기물 관리, 재생 에너지 확대 등에 필요한 인프라에 더 많은 자금을 투자할 수 있기 때문일 것입니다.

그러나 이것이 자동적으로 이루어지는 것은 아닙니다. 높은 1인당 국내 총생산이 과잉 소비나 온실 가스 배출량 증가를 동반할 수도 있습니다. 지리적으로 인접하고 1인당 국내 총생산이 비슷한 국가들 사이에서도 EPI 점수는 크게 달라질 수 있습니다. 예를 들어 튀르키예와 그리스는 1인당 국내 총생산이 거의 비슷하지만, EPI 점수에서는 무려 30점의 차이를 보입니다. 그리스는 1인당 국내 총생산 수준에 비추어 우수하고 명백히 평균 이상인 환경과 기후 성과를 보이는 반면, 튀르키예는 동일한 기준에서 볼 때 성과가 저조하여 평균에 훨씬 못 미칩니다. 요약하자면, EPI를 해석할 때는 단순히 각 국가의 절대적인 점수만 볼 것이 아니라, 1인당 국내 총생산과 비교하여 그 값을 살펴보는 것이 중요합니다.

앞서 언급했듯이, 한 나라 국민들의 평균적인 D-인자 수준이 그 나라의 EPI와 관련되어 있을 것이라고 기대할 만한 충분한 이유가 있습니다. D-인자가 높은 사람들은 기후 변화를 부정하고, 환경과 기후 보호 조치에 반대하며, 환경과 기후를 보호하는 행동에 소극적인 경향이 있습니다. 따라서 한 나라 국민들의 평균적인 D-인자가 높을수록 그 사회 전체의 태도와 행동 역시 평균적으로 환경과 기후에 더 해로운 방향으로 나타납니다. 그 결과, 환경과 기후 보호를 위한 개인의 기여도가 전반적으로 낮아지게 됩니다.

그러나 이러한 영향은 개인의 행동 차원에만 국한되지 않습니다. 한 나라 국민들의 집단적 D-인자 수준은 정치적 의사 결정 과정에도 영향을 미칠 가능성이 큽니다. 사회 전반에서 환경과 기후 보호에 대한 지지가 낮을수록 정치적 입법자들은 설령 그것이 중요하고 옳으며 필요하다고 판단되는 경우에도 관련 정책을 결정하는 일에 매력을 덜 느끼게 됩니다. 게다가 그 나라 정치인들이 그런 판단을 할 수 있을지도 의문입니다. 한 사회의 평균적인 D-인자가 높을수록 일반적으로 선출되는 정치인들의 평균적인 D-인자 역시 더 높을 가능성이 크기 때문입니다. 그 결과 이 정치인들 역시 기후 변화를 더 쉽게 부정하고, 환경과 기후 보호를 중요하게 여기지 않는 경향을 보이게 됩니다.

그림 9는 한 나라 국민들의 평균적인 D-인자와 그 나라의
EPI 간 상관관계를 보여줍니다. 이때 EPI에서는 이미 1인당
국내 총생산 값이 제외되어 있습니다. 이를 통해 쉽게 확인할
수 있는 점은, 한 나라 국민들의 평균적인 D-인자가 높을수
록 그 나라의 환경과 기후 성과는 평균적으로 (1인당 국내 총생
산 대비) 더 나쁘게 나타난다는 사실입니다. 독일(DE), 핀란드

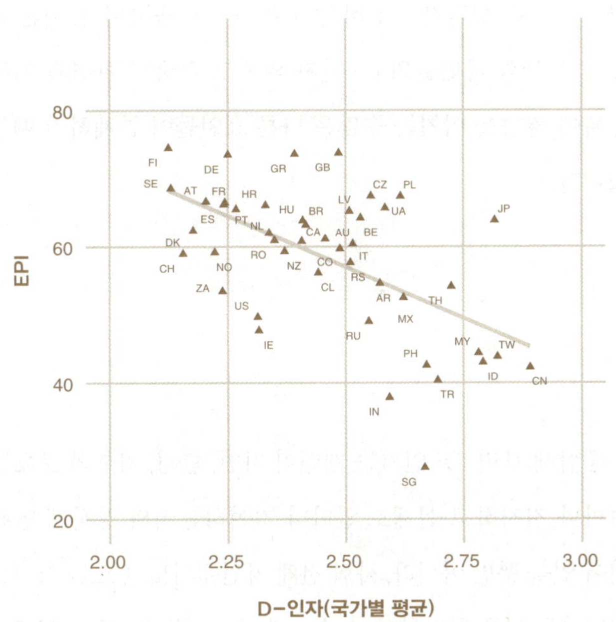


그림 9. 인구의 평균 D-인자에 따른 국가별 환경과 EPI. EPI에서는 1인당 국내
총생산 값이 제외되어 있으며, 각 국가는 ISO 국가코드로 표시.

(FI), 오스트리아(AT)처럼 평균 D-인자가 비교적 낮은 나라들은 상대적으로 양호한 환경과 기후 성과를 보입니다. 반면 중국(CN), 인도네시아(ID), 튀르키예(TR)처럼 평균 D-인자가 높은 나라들의 성과는 상대적으로 열악합니다.

다만 몇 가지 흥미로운 예외도 확인할 수 있습니다. 예를 들어 미국은 평균적인 D-인자가 비교적 낮음에도 불구하고 환경과 기후 성과가 눈에 띄게 좋지 않습니다. 반대로 일본(JP)은 평균적인 D-인자가 비교적 높은 편임에도 불구하고 환경과 기후 성과가 상당히 양호한 나라에 속합니다. 이는 국내 총생산과 국민들의 D-인자 외에도 각국의 환경과 기후 성과에 영향을 미치는 수많은 다른 요인들이 존재하기 때문입니다.

## 결론

종합해 보면, D-인자는 개인이 자연, 환경, 기후의 보호를 얼마나 지지하고 실제로 얼마나 기여하는지와 강하게 연관되어 있을 뿐만 아니라, 사회 전체 차원에서도 중요한 의미를 지닌다는 점을 확인할 수 있습니다. 한 나라 국민들의 평균적인 D-인자는 그 나라가 경제력에 비해 얼마나 강력하게 환경과 기후 보호를 실천하는지와도 관련되어 있습니다. 따라서 '대홍수는 나(우리) 이후에'라는 식의 태도는 D-인자가 높은 개인들뿐 아니라 사회 전체가 표방하는 명백한 모토라고 하겠습니다.

이러한 태도는 온전한 자연, 깨끗한 환경, 안정적인 기후가 모두 공유재라는 사실과도 관련이 있습니다. 우리는 개인으로서든, 집단으로서든, 사회 전체로서든 무임 승차가 특히 매력적으로 보이고 오히려 혼자만 협력하는 것이 최악의 경우가 되는 사회적 딜레마에 자주 처합니다. 이는 환경과 기후의 문제에만 국한되지 않고, 궁극적으로 사회적 딜레마에 해당하는 많은 다른 상황에서도 마찬가지입니다. 예를 들어 다른 모든 사람들이 세금을 탈루하는 상황에서 자신만 정직하게 납세한다면 그 사람은 특히 불리한 처지에 놓이게 됩니다. 이런 상황에서는 낮은 공정성, 부족한 공감 능력, 강한 불신, 보복 성향 등 D-인자의 거의 모든 측면이 협력적 태도와 충돌하게 됩니다.

그렇다고 해서 협력을 통한 자연, 환경, 기후를 더욱 강력하게 보호하는 일이 불가능하다는 뜻은 아닙니다. 사회적 딜레마 상황에서 협력을 강화할 수 있는 방법은 여러 가지가 있습니다. 앞서 살펴본 것처럼, 무임 승차를 처벌하는 제도와 장치도 그중 하나입니다. 더 큰 불이익이 따를 수 있다는 사실이 분명해질수록 악한 성향이 강한 행위자들도 협력할 가능성이 커집니다. 모호하고 구속력 없는 선언보다는 명확하고 구속력 있는 의무가 효과적일 수 있습니다. '결국 나만 이용당하는 것 아니냐'는 인식을 약화시키기 때문입니다.

마지막으로, 사회적 딜레마 상황에서의 협력은 가능한 한 많은 행위자들이 반복적으로 서로 만나거나, 최대한 장기적인 관점을 취하거나, 적어도 훗날 자신의 행동에 대해 책임을 져야 할 수도 있다는 점을 인지할 때 가장 잘 이루어질 수 있습니다.

# 10장

# 직업 세계에서의 D-인자

이번에는 많은 사람들의 일상생활을 크게 규정하는 영역인 직업 세계로 시선을 옮겨 보겠습니다. 유럽 연합 통계청(Eurostat)의 2023년 자료에 따르면 독일, 오스트리아, 스위스의 사람들은 주당 평균 약 35시간씩 40년 정도 일합니다. 이는 우리가 삶의 상당 부분을 직업 활동에 할애한다는 뜻입니다. 그리고 당연히 이 영역에서도 성격 특성은 중요한 역할을 합니다.

예를 들어 모든 사람이 손으로 하는 일을 선호하는 것은 아니며, 공감이나 배려 같은 특성은 형사 사법 분야보다 보건 의료 분야에서 더 잘 나타납니다. 또한 사람들이 직장의 상급자로서 어떤 모습을 보이는지는 인사 평가 면담, 협상, 팀 내 새로운 과제 배분과 같은 일을 수행할 때 다른 사람들과 어떻게 소통하는가에 따라 달라집니다.

그렇다면 D-인자는 직장인의 업무 성과, 근로 동기, 직업적 성공, 리더십 스타일 등에도 영향을 미칠까요? 이 질문도 앞으로 다루겠지만, 그에 앞서 악한 성향이 강한 사람들은 상대적으로 어떤 유형의 직업에 더 관심을 보이는지(혹은 보이지 않는지)부터 살펴보겠습니다.


## D-인자와 직업적 관심


독일 연방 고용청은 2025년 3월 기준으로 폐기물 처리 기술부터 계산원, 세포 검사 보조원에 이르기까지 3,000개가 넘는 직업과 전공 분야를 열거하고 있습니다. 이처럼 가능한 직업의 범위가 매우 넓을 때 누가 어떤 직업에 관심을 갖는가는 성격 특성의 영향을 받을 가능성이 높습니다. 예컨대 창의적이고 호기심 많고 틀에 얽매이지 않는 사람들은 예술 관련 직업에 더 관심을 보이고, 사교적이고 자기 주장이 강하고 에너지 넘치는 사람들은 기업가적 직업에 더 관심을 보이는 경향이 있습니다.

그렇다면 악한 성향이 강한 사람들 역시 특정한 직업 활동에 특별히 더 큰 관심을 갖는 것은 아닌지 질문해 볼 수 있습니다. 여기에 답하기 위해서는 수많은 직업들을 몇 개의 직업 군으로 나눌 필요가 있습니다. 직업 및 진로 상담에서도 흔히 사용되는 분류 방식은 직업 활동에 대한 주요 관심 영역을 여 섯 가지로 구분합니다. 이에 따르면 개인의 직업적 지향은 탐 구적 연구형, 관습적 관리형, 예술형, 현실적 실무형, 사회형, 기업가형으로 분류됩니다.

개인의 관심사를 파악하기 위해서는 '스토리텔링이나 보 고서 작성', '기계 작업이나 기술적 응용 작업', '가르치거나 남에게 설명하기'처럼 매우 구체적인 활동들을 제시하고, 현 재 해당 활동을 실제로 하고 있는지 여부나 그 능숙함과는 상 관없이 그러한 활동을 얼마나 흥미롭게 느끼는지 물어볼 필 요가 있습니다.

탐구적 연구형 직업에서는 특히 분석적, 방법론적, 문제 해 결 중심적 활동이 핵심을 이룹니다(전형적인 예로 학술 연구원). 관습적 관리형 직업에서는 관료적이고 규제적이며 구조화 된 활동이 중심이 되고(전형적인 예로 은행원), 예술형 직업에서 는 표현적, 조형적, 창의적 활동이(전형적인 예로 배우), 현실적 실무형 직업에서는 수공업적, 육체적, 기술적 활동이(전형적인 예로 건설 노동자), 사회형 직업에서는 상담, 지원, 돌봄과 같은 활동이(전형적인 예로 간호 인력), 기업가형 직업에서는 리더십, 의사 결정, 전략 수립과 같은 활동이(전형적인 예로 영업 관리자)

특히 중요합니다.

그런데 악한 성향이 강한 사람들은 타인의 안녕에 관심이 없고, 경우에 따라서는 다른 사람에게 해를 가할 기회를 적극적으로 모색하기도 합니다. 또한 이들은 공감 능력이 부족하고 타인을 부정적으로 평가하는 경향이 있으며, 경쟁 중심의 세계관을 가지고 있고, 배려와 신뢰 같은 가치는 중요하게 여기지 않습니다. 타인을 돕는 데서 만족이나 효용을 얻지 못합니다. 따라서 이들은 사회형 직업에 대한 관심이 현저히 낮습니다.

평균 이상의 D-인자를 지닌 사람들 가운데 약 70%는 사회형 직업에 대한 관심이 평균 이하라고 응답했으며, 실제로도 그러한 직업에 종사하는 비율이 더 낮습니다. 사회형 직업은 대체로 타인의 안녕을 돌보는 일을 요구하는데, 이는 악한 성향의 사람들에게는 흥미롭지도 않고 매력적이지도 않습니다.

사회형 직업이 대체로 타인을 지원하는 활동을 요구하는 반면, 기업가형 직업은 대체로 악한 성향이 강한 사람들이 중시하는 명성, 성공, 권력 같은 것들을 약속합니다. 기업가형 직업은 직원들을 지휘하거나, 고객에게 구매를 설득하거나, 스스로 결정을 내릴 수 있는 기회를 점점 더 많이 제공합니다.

또한 기업가형 직업은 경제적으로도 매력적인 것으로 인

식되는 경우가 많습니다. 이에 상응하여 독일, 오스트리아, 스위스에서는 D-인자가 높은 사람들이 기업가적 지향을 지닌 직업에 대해 상대적으로 더 높은 관심을 보이는 경향이 있습니다.

D-인자는 사회적 활동에는 관심이 낮고 기업가적 활동에 높은 관심을 보이는 형태로만 나타나는 것이 아니라, 예술형 직업에 대한 낮은 관심으로도 나타납니다. 실제로 높은 D-인자를 지닌 사람들은 이 직업군에 종사하는 비율이 낮습니다. 이는 다소 의외로 보일 수도 있는데, 저명한 예술가들 가운데에는 높은 사회적 인정과 영향력에 더해 상당한 부까지 누리는 이들이 많기 때문입니다. 물론 전반적으로 예술형 직업은 높은 고용 불안정성이나 상대적으로 낮은 보수와 같은 매력적이지 않은 근로 조건과 주로 연결됩니다. 예를 들어 2023년 독일 연방 고용청의 통계에 따르면, 음악 예술 분야에서 단시간 저소득 고용자의 비율이 타 직업군에 비해 높은 편으로 나타납니다. 사회적 인정, 영향력, 금전적 보상 등을 기대하기 힘든 직업 활동을 추구하는 것은 악한 성향이 강한 사람들의 '스스로 마땅히 누려야 할' 자아상이나 목표와 부합하지 않습니다.

마지막으로 덧붙이자면, D-인자는 탐구적 연구형, 관습적 관리형, 현실적 실무형 직업 활동에 대한 관심과는 별다른 관런성이 없습니다. 악한 성향이 강한 사람들은 이러한 직업 활동에 대해 특별히 더 낮거나 높은 관심을 보이지 않으며, 해당 직업군에 종사하는 비율 역시 특별히 적지도 많지도 않습니다.

높은 D-인자를 지닌 사람들이 어떤 유형의 직업에 상대적으로 관심을 보이거나 보이지 않는지를 살펴보았습니다. 이제 다음으로 이들이 직업 현장에서 실제로 얼마나 많은 성과를 내는지, 팀 구성원으로서 어떤 모습을 보이는지, 업무와 관련해서는 무엇에 동기 부여가 되는지를 살펴보겠습니다. 돈은 과연 이들을 높은 성과로 이끄는 힘일까요? 아니면 이들은 언제나 최소한의 노력만 기울이는 사람들일까요?

## 악한 성향이 강한 사람들은
## 더 나은 직원인가, 더 나쁜 직원인가?

악한 성향이 강한 사람들이 직업 활동에서 더 많은 능력을 발휘하는지 아니면 그 반대인지를 묻는 질문에 답하려면 먼저 개인의 직업적 성과를 파악하거나 측정할 필요가 있습니다. 개인의 직업적 성과는 직무 관련 성과, 적응력(또는 적응적 성과), 동료애 및 충성도(또는 주변 환경 관련 성과), 반생산적 업무 행동 등 네 가지 영역으로 구분해 볼 수 있습니다. 다음에서는 이들 영역을 차례로 살펴보겠습니다.

### 직무 관련 성과

한 개인의 직무 관련 성과란 주로 그 사람이 급여를 받고 수행하는 활동과 관련된 것입니다. 따라서 무엇이 직무 관련 성과에 해당하는지는 직업마다 다를 수밖에 없습니다. 회계사의 직무는 플로리스트의 직무와 다르고, 플로리스트의 직무는 정보 기술 종사자의 직무와 다릅니다. 직무 관련 성과에 포함되는 내용은 원칙적으로 직업마다 상이하며, 근로 계약서에 구체적으로 명시하는 것이 가장 좋습니다.

이러한 차이 때문에 개별 직장인들의 정확한 직무 관련 성과를 평가하기는 쉽지 않습니다. 그래서 좀 더 일반화된 문항들이 흔히 사용됩니다. 예를 들면 '기대되는 직무를 충실히 수행하는가', '복잡한 직무 관련 문제에 대해 창의적인 해결책을 찾는가', '스트레스와 시간 압박 속에서도 높은 품질의 결과물을 산출하는가'와 같은 기준으로 평가가 이루어집니다. 이러한 문항들은 구체적으로는 서로 다른 활동들을 가리키고 있지만, 다양한 직업에 종사하는 많은 직장인들의 직무 관련 성과를 측정하는 데에는 비교적 잘 작동합니다.

이와 같이 일반화된 방식으로 측정한 직무 관련 성과와

D-인자 사이에서는 유의미한 관련성이 나타나지 않습니다. 그렇다고 D-인자가 특정 직업에서 중요하지 않다는 뜻은 아닙니다. 4장에서 살펴보았듯이 사람들은 예를 들어 투자 은행가라는 직업 활동에서는 높은 D-인자가 유용할 수 있다고 생각하는 것 같습니다. 그러나 전반적으로 볼 때 높은 D-인자는 직무 관련 성과의 증가나 감소와 연결되지는 않습니다. 다시 말해서, 자신이 급여를 받고 수행하는 구체적인 직무 활동에 있어서는 악한 성향이 강한 사람이라고 해서 더 많이 일하거나 더 적게 일하지는 않는 것으로 보입니다. 반면에 다른 모든 영역들에서의 직업적 성과는 정도의 차이는 있지만 D-인자와 뚜렷한 상관관계를 나타냅니다.

### 적응력

먼저 적응력에 대해 살펴보겠습니다. 적응력은 직장인들이 업무 중에 발생하는 예기치 못한 사건이나 위기, 중단 상황에 얼마나 성공적으로 대처하는지, 변화에 얼마나 잘 적응하는지(예를 들어 새로운 개인 정보 보호 지침), 업무 수행을 위한 새로운 가능성을 얼마나 빠르게 효과적으로 활용하는지(예를 들어 새로운 소프트웨어 기능), 자신의 직업 분야에서 혁신을 창출하는 데 얼마나 관심을 갖는지 등과 관련이 있습니다.* 전반적으로 D-인자가 높은 직장인들은 적응력이 다소 떨어집니다. 그러나 둘 사이의 상관관계는 미미한 수준에 그칩니다. 종교성/영성과 삶의 만족도 사이의 상관관계보다 강하지 않습니다.

### 동료애와 충성도

이 영역의 직업적 성과는 구체적인 업무와 활동에는 포함되지 않지만 조직이 원활히 돌아가도록 기여하는 모든 행위를 포괄합니다. 동료애에는 팀 구성원을 지원하는 행위, 직장에서 다른 사람에 대한 존중과 평가를 표현하는 행위, 직장 내 사회적 관계를 개선하기 위한 활동(예를 들어 야유회나 여름 축제를 조직하는 일) 등이 포함됩니다. 동료애가 타인에 대한 긍정적인 행동을 포괄한다면, 충성도는 조직에 대한 긍정적인 태도를 의미합니다. 남들에게 조직에 대해 호의적으로 말하거나, 여가 시간에 회사 로고가 들어간 옷을 입는 것 등이 여기에 해당됩니다.

악한 성향이 강한 사람들은 자신에게 이득이 되지 않는 한 다른 사람을 기꺼이 돕는 경우가 없으며, 남들에 대해 긍정적

---

* 물론 혁신성이 직무 관련 성과의 일부가 되는 직업도 있습니다. 예를 들어 혁신 관리 분야가 그렇습니다. 그러나 모든 직업을 통틀어 볼 때, 적응력은 직무 관련 성과와는 비교적 별개의 것으로 볼 수 있습니다. 적응력은 주로 '본래의' 업무 과제 바깥에 위치한 행동 양식들과 관련되기 때문입니다.

으로 말하지도 않습니다. 그렇게 말하는 것이 자신의 우월함을 훼손한다고 여기기 때문입니다. 또한 이들이 고용주에게 특별한 충성심을 보일 것이라고 기대하기도 어렵습니다. 이들은 자신에게 언제나 더 많이 그리고 가장 좋은 것이 주어져야 한다고 생각하는데, 이러한 요구를 고용주가 충족시키기란 매우 어렵기 때문입니다.

이런 맥락에서 D-인자가 높은 직장인들은 동료애가 현저히 떨어지고, 충성도 또한 낮게 나타납니다. 악한 성향이 강한 사람은 직장에서 다른 사람들이 어떻게 지내는지에 별로 관심이 없으며, 계약상 의무 사항은 아니지만 그럼에도 조직의 성공에 어떤 방식으로든 긍정적으로 기여하려는 마음 같은 것도 없습니다.

## 반생산적 업무 행동

높은 D-인자는 적응력과 동료애와 충성도가 낮은 것 외에도 빈번한 반생산적 업무 행동으로 나타납니다. 이 상관관계는 시험 불안과 성적 사이의 상관관계보다 조금 더 강한 수준입니다. 반생산적 업무 행동은 해당 고용주의 정당한 이익에 정면으로 위배되는 행위입니다. 업무상 사소한 사안에 대해 불평을 늘어놓거나 조직의 자원을 낭비하는 행위, 직장 내 괴롭힘이나 성희롱, 업무 물품의 절도, 개인적 이익을 위해 경비 정산을 조작하는 행위 등이 모두 여기에 포함됩니다.

조직의 관점에서 반생산적 업무 행동은 매우 바람직하지 않습니다. 이는 단순히 동료애나 충성도의 반대 개념이라고만 볼 수는 없습니다. 예컨대 어떤 사람이 일부 팀원에게는 도움을 주면서도 다른 사람을 괴롭힐 수 있고, 회사에 대해 긍정적으로 말하면서도 경비 정산에서는 부정을 저지를 수 있기 때문입니다.

악한 성향이 강한 사람은 일반적으로 자신의 이익을 타인의 이익보다 우선시하는데, 이런 태도는 고용주의 이익을 대할 때도 마찬가지입니다. 따라서 D-인자가 높은 사람들이 반생산적 업무 행동을 더 자주 보이는 것은 놀라운 일이 아닙니다. 특히 이런 경향은 직장에서의 부정직한 행동에서 두드러지는데, 예를 들면 정당한 사유 없이 결근을 하거나, 착수하지도 않은 프로젝트를 이미 시작했다고 허위로 주장하는 행위 등이 이에 해당합니다.

동료애와 충성도의 경우와 마찬가지로, D-인자는 조직에 대한 행동보다는 다른 사람들에 대한 행동에 더 강한 영향을 미칩니다. 그러나 두 경우 모두 상황은 분명합니다. 직장에서 차별적 발언을 반복적으로(1년에 여러 차례 이상) 했다고 응답한 사람은 전체의 10%에 불과하지만, 이들 가운데 약 75%는 평균 이상의 D-인자를 지니고 있었습니다.

직무 관련 성과만을 놓고 본다면 악한 성향이 강한 사람들은 더 뛰어나지도 더 떨어지지도 않습니다. 그러나 이들은 적응력과 충성도, 동료애가 낮고, 반생산적 업무 행동을 훨씬 자주 보입니다. 계약상 요구되는 업무를 넘어서는 영역까지 함께 고려하면, 전체적인 업무 성과는 더 낮다고 할 수 있습니다. 이런 맥락에서, 높은 D-인자를 지닌 사람들은 직장에서 무엇에 의해 동기 부여가 되는지 질문하게 됩니다. 한마디로 답하자면, 이들은 동기 부여가 좀처럼 잘 되지 않습니다.

높은 D-인자는 우선 낮은 내재적 동기로 나타납니다. 여기서 내재적 동기란, 사람들이 어떤 일을 외적 보상 때문이 아니라 활동 자체에서 오는 즐거움이나 자발적인 흥미로 수행하는 것을 말합니다. 사람들에게 왜 어떤 일을 하느냐고 물었을 때, 평균 이상의 D-인자를 지닌 사람들은 '어려운 과제를 성공적으로 해결할 때 만족감을 느끼기 때문이다'와 같은 진술에 동의하는 비율이 상대적으로 낮습니다.

하지만 여기서 끝이 아닙니다. 흔히 악한 성향이 강한 사람들은 돈 때문에 일한다고 생각하기 쉽습니다. 실제로 돈은 그들에게 그 자체로 중요한 목표이자 다른 목표를 추구할 수 있게 해주는 수단이기도 합니다. 그런데도 돈을 통한 업무의 동기 부여 역시 이들에게서는 낮게 나타납니다. 높은 D-인자를 지닌 사람들은 돈, 권력, 지위와 같은 것들을 분명히 중요하게 여기기는 합니다. 그러나 그것을 얻기 위해 일하거나 성과를 내는 것은 이들의 사고방식과는 잘 맞지 않습니다.

낮은 동기 부여 수준에서 드러나듯이 악한 성향이 강한 사람들은 일을 별로 중요하게 생각하지 않습니다. 이런 태도는 자기 이해와 정체성의 측면에서 특히 두드러집니다. 여기에는 이들의 과도한 권리 의식도 반영되어 있는데, 악한 성향이 강한 사람들은 자신의 근무 조건을 더욱 강하게 비판하는 경향이 있습니다. 구체적으로, 평균 이상의 D-인자를 지닌 직장인들은 자신에게 과도한 요구가 제기되거나 근무 조건이 열악하다는 이유로 업무에 대한 동기 부여를 느끼지 못한다고 답하는 비율이 현저히 더 높습니다.

D-인자가 두드러진 사람들은 돈을 중요하게 생각하지만 돈으로도 일 자체로도 직장에서 동기 부여를 받기 어렵습니다. 이들은 일이 자신의 삶에서 그다지 큰 의미가 없다고 생각하며, 근무 조건이 충분히 좋지 않다는 인식도 강하게 갖고 있습니다. 물론 이들이 근무 조건을 남들보다 더 나쁘게만 보려는 것은 아닐 수도 있습니다. 실제로 열악한 근무 조건이 높은 D-인자를 강화하는 데 기여할 가능성도 충분히 생각해 볼 수 있습니다. 부패나 불평등 같은 혐오적 사회 조건들이 D-인자를 높이는 데 기여한다는 점을 고려하면, 유사한 과

정이 직장 환경에서도 일어나리라고 추정할 수 있습니다. 근무 조건과 조직 문화가 착취적이고, 직원에 대한 존중이 결여되어 있으며, 조작과 기만이 이득이 되고, 괴롭힘과 성희롱이 제재되지 않는 환경이라면 높은 D-인자는 오히려 유용하고 효과적인 특성이 될 수 있습니다.

## D-인자와 직장에서의 영향력 전술

앞서 살펴보았듯이 악한 성향이 강한 사람들은 충성도가 낮고 동료애가 부족하며 전반적인 동기 부여 수준도 낮습니다. 반생산적 업무 행동을 보이고, 근무 조건에 비판적이며, 업무에 대한 만족도도 떨어집니다. 그러나 누구도 직장에서 그런 사람으로 비춰지기를 바라지는 않을 것입니다. 그렇다면 이들은 어떻게 행동할까요?

실제 업무 성과 외에도 긍정적인 인상을 남길 수 있는 다른 가능성들이 존재합니다. 특정한 행동을 의도적이거나 전략적으로 드러내는 방법, 즉 자신에 대해 특정한 이미지를 전달하기 위한 전술을 사용하는 것입니다. 평균 이상의 D-인자를 지닌 직장인들은 특히 두 가지 영향력 전술을 즐겨 사용합니다.

첫째로, 상대에게 자신이 얼마든지 불이익을 줄 수 있다는 점을 암시하는 방식으로 다른 사람을 위협하거나 위축시키려는 강한 경향을 보입니다. 이 상관관계는 성별과 키 사이의 상관관계만큼이나 강합니다. 즉, 악한 성향이 강한 사람들은 다른 이들이 비판을 제기하지 못하게 억제하기 위해 영향력, 권력, 위력을 과시할 때가 많습니다.

둘째로, 다른 사람들이 자신을 도와주거나 해당 업무를 대신 수행하도록 만들기 위해 무언가를 이해하지 못하는 척하거나 어떤 일을 할 수 없는 척하는 행동을 훨씬 더 자주 보입니다. 이는 영향력을 행사하려는 전략일 뿐 실제로 더 많은 도움이 필요해서가 아닙니다. 평균 이상의 D-인자를 지닌 사람들 가운데 약 3분의 2는 '불쾌한 업무를 피하기 위해 일부러 잘 모르는 척한다'와 같은 진술에 동의합니다.

위협이나 도움이 필요한 척하는 태도 외에도, 높은 D-인자를 지닌 직장인들은 자기 홍보도 비교적 더 많이 합니다. 이들은 자신의 자격과 성공을 다른 사람들에게 알리거나, 자신이 조직에 얼마나 중요한 존재인지를 강조합니다.

흥미롭게도 이들은 앞서 언급한 것처럼 영향력 전술의 일환으로 모범적인 행동을 보이기도 합니다. 가령 이른 시간에 출근하거나 늦게까지 근무함으로써 자신이 매우 열심히 힘들게 일하고 있다는 인상을 주려고 합니다. 하지만 이 역시 순전히 영향력 전술로 이해되어야 합니다. D-인자가 직무 관련 성과에는 아무런 영향을 미치지 않는다는 사실도 이를 뒷받침합니다. 악한 성향이 강한 사람들이 때때로 직장에 더 오래 머물기는 하지만, 이는 더 많은 성과를 내기 위해서가 아닙니다. 이들이 가장 늦게 퇴근한다면 그것은 특별히 근면 하고 헌신적인 사람으로 보이기 위해서입니다. 하지만 그런 인상을 주는 데 필요한 시간 이상으로는 단 1분도 더 머물지 않으며, 추가로 머무는 시간 동안에도 더 많이 일하지 않습니 다. 다만 전술적으로 자신에게 유리하다고 판단될 때에는 예 외적으로 더 많이 일할 수도 있습니다.

악한 성향이 강한 사람들이 상대적으로 덜 사용하는 영향 력 전술이 하나 있습니다. 바로 아첨입니다. 상대에게 칭찬을 건네거나 호의를 베풀어 동료애가 있는 사람으로 보이려는 행동도 여기에 포함됩니다. 이들은 자기 자신에게 이익이 되 는 영향력 전술로조차도 타인에게 특별히 친절을 베풀지 않 습니다. 악한 성향이 강한 사람들에게는 타인에게 친절하게 대하는 일 자체가 너무나 큰 심리적 부담으로 작용하는 듯합 니다.

물론, 높은 D-인자를 지닌 사람들 중에는 타인의 희생을 통해서라도 자신의 목표를 달성하기 위해 아주 매력적으로 행동하는 경우도 있습니다. 그러나 전반적으로 보았을 때, 높 은 D-인자는 설령 그것이 단지 하나의 영향력 전술에 불과 하더라도 '친절함'으로 표출되지는 않습니다. 그보다는 위협,

업무 떠넘기기, 자기 과시, 그리고 필요한 만큼만의 전략적 모범 행동을 선호합니다.

협상 상황에서도 이와 유사한 행동이 부정직한 성향과 결합된 형태로 나타납니다. 높은 D-인자를 지닌 사람들은 협상 초기에 과도하게 높은 요구를 제시하거나, 상대에게 상당한 시간적 압박감을 줄 가능성이 훨씬 높습니다. 또한 협상 상대에 관한 정보를 부적절한 방식으로 수집하려는 경향도 더 강한데, 예를 들면 상대 팀의 구성원을 빼내거나 염탐하는 방식입니다. 더 나아가 타인의 평판을 훼손하거나, 허황된 약속을 하거나, 정보를 왜곡하여 자신의 협상 지위를 강화하려는 행동도 자주 보입니다.

## D-인자는 직업적 성공으로 이어지는가?

악한 성향이 강한 사람들은 조직과 그 구성원들에게 해를 끼치고, 업무에 대한 동기 부여가 낮으며, 이를 '보완'하기 위해 특정한 영향력 전술과 협상 전술을 활용합니다. 이런 방식으로 이들은 성공을 거둘까요? 물론 악한 성향이 강한 사람들은 무엇보다 자신의 경력을 염두에 두고 직업적 목표를 무자비한 방식으로 추구하는 경향이 있습니다. 하지만 이들이 과연 객관적으로나 주관적으로 더 큰 직업적 성공을 거두고 있을까요?

객관적인 직업적 성공의 예로는 급여 수준이나 관리 감독의 지위에 오르는 것을 꼽을 수 있습니다. 급여 수준은 센트 단위까지 정확하게 측정할 수 있고, 누군가가 인사 책임을 지닌 직위에 있는지 여부도 명확한 판단이 가능합니다. 하지만 실제로는 상황이 좀 더 복잡합니다. 예를 들어 급여는 직종이나 산업 분야에 따라 크게 달라지고, 관리직에 오르는 일 역시 조직 구조에 따라 그 난이도가 다를 수 있기 때문입니다. 그런데도 급여 수준과 도달한 직위는 직업적 성공에 대해 어느 정도 의미 있는 정보를 제공합니다.

한편으로는 악한 성향이 강한 사람일수록 높은 급여와 인사 권한을 특히 강하게 추구하리라고 예상됩니다. 그러나 다른 한편으로 보면, 이들은 전반적으로 더 나은 성과를 보이지 못할 것이며, 따라서 더 많은 급여나 더 큰 권한이 주어질 이유도 없어 보입니다. 실제로 D-인자는 급여와 아무런 관련이 없습니다. 5장에서 이미 살펴보았듯이, D-인자가 높은 사람들이 전체 소득 측면에서 더 많은 수입을 올리지는 않는 것으로 보이는데, 이는 직업을 통해 벌어들이는 급여만을 놓고 볼 때도 마찬가지입니다. 또한 이들은 관리직이나 지도적 지위에 더 자주(혹은 더 드물게) 오르지도 않습니다.

이렇듯 악한 성향이 강한 사람들은 객관적으로 직업적 성공을 거두는 경우가 특별히 더 많지도 적지도 않습니다. 이는 상당히 타당한 결과입니다. 어떤 직업에서는 높은 D-인자가 경력 발전에 도움이 될 수 있지만, 다른 직업에서는 오히려 걸림돌이 되기 때문입니다. 예를 들어 치열한 협상에서 상대를 속이고 기만하여 자기 조직에 가장 유리한 결과를 끌어 내야 하는 경우에는 높은 D-인자가 도움이 될 수 있습니다. 반면에 업무 자체가 배려와 공감과 사려를 요구하거나, 원활한 팀워크와 동료애 없이는 성공시키기 어려운 경우 높은 D-인자는 오히려 직업적 성공에 불리하게 작용할 것입니다.

그렇다면 주관적인 직업적 성공은 어떨까요? 이는 개인이 자신의 직업과 경력에 대해 얼마나 만족하는지를 의미합니다. 기본 개념은 단순합니다. 자신의 직업과 경력에 만족하고 있다면, 그것은 주관적으로 높은 수준의 직업적 성공을 의미합니다. 매일 자신을 만족시키는 일을 하며 살아간다면 그보다 더 바람직한 것이 무엇이겠습니까?

늘 다른 사람보다 더 많이 벌어야 한다고 생각하고 자신이 갖지 못한 것을 갈망한다면 만족하기 어렵습니다. 그런데 자신은 본래 더 많이 필요하고 더 많이 받을 자격이 있다고 여기는 태도 자체가 바로 D-인자의 일부입니다. 따라서 D-인자가 평균보다 높은 사람들은 직업적 만족도가 대체로 더 낮게 나타납니다. 실제로 이들은 '내 경력을 전체적으로 보았을 때, 나는 그것에 만족한다'와 같은 진술에 동의할 가능성이 낮습니다. 높은 D-인자가 객관적인 직업적 성공을 더 높이거나 낮추지는 않지만, 결국에는 주관적인 직업적 성공을 낮추게 됩니다.

## 리더의 D-인자

악한 성향이 강한 사람들이 리더가 될 가능성이 특별히 더 높거나 낮은 것은 아닙니다. 그러나 실제로 인사 권한을 갖게 되었을 때 이들은 어떻게 행동할까요? 리더를 평가할 때 흔히 리더십 스타일, 즉 직원들을 어떻게 대하는지를 두고 이야기합니다. 그리고 직무 성과와 마찬가지로, 리더십 역시 업무와 조직 이외의 영역에서도 서로 비교될 수 있는 다양한 스타일을 지니고 있습니다. 이 가운데 D-인자와 특히 밀접하게 관련된 리더십 스타일은 섬김의 리더십, 윤리적 리더십, 해로운 리더십의 세 가지입니다. D-인자는 이 세 가지 스타일 모두에서 매우 강한 관련성을 보이는데, 그 정도는 성별과 키 사이의 상관관계에 비견될 만큼 뚜렷합니다.

섬김의 리더십에서는 무엇보다도 직원들의 욕구가 중심에

놓입니다. 섬김의 리더십 성향이 강한 리더는 구성원을 지원하고 성장시키는 근무 환경을 조성합니다. 이들은 리더의 지위를 자신의 야망만을 위해서가 아니라 다른 사람들의 역량을 강화하는 데 활용하며, 직원들을 존중하고 그들의 개인적, 직업적 성장을 지원한다는 점에서 특징적입니다.

윤리적 리더십은 섬김의 리더십과 유사하지만 그 범위가 더 넓습니다. 윤리적 리더십은 윤리적·도덕적 원칙에 기반한 행동 전반을 포괄합니다. 윤리적 리더십이 강한 리더는 공정성과 투명성과 신뢰를 중시하며, 섬김의 리더십과 마찬가지로 직원들이 안전하고 존중받는다고 느낄 수 있도록 노력합니다. 더 구체적으로 말하면, 직장에서 기업 윤리와 가치에 대해 이야기하는 것, 결과와 성과만이 아니라 그것이 어떤 방식으로 달성되었는지를 함께 평가하는 것, 윤리적·도덕적 기준을 위반한 직원을 징계하는 것 등이 모두 윤리적 리더십에 포함됩니다.

섬김의 리더십과 윤리적 리더십이 윤리적이고 공정하며 직원을 전반적으로 존중하는 근무 환경을 조성하는 데 초점을 둔다면, 해로운 리더십은 그와 거의 정반대입니다. 해로운 리더십에서는 리더가 자신의 권력을 얼마나 남용하는지, 직원들을 얼마나 착취하고 위협하고 조종하는지, 전반적으로 얼마나 그들의 긍정적인 발전을 제한하는지가 핵심입니다.

전형적인 행동으로는 직원을 조롱하는 것, 업무 성과를 정당하게 인정하지 않는 것, 직원을 속이거나 무례하게 대하는 것 등을 꼽을 수 있습니다. 이러한 해로운 리더십은 직원들에게 더 많은 스트레스와 불안을 유발하고, 직무 만족도를 저하시키는 결과를 낳습니다.

요약하자면, 리더에게 D-인자가 높게 나타날수록 해로운 리더십은 현저히 강해지고, 섬김의 리더십과 윤리적 리더십은 약화됩니다. 평균보다 높은 D-인자를 지닌 리더 가운데 평균 이상으로 섬김의 리더십이나 윤리적 리더십을 보이는 경우는 약 25%에 불과합니다. 반면, 이들 가운데 70% 이상은 평균 이상으로 강한 해로운 리더십을 보입니다.

한마디로 정리하면, D-인자가 높은 사람이 리더가 되면 그 밑에서 일하고 싶어 하는 직원이 많지 않을 것입니다.


## 결론


D-인자는 직업 세계의 여러 영역에서 중요한 역할을 합니다. 특히 개인이 어떤 직업 활동에 관심이 있고 실제로 어떤 직업을 선택하는지, 직장인의 적응력, 동료애, 충성도가 어느 정도인지, 얼마나 많은 반생산적 업무 행동을 보이는지, 어떤

영향력이나 협상 전술을 얼마만큼이나 사용하는지, 자신의 경력에 얼마나 만족하는지, 그리고 리더가 직원들을 어떻게 대하는지 등과 밀접한 관련이 있습니다.

종합해 보면, D-인자가 높은 직원이나 동료, 상사는 정직하고 팀 지향적이고 상호 존중적인 업무 환경을 조성하는 데 장애가 됩니다. 이런 성향을 지닌 직장인과 함께 일하고 싶어 하는 사람은 많지 않을 것입니다.

그렇다면 사적인 영역에서는 어떨까요? 상사는 선택할 수 없지만, 배우자나 파트너는 선택할 수 있습니다. D-인자는 사적인 관계에 어떤 영향을 미칠까요? 이에 대해서는 다음 장에서 살펴보겠습니다.

# 제11장

# 파트너 선택에 주의하라

앞선 장들에서는 D-인자가 높은 사람들이 어떤 방식으로 생각하고 행동하는지를 살펴보았습니다. 이들은 자신의 목표를 무자비하게 추구하며, 때로는 의도적으로 타인에게 손해를 입히기를 마다하지 않습니다. 더 나아가 자신의 악한 행동을 정당화할 수 있게 해주는 여러 가지 신념도 지니고 있습니다. 이들은 자신이 언제나 더 나은 대우를 받을 자격이 있다고 믿으며, 타인을 불신하고, 현재 가진 것보다 더 많은 것을 끊임없이 원하고, 심지어는 다른 사람을 모욕하는 데서 즐거움을 느끼기까지 하는데 특히 복수심에서 그렇게 합니다.

이 모든 것은 관계와 잘 어울리는 특성이라고 보기 어렵습니다. 그러나 막스 라베(Max Raabe)가 노래했듯이 '키스는 혼자서 할 수 없는 것'입니다. 평균보다 높은 D-인자를 지닌 사람들 역시 관계를 맺고자 노력하며, 그것이 자신에게 유용하다고 느껴지는 한 그 관계를 유지하려 합니다. 하지만 다른 한편으로는 더 많이 가지려는 탐욕, 배려와 공정성에 대한 무관심, 불신과 복수심 같은 것들 역시 이들의 관계 속에 고스란히 반영됩니다.

## D-인자는 모든 관계 모델에서 가장 좋은 것만을 취한다

관계에는 매우 다양한 모델이 존재합니다. 어떤 사람들은 한 사람과 안정적이고 배타적이며 지속적인 관계를 맺고자 합니다. 어떤 사람들은 가능한 한 많은 사람들과 가능한 한 많은 성적 경험을 원합니다. 또 다른 이들은 다자 연애(polyamory) 관계를 맺고 함께 살아가기도 합니다. 이처럼 관계 모델은 매우 다양합니다.

D-인자의 한 가지 특징은 강화된 탐욕, 즉 현재 자신이 가진 것보다 더 많은 것을 끊임없이 원한다는 것입니다. 이런 점에서 D-인자가 높은 사람들은 하나의 특정한 관계 모델에 만족하기보다는 모든 관계 모델에서 가장 좋은 것만을 취하려 들 것이라는 추측도 가능합니다. 실제로도 그렇습니다.

높은 D-인자가 그 사람이 어떤 유형의 관계에 있는지를 말해주지는 않습니다. 악한 성향이 강한 사람들이 성관계를 더 많이 하거나 적게 하지는 않으며, 관계를 맺는 빈도가 더 높거나 낮지도 않고, 결혼이나 이혼을 더 혹은 덜 자주 하는 것도 아닙니다. 그러나 높은 D-인자는 그 사람이 관계 차원에서 무엇을 원하는지, 가령 현재 자신이 가진 것은 그대로 유지하면서 동시에 지금 자신에게 없는 것까지 더 얻고자 하지는 않는지 등에 대해 많은 것을 알려줍니다.

예를 들어 높은 D-인자를 지닌 사람들은 다른 사람들과의 성관계에 대해 더 많은 환상과 욕구를 가지고 있는 것으로 나타납니다. 이는 특히 일부일처 관계 안에서 불륜을 저지르는 상상을 할 수 있는지를 묻는 질문에서 뚜렷이 드러나는데, D-인자가 높은 사람들은 이런 상황을 훨씬 더 쉽게 떠올리는 경향이 있습니다.

이러한 양상은 비일부일처 관계에 있는 사람들을 살펴보면 더욱 분명해집니다. 이 경우 높은 D-인자는 안정적이고 장기적인 관계를 맺을 '이상적인' 상대를 찾고자 하는 강한 욕구로 나타납니다. 그런데 D-인자가 높은 사람들은 자신이 이미 가진 것에 더해, 현재 가지고 있지 않은 것까지도 원합니다.

만약 일부일처 관계에 있다면 이들은 관계 밖에서의 성관계를 원할 것입니다. 일부일처 관계에 있지 않을 경우, 비록 안정적이고 장기적인 관계에 대한 강한 욕구를 갖지만 그 관계 안에서도 (상응하는 개방적 관계 모델을 통해서든, 불륜의 형태로 든) 계속해서 다른 사람들과 많은 성관계를 갖고자 합니다. 기본적으로 이들은 여러 사람과의 성관계와 한 사람과의 장기적 관계라는 두 세계에서 각각 가장 좋은 것만을 동시에 추구합니다. 그렇다면 이들은 이런 욕구를 어떻게 실현하려 할까요?

## 원하는 대상을 어떻게 손에 넣을까?

먼저 D-인자가 높은 사람이 이미 상대가 있는 사람을 욕망하는 경우를 살펴보겠습니다. 이때에는 타인에게 발생할 수 있는 피해를 고려하지 않고 자신의 이익을 추구하는 태도가 매우 분명하게 드러납니다. 악한 성향이 강한 사람들은 자신의 목표가 다른 사람에게 해가 되더라도 전혀 개의치 않습니다. 이들은 자신이 욕망하는 사람을 다른 이에게서 빼앗는 행위, 이른바 파트너 가로채기를 감행하려는 의지가 매우 강합니다.

파트너 가로채기든 자신의 관계를 방어하는 일이든, 어떤 사람을 둘러싸고 경쟁이 벌어지는 순간 악한 성향이 강한 사람들은 뚜렷하게 공격성을 드러냅니다. 이들은 경쟁자에 대해 험담을 하거나, 소문을 퍼뜨리거나, 스포츠 실력 등을 통해 자신의 우월성을 과시하려 합니다. D-인자가 높은 사람들은 누군가를 욕망할 경우 그 욕망의 대상을 어떻게 해서든 차지하고 계속 소유하고자 합니다. 이들은 파트너 가로채기를 행하는 데 거리낌이 없으며, 경쟁자에게 적극적으로 해를 가합니다.

이러한 자기 목표의 추구는 경쟁자들에게만 피해를 주는 데 그치지 않고, 욕망의 대상 앞에서도 멈춰지지 않을 때가 많습니다. 실제로 악한 성향이 강한 사람들은 외설적인 몸짓, 노골적인 성적 발언이나 농담, 부적절한 신체 접촉, 성적 이미지나 메시지 전송 등 선을 넘는 행동을 서슴지 않습니다. 이들은 자신이 무엇을, 혹은 누구를 욕망하는지를 노골적으로 드러내는데, 이것은 D-인자가 높은 여성과 남성 모두에게 해당됩니다.

흔히 그렇듯이, 이 경우에도 이들은 자신의 행동을 정당화해 주는 그럴듯한 신념들을 가지고 있습니다. 성적인 관심을 드러내는 것은 그리 나쁜 일이 아니며, 오히려 욕망의 대상이 되는 사람에게는 좋은 일이고, 매력적인 사람이라면 자신이 욕망의 대상이 될 수 있다는 점을 예상하고 감내해야 한다고 생각합니다. 악한 성향이 강한 사람들은, '성희롱에 대한 이런 모든 소란이 남녀가 정상적인 관계를 맺는 것을 어렵게 만든다'거나 '여성이 자신의 성적 매력을 활용해 직업적으로 성공하려 하는 것은 지극히 자연스러운 일이다'와 같은 진술에 훨씬 더 빈번히 동의합니다.

이들은 타인의 동의 없이 이루어지는 성적 행동을 정상적이고, 그다지 문제될 것이 없으며, 심지어 긍정적인 것으로 여깁니다. 이러한 신념은 악한 성향의 사람들이 자신의 목표 달성에 도움이 되지 않을 때도 그렇게 행동하는 이유를 잘 설명해 줍니다.

높은 D-인자를 지닌 사람들은 자신의 행동이 지극히 적절하며, 욕망의 대상이 되는 사람에게도 사실은 긍정적인 것이라고 생각합니다. 상대는 욕망의 대상이 된 것을 기뻐해야 하며, 욕망하는 사람이 다름 아닌 '나'라면 더욱 그래야 한다고 여깁니다. 나는 특별한 사람이니까요.

이와 같은 구체적인 신념과 행동 방식 외에도, 높은 D-인자는 남성보다 여성에 대한 성차별적 태도가 더 강하게 나타나는 경향에서도 확인할 수 있습니다. 성차별은 다양한 방식으로 나타날 수 있지만, 궁극적으로는 성별을 이유로 특정 사람들에게 불이익을 주거나 차별하거나 폄하하는 것을 목표로 합니다. 악한 성향이 강한 사람일수록 여성에 대해 훨씬 더 적대적이고 노골적이고 명백하게 성차별을 드러냅니다.

이러한 적대적 성차별에는 예컨대 다음과 같은 신념이 포함됩니다. '여성들은 남성들이 자신들을 위해 얼마나 많은 일을 하는지 제대로 알아주지 않는다'라거나, '여성들은 평등을 주장하면서도 실제로는 남성에게서 특혜를 얻으려 한다'라거나, '여성들은 공정한 경쟁에서 남성에게 패배하면 차별을 당했다고 주장한다'라는 것입니다. 이런 진술들에 대해 높은 D-인자를 지닌 사람들은 남녀를 불문하고 훨씬 더 강하게 동의합니다. D-인자와 이처럼 노골적인 성차별 사이의 상관관계는 지능과 학업 성취도 사이의 상관관계와 맞먹는 수준입니다.

성차별이 항상 적대적이고 명백하고 노골적인 형태로만 나타나는 것은 아닙니다. 여성에 대한 이른바 '온정적 성차별'도 존재합니다. 여성을 보호받아야 할 약한 성으로 간주한다거나, 남성이 여성의 생계를 책임져야 한다거나, 여성이라는 이유만으로 더 나은 취향과 같은 특별한 능력을 지니고 있다고 여기는 식의 태도입니다.

이런 식의 발언들은 좋은 의도에서 비롯되었을 수도 있지만 엄연한 성차별입니다. 여성과 남성 사이에 일반적인 차이가 존재한다는 점을 강조하고, '약한 성'이 존재한다는 생각을 전제로 하기 때문입니다. 온정적 성차별 역시 D-인자와 관련이 있으며, 악한 성향이 강한 사람일수록 이런 형태의 성차별을 더 자주 드러냅니다.

덧붙이자면, 높은 D-인자를 지닌 남성뿐 아니라 여성 역시 적대적 성차별과 온정적 성차별을 모두 더 많이 보입니다. 그렇다면 이들은 무엇 때문에 자신의 성에 대한 차별을 지지하는 것일까요?

한 가지 설득력 있는 설명은, 그러한 태도가 자신을 다른 여성들과 차별화하여 더 낫고 더 특별한 여성으로 자리매김하는 데 도움이 된다고 여기기 때문이라는 것입니다. 높은 D-인자를 지닌 여성들은 일반적으로 다른 여성들을 약하고 열등하다고 깎아내림으로써 자신을 우월한 존재로 인식합니다.

D-인자가 성차별로 이어진다는 점은 악한 성향이 강한 사람들에게 전형적으로 나타나는 일반적 신념을 통해서도 설명할 수 있습니다. 앞서 살펴본 것처럼 높은 D-인자는 집단 간 차이와 위계질서에 대한 강력한 지지와 함께 나타납니다. 그만큼 악한 성향이 강한 사람들은 더 쉽게 불평등을 받아들입니다. 성차별은 그러한 불평등을 지지하는 한 형태입니다. 바로 남녀 간의 불평등에 대한 지지입니다. 이 과정에서 보호와 지원이 필요하다고 여겨지는 이른바 '약한 성'이 생겨나게 됩니다.

나에게는 자유를, 너에게는 감시를:
관계 안에서의 D-인자

지금까지는 악한 성향의 사람들이 관계에서 갖지 못했지만 갖고 싶어 하는 것(예를 들어 다양한 사람과의 많은 성관계)과 성적 암시, 성희롱, 남녀 관계 등에 대한 그들의 일반적인 태도를 주로 살펴보았습니다. 그렇다면 실제로 관계를 맺고 있을 때는 어떨까요?

우리는 이미 이들이 다른 사람과의 성관계를 더 많이 갈망하며, 그에 따라 불륜에 대해서도 더 개방적이라는 사실을 알고 있습니다. 실제로 악한 성향이 강한 사람들은 파트너가 함께 있지 않을 때 다른 사람과 더 쉽게 유혹을 주고받으며, 다른 상대를 매력적으로 느낀다는 사실을 파트너에게 숨기는 경향도 더 큽니다. 또한 뒷장의 그림 10에서 보듯이, 자신의 파트너가 아닌 다른 사람과 일회성 성관계를 가질 가능성은 D-인자가 높아질수록 뚜렷하게 증가합니다.

전반적으로 악한 성향이 강한 사람들은 관계에서 훨씬 더 정직하지 못한 태도를 보이는 경향이 있습니다. 여기에는 성적인 영역에 국한되지 않는 측면들도 포함되는데, 예를 들어 공동 계좌에서 돈을 인출해서 파트너가 동의하지 않을 용도로 사용하는 것과 같은 행동이 그렇습니다.

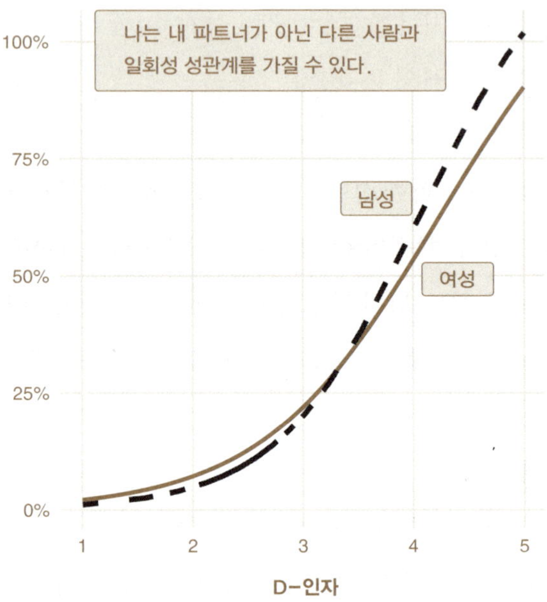


그림 10. 자신의 파트너가 아닌 사람과 일회성 성관계를 가질 가능성과 D-인자 사이의 상관관계를 성별로 구분하여 나타낸 도표.

또한 악한 성향의 사람들은 3장에서 이미 살펴보았듯 자신의 성향을 다른 사람들에게 쉽게 투사하는 경향이 있습니다. 이는 관계 안에서의 부정직함에도 그대로 적용됩니다. 좀 더 일반적으로 말하면, 이들은 타인에 대한 불신이 매우 강하며 파트너에게도 예외가 아닙니다. 현재 관계를 맺고 있는 사람들에게 각자의 파트너를 얼마나 신뢰하는지 물어보면, 악한 성향이 강한 사람일수록 그 신뢰 수준이 뚜렷하게 더 낮게 나타납니다.

예를 들어, '나는 내 파트너가 결코 나를 버리지 않을 것이라는 것을 알기 때문에, 낯설고 새로운 상황에서도 완전히 안전하다고 느낀다'라거나 '내 파트너는 매우 정직한 사람이어서, 설령 믿기 어려운 말을 하더라도, 그 말을 신뢰해도 된다'라는 진술에 동의하는 사람이 평균 이하의 D-인자를 지니고 있을 확률은 60%에 이릅니다.

심지어 악한 성향이 강한 사람들은 자신이 실제로 하고 있는 행동을 그대로 파트너에게로 돌리는 경향이 있습니다. 그리고 이들의 의심은 전적으로 틀린 것도 아닙니다. 실제로 평균보다 높은 D-인자를 지닌 사람들의 파트너 역시 약 65%의 확률로 평균보다 높은 D-인자를 가지고 있습니다.

관계 안에 강한 불신이 존재할 경우, 이것은 파트너와의 관계 전반에 문제를 일으킬 수 있는 다양한 행동들을 위한 비옥한 토양이 됩니다. 악한 성향이 강한 사람들은 근본적으로 파트너를 불신하여 결국에는 배신당할 것이라고 생각하기 때문에 질투심도 더 많이 느끼게 됩니다. 그리고 강한 질투심은 다시금 파트너를 통제하려는 행동을 정당화하는 근거로 작용합니다. 실제로 D-인자가 높은 사람들은 극단적인 통제 행동을 보이기도 합니다. 파트너의 인터넷 활동을 추적하거나, 몰래 문자 메시지와 이메일을 읽거나, 특정

인물을 연락처에서 삭제하도록 압박하는 행위 등이 이에 해당합니다.

파트너 관계에서 높은 D-인자는 부정직과 불륜의 증가, 파트너에 대한 더 큰 불신, 극심한 질투와 통제 행동으로 나타납니다. 직장 생활에서와 마찬가지로, 악한 성향이 강한 사람들은 관계에서도 실제로 심각한 문제를 일으킬 수 있습니다.


## 끝나도 끝난 것이 아니다


끝으로 악한 성향이 강한 사람들이 관계의 위기나 종결을 어떻게 다루는지 살펴보겠습니다. 여기서도 이들이 지니는 특유의 신념이 중요한 역할을 합니다. 높은 D-인자를 지닌 사람들은 관계의 위기 상황에서 실제로는 자신이 상대방에게 상처를 입혔음에도 오히려 자신을 피해자로 인식하는 경향이 강합니다. 예를 들어 D-인자가 높은 사람은 '사람들은 내가 그들에게 상처를 준다고 말하지만, 사실은 그들이 내게 상처를 주고 있음을 보지 못한다'와 같은 진술에 동의할 가능성이 훨씬 더 높습니다.

악한 성향이 강한 사람들에게는 타인이 자신에게 저지른 부당함을 인정받는 것이 매우 중요합니다. 이는 자신을 타인보다 도덕적으로 우월한 존재로 인식하려는 태도와 맞물려 있습니다. 이러한 신념은 관계의 갈등이나 심지어 파탄에 대해서도 그 책임을 결코 자신에게서 찾지 않고 항상 상대방에게 전가할 수 있게 해줍니다. 그 결과, 이들은 관계 안에서의 자신의 행동(부정직, 불륜, 질투, 가스라이팅 등)을 성찰하거나 이후의 관계에서 바뀌어야 할 이유를 느끼지 못하게 됩니다.

그러나 그것으로 끝이 아닙니다. 누군가가 부당한 대우를 받았다고 여기는 순간, 아니면 그런 느낌만으로도 복수의 명분과 정당성이 주어집니다. 상대방이 스스로 자초한 일이므로 자신은 거리낄 것이 없다고 생각합니다. 실제로 평균 이상의 D-인자를 지닌 사람들은 자신이 모욕을 당했다거나 버림받았다고 느낄 때, 예를 들어 (전) 연인의 나체 사진을 인터넷에 게시한다거나 다른 사람들에게 전송하는 등의 행위를 더 자주 하는 것으로 나타납니다. 관계의 종결 국면에서 자신의 잘못을 성찰하기보다는 책임을 상대방에게 돌리고, 경우에 따라서는 가혹한 보복에 나서는 것입니다.

따라서 누군가가 자신의 잘못된 행동에 대한 책임을 파트너에게 전가한다면, 즉 자신의 행동이 갈등의 원인이었음에도 스스로 피해자로 묘사한다면, 특히 주의를 기울일 필요가 있습니다. 관계에서 자신이 피해자라고 인식하는 태도는

D-인자와 매우 뚜렷하게 연관되어 있습니다. 따라서 이러한 비난은 경고 신호로 볼 수 있으며 관계가 실패했을 때 어떤 일이 벌어질 수 있는지를 미리 보여주는 징후가 됩니다.


## 결론


이 장에서는 관계 안에서 D-인자가 어떤 영향을 미치는지를 살펴보았습니다. 악한 성향이 강한 사람들은 불륜, 경쟁자 비방, 질투, 가스라이팅, 악의적인 복수 등의 경향을 특히 강하게 보입니다. 좀 더 직설적으로 말하면, 상대의 불륜을 의심하고 질투하고 통제하려고 드는 사람이 오히려 스스로 불륜을 저지를 가능성이 더 높습니다. 불륜과 강한 불신은 말하자면 D-인자의 작동 방식이라고 하겠습니다. 악한 성향이 강한 사람이 사생활에서 갑자기 악하지 않은 사람으로 돌변하는 일은 없습니다.

높은 D-인자를 지닌 사람들은 관계 안에서도 무엇보다 자신의 욕구와 목표를 우선시합니다. 그렇다면 이들은 그만큼 더 많은 것을 성취하고 더 만족스러운 삶을 살아야 하지 않을까요? 때로는 악한 성향이 강한 사람들이 인생에서 '더 나은 거래'를 하는 것처럼 보일 수 있습니다. 이들은 관계를 파괴하고 경쟁자들을 짓밟는 데 거리낌이 없으며, 충실함에는 관심이 없고, 위기의 책임을 남에게 돌리고, 스스로 피해자로 인식합니다. 어쩌면 그런 모습이 매력적으로 느껴질 수도 있습니다. 아무런 죄책감 없이 순수한 이기심이 발휘될 때처럼 말입니다. 그러나 모든 일에는 양면이 있습니다.

지속적인 (심지어 자신의 파트너조차도 의심하는) 부정적 신념과 그로 인해 제대로 기능하지 못하는 관계는 결코 만족을 가져다주지 못합니다. 자신이 갖지 못한 것을 끊임없이 갈망하는 태도도 마찬가지입니다.

마지막 장에서는 이 점을 좀 더 자세히 살펴보겠습니다. 높은 D-인자는 과연 행복과 만족을 줄까요? 아니면 오히려 외롭고 불행하게 만들고 심지어 병들게 할까요?

# 12장

# D-인자는 행복을 주는가?

## (아니면 병들게 하는가?)

D-인자가 높은 사람들은 과연 (더) 행복할까요? 많은 사람들이 직관적으로 이런 생각을 하는 것 같습니다. 타인을 고려하지 않고 자신의 이익을 극대화하는 사람일수록 자신이 원하는 것을 더 자주 손에 넣을 수 있으리라는 생각입니다. 공감 능력이 낮고 항상 주관적으로 그럴듯한 정당화를 준비해두는 사람이라면 그것에 대해 죄책감을 느낄 필요조차 없을 것입니다.

이렇듯 높은 D-인자를 지닌다는 것은 어쩌면 매력적으로 보일 수도 있습니다. 게다가 D-인자가 아주 낮은 경우에는 오히려 이용당할 위험이 커지는데, 이는 확실히 불행으로 이어질 수 있습니다. 그렇다면 때때로 'D-인자를 좀 더 과감하게 발휘한다면' 많은 사람들이 더 행복해질 수도 있지 않을까요?

그러나 이것은 지나치게 단순한 생각입니다. 왜냐하면 우리가 이미 일부 살펴본 바와 같이, 악한 성향이 강한 사람들이 행복해지기는커녕 오히려 더 불행할 가능성이 높은 이유가 적어도 세 가지는 있기 때문입니다.


**1. 각별히 원하는 것을 실제로는 이루지 못합니다.**

악한 성향이 강한 사람들은 명성, 돈, 권력과 같은 목표를 특히 중요하게 여기며 강하게 추구합니다. 그러나 이것들 중 어느 하나도 D-인자가 더 낮은 사람들보다 잘 성취하지는 못합니다. 5장과 10장에서 보았듯이, D-인자가 더 높다고 해서 소득이 더 많거나 사회적 지위가 더 높은 것은 아니며, 리더의 자리에 더 잘 오르는 것도 아닙니다. 따라서 'D-인자가 높을수록 목표 달성을 더 잘한다'는 가정은 옳지 않습니다.

물론 D-인자가 높은 사람은 자신의 목표를 거리낌 없이 추구합니다. 하지만 그렇다고 해서 그 목표를 실제로 더 잘 달성하는 것은 아닙니다. 높은 D-인자는 기능적인 특성이 아니기 때문입니다. 특히 악한 행동을 제재하는 강력한 규범이 있고, 불평등이나 불안정 같은 문제에 대응하는 제도적 장치가 견고한 사회에서는 높은 D-인자가 더 많은 명성과 돈, 권력으로 이어지지 않습니다. 적어도 그러한 것이 일반적이지는 않습니다.

높은 D-인자를 지닌 사람들이 그토록 간절히 추구하는 것을 더는 이루지 못한다면, 이는 장기적으로 큰 좌절로 이어질 것입니다. 실제로 우리는 이들이 적어도 직업적 측면에서는 만족도가 낮다는 것을 10장에서 이미 살펴본 바 있습니다.


### 2. 대인 관계가 원만하지 못합니다.

앞에서 보았듯이, 악한 성향이 강한 사람들은 대체로 조화로운 관계를 유지하지 못합니다. 이들은 항상 자신이 갖지 못한 것을 갈망하고, 질투심이 강하며, 타인을 신뢰하지 못하고 과도하게 통제하려 합니다. 또한 불륜처럼 관계를 해치는 행동에 쉽게 빠지고, 자신을 피해자로 여기는 경향도 있습니다. 이 모든 것은 결코 만족스러운 결과로 이어지지 않습니다.

실제로 D-인자가 높은 사람들은 훨씬 더 불안정한 애착을 보입니다. 언젠가는 상처받거나 버림받거나 이용당할 것이라는 믿음이 강하게 각인되어 있기 때문에 누군가를 사랑하는 일 자체를 위험하다고 여깁니다. 따라서 D-인자가 높을수록 외로움을 더 많이 느끼고, 타인과의 친밀감이나 정서적 유대가 부족하다는 느낌을 갖게 됩니다.

D-인자가 높을수록 친구 관계나 연인 관계와 관련된 목표를 그다지 중요하게 여기지 않는다는 것과는 별개로, 악한 성

향의 사람들이 자신의 대인 관계에 대한 불만족도가 더 높다
는 것은 분명합니다.

### 3. 희망을 품기 어려운 세계관을 지녔습니다.

악한 성향이 강한 사람들은 세상을 무자비한 생존 경쟁으
로 점철된 위험한 곳이라고 믿을 가능성이 훨씬 더 큽니다.
이들은 대부분의 사람들을 악하고 착취적인 존재로 여기며,
신뢰할 수 있는 도덕적 가치나 옳고 그름이 더는 존재하지 않
는다고 믿습니다. 심지어 악의적인 비밀 세력이 모든 것을 조
종한다는 식의 음모론에 빠지는 경우도 많습니다.

이러한 신념들은 근본적으로 부정적이며, 끊임없이 위협
감을 불러일으킵니다. 그 결과로 형성되는 세계관은 결코 사
람을 행복하게 만들 수 없으며, 편집증적이고 비관적인 시각
을 갖게 할 뿐입니다. 실제로 높은 D-인자를 지닌 사람들은
편집증에 걸리기 쉬운 경향이 있습니다. 이들은 세상이 안전
하지도 공정하지도 아름답지도 않으며, 의미 있는 곳이라고
여기지도 않습니다. 나아가 강한 D-인자는 전반적인 비관주
의를 동반하며, 심지어 자신이 운명에 속수무책으로 내맡겨
져 있다고 믿는 숙명론과도 연결됩니다.

높은 D-인자를 지닌 사람들은 세상이 나쁘고 모두가 자신
을 적대시한다고 믿을 뿐만 아니라, 그 상황을 스스로 바꿀

수 없다고 확신합니다. 이 역시 결코 행복을 가져다주지 못합
니다.

요약하면, 악한 성향이 강한 사람들은 일반적으로 자신이
원하는 것을 성취하지 못하며, 안정적이고 만족스러운 관계
를 맺지 못하고, 외로움을 더 많이 느끼고, 세상을 변함없이
암울한 곳으로 바라봅니다.

이를 종합적으로 고려할 때 이들이 행복할 가능성은 무척
낮다고 하겠습니다. 실제로도 그렇습니다. 이에 대해 좀 더
자세히 살펴보겠습니다.


## 악한 성향이 강한 사람들은
## 얼마나 행복(불행)한가?


사람들이 얼마나 행복한지를 묻는 질문에서는 최소한 세
가지의 핵심적인 측면을 구분할 수 있습니다. 자신의 삶에 얼
마나 만족하는지, 자신의 삶에서 의미를 인식하는지, 충만하
고 풍요로운 삶을 살고 있는지 여부입니다. 이 세 가지 측면
은 부분적으로 서로 맞물려 있으며, 모든 측면이 함께 한 사
람의 전반적인 평안함, 즉 행복감을 결정합니다.

한 개인의 전반적인 삶의 만족도는 직업, 재정 상태, 친구, 건강, 파트너십 등 수많은 개별 영역에서의 만족도에 좌우됩니다. 사람마다 이러한 영역들의 중요도를 다르게 두며, 그 가중치는 삶의 과정에서 달라지기도 합니다. 때로는 다른 모든 영역에서 비교적 만족하고 있음에도 한 영역에서의 불만족이 전체적인 삶의 만족도를 크게 떨어뜨릴 수 있습니다. 삶의 만족도는 주관적인 문제이며, 객관적인 사실들과는 제한적으로만 관련되어 있습니다.

이러한 이유로 사람들에게 먼저 전반적인 삶의 만족도를 묻는 것이 타당할 것입니다. 평균 이상의 D-인자를 지닌 사람들은 '나는 내 삶에 만족한다'와 같은 진술에 동의하는 비율이 현저히 낮은 것으로 나타납니다(참고로 이는 세계 여러 나라에서 일관되게 관찰됩니다). 이들은 삶의 만족도가 평균 이하일 확률이 약 70% 정도로 높습니다. 둘의 상관관계는 시험 불안과 성적 사이의 상관관계보다도 더 강합니다.

전반적인 삶의 만족도 외에도, 자신의 삶에서 어떤 '의미'를 발견하고 그것에 가치를 부여하는 것 역시 행복한 삶을 위한 중요한 요소입니다. 이러한 의미의 원천은 사회에 기여하고 있다는 감정, 의미 있는 직업, 영성/종교성 등 매우 다양할 수 있습니다.

사람들은 삶의 깊은 의미를 어디에서 찾는지뿐만 아니라,

애초에 자신의 삶에서 의미를 인식하는 수준에서도 서로 차이를 보입니다. 따라서 '나는 내 삶의 의미를 알고 있다'와 같은 진술에 얼마나 동의하는지도 물어보아야 합니다. 여기서도 여러 나라에서 일관되게 나타나는 결과는, 평균 이상의 D-인자를 지닌 사람들이 자신의 삶에서 의미를 덜 느끼는 경향이 있다는 점입니다.

이처럼 악한 성향이 강한 사람들은 자신의 삶에 덜 만족하고, 삶의 의미도 덜 느낍니다. 그러나 개인의 행복을 위해서는 주관적으로 충만한 삶, 즉 스스로 풍부한 경험과 흥미로운 사건들로 가득한 삶을 살고 있다는 느낌도 중요할 수 있습니다. 만족스럽고 의미 있다고 여겨지는 삶이라 할지라도 심히 단조롭고 지루하게 느껴질 수 있기 때문입니다. 어쩌면 높은 D-인자를 지닌 사람들은 쾌락과 자극을 중시하는 자신들의 목표에 걸맞게 더욱 변화무쌍하고 자극적인 삶을 추구하고 있는 것이 아닐까요? 그러나 실제로는 그렇지 않습니다. 평균 이상의 D-인자를 지닌 사람들은 이런 의미에서의 충만한 삶을 사는 경우도 더 드뭅니다.

결국 행복한 삶의 어떤 측면을 보더라도 높은 D-인자를 지닌 사람들은 전반적으로 행복하지 않습니다. 그들은 삶에 만족하지 못하고, 삶의 의미를 덜 느끼며, 자신의 삶을 충만하고 다채로운 것으로 인식하지도 않습니다.

이제 D-인자가 먼저인가, 아니면 행복하지 않은 상태가 먼저인가 하는 질문이 제기됩니다. 한편으로는 이미 높은 D-인자를 지닌 사람들이 자신의 신념과 행동 방식의 결과로 점점 더 불행해질 가능성을 생각해 볼 수 있습니다. 이들은 관계를 맺는 데 어려움을 겪고 쉽게 외톨이가 되며, 그 결과 불행해질 수 있습니다. 다른 한편으로는 불행한 사람들이 점점 더 심하게 악한 행동을 보이게 될 가능성도 있습니다. 그렇게 행동함으로써 자신이 더 행복해질 수 있으리라는 잘못된 기대를 품는 탓입니다.

어쩌면 사람들은 자신에게 중요한 목표를 이루지 못해 불행해지고, 그 결과 목표를 더욱 무자비하게 추구하는 전략으로, 즉 더 악한 방향으로 나아가는 것일 수도 있습니다. 과연 악한 성향이 강한 사람들이 불행해지는 걸까요, 아니면 불행한 사람들이 더 악해지는 걸까요?

언뜻 간단해 보이는 질문이지만 실제로 답하기는 쉽지 않습니다. D-인자와 같은 성격 특성은 성인의 경우 오랜 시간에 걸쳐서도 일정한 범위 내에서만 변화하기 때문입니다. 흥미롭게도 이는 행복감도 마찬가지입니다. 사람들은 개인별로 상당히 안정적인 행복 수준을 지니고 있기 때문에 다른 사람들과 비교할 때 장기간에 걸쳐 비슷한 정도의 행복감을 유지합니다. 삶에서 긍정적이거나 부정적인 사건이 발생하면 행복감이 일시적으로 크게 변할 수는 있지만, 대체로 곧 다시 이전 수준으로 돌아옵니다. 따라서 D-인자가 불행을 낳는지 아니면 불행이 D-인자를 높이는지 검증하려면 사람들을 장기간(수년에서 수십 년까지) 반복적으로 조사해야 합니다.

약 5년에 걸쳐 이루어진 한 초기 연구의 결과에 따르면 평균 이상으로 불행한 사람들은 시간이 지남에 따라 D-인자도 더 높아지는 경향을 보였고, 반대로 D-인자가 평균 이상인 사람들 역시 시간이 지날수록 더 불행해지는 것으로 나타났습니다. 결국 두 요소는 서로 맞물려서 작용하는 것으로 보이는데, 이는 극도로 암울한 세계관, 비관주의, 강한 불신 같은 것들이 사람을 악하게 만들거나 악행을 조장할 수 있을 뿐만 아니라 그 자체만으로 사람을 불행하게 만들 수 있기 때문이라고 하겠습니다.

### 불행하고, 무의미하고, 충만하지 않은 삶

D-인자가 높은 사람들은 더 불행하며, 악한 행동을 지속한다고 해서 시간이 흘러 (더) 행복해지지도 않습니다. 오히려 이들은 외롭고 비관적이며, 스스로 위험하게 여기는 세상에서 살아가며 다른 사람들로부터 위협받고 있다고 느낍니다. 삶에 대한 만족도는 더 낮고, 자신의 삶에서 의미를 덜 느

끼며, 충만한 삶을 살지도 못합니다.

이 점을 좀 더 생각해 보면 악한 성향이 강한 사람들은 정신적으로 이미 질환을 겪고 있거나 그럴 위험이 크다고 보아도 무리는 아닙니다. 이들은 세상을 암울하게 바라보고, 관계에서 충분한 친밀감을 경험하지 못하며, 삶이 충만하다고 느끼지도 못합니다. 이 모든 것은 단지 자신이 불행하다고 느끼는 데에서 그치지 않고 정신적 질환이나 장애로 진단받기에 충분한 정도로 심한 고통과 기능 저하를 초래할 수 있습니다.

여기서 기능 저하란 일상생활이나 정상적인 삶의 요구(예를 들어 가정이나 직장에서의 역할)를 수행하는 데 있어 지속적이고 심각한 어려움을 겪는 상태를 의미하며, 이는 정신적 장애를 진단하는 중요한 기준 가운데 하나가 됩니다.

## D-인자와 정신적 장애

악한 성향이 강한 사람들은 정신적으로 병적인 상태에 있는 걸까요? 이를 D-인자가 높은 사람들이 관련 진단을 더 자주 받거나 심리 치료를 더 자주 받는지 여부로 판단한다면, 그에 대한 답은 '아니오'입니다. D-인자와 정신적 장애 진단 사이에는 뚜렷한 상관관계가 없습니다. D-인자가 높은 사람들이 심리 치료를 더 자주 받는 것도 아니며, 그들 스스로 평가한 정신적 건강 상태 역시 기껏해야 약간 더 나쁜 정도에 불과합니다.

이는 앞서 살펴본 내용들을 고려하면 다소 의외로 보일 수도 있지만, 실제로 D-인자가 높은 사람들이 정신적 장애 진단이나 관련 치료를 더 자주 받을 것이라고 기대할 수는 없습니다. 그 이유는 특히 두 가지입니다.

첫째로, D-인자가 높은 사람들은 문제를 자기 자신에게서 찾지 않고 항상 타인에게서 찾습니다. 자신의 불만족이나 관계의 어려움과 같은 문제의 원인이 자신에게 있음을 보지 못합니다. 이들은 스스로 악하다고 여기지 않으며, 위험한 세상, 타인의 위협, 도덕적 신뢰성의 결여 등에 대해 자신의 신념에 따라 반응할 뿐이라고 생각합니다. 따라서 D-인자가 높은 사람들은 자신이 심리 치료의 도움을 받아야 할 이유를 알지 못하며, 이들의 관점에서 그것은 전적으로 타인의 몫입니다. 심리 치료의 도움을 구하지 않는 한 상응하는 진단이나 치료는 이루어질 수 없습니다.

둘째로, 이른바 성격 장애, 즉 성격 특성으로 인해 발생하는 고통과 기능 저하는 당사자들에게 다른 장애나 질환과는 전혀 다르게 인식되는 경우가 많습니다. 불안 장애 같은 대부분의 정신적 장애나 독감 같은 신체적 질환은 말하자면 외부에서 들어오는 것이며, 원치 않는 것입니다. 우리는 그런 질병에 걸리고 감염되면 어쩔 수 없이 앓게 되고 불편을 겪게 됩니다. 우리는 그것을 없애고 싶기 때문에 도움을 구합니다. 그러나 성격은 외부에서 온 것이 아닙니다. 우리는 그것에 '걸린' 것이 아니라, 그냥 그런 존재인 것입니다. 성격 특성은 정체성의 일부이며, 쉽사리 심리 치료의 도움에 기댈 수 있는 대상이 아닙니다.

이러한 이유들을 고려할 때, 높은 D-인자를 지닌 사람들이 관련 진단이나 심리 치료를 남들보다 더 자주 받는지를 묻는 것은 그다지 유익하지 않습니다. 그보다는 이들이 어떤 정신 건강상의 문제를 가지고 있는지, 이들의 심리적 기능 수준은 어느 정도인지를 묻는 것이 훨씬 의미 있습니다. 그렇다면 이들은 삶의 일상적인 요구들을 정신적으로 얼마나 잘 감당하고 있을까요?

### 건강 관련 위험 행동

먼저 눈에 띄는 점은, 높은 D-인자를 지닌 사람들일수록 건강상의 위험을 더 많이 감수한다는 사실입니다. 예를 들면 과도한 음주나 일회성 성관계에서의 안전하지 않은 행위들입니다. 또한 이들은 다양한 약물을 복용하는 경향이 있습니다. 특히 진정제, 진통제, 수면제를 정기적으로 복용하는 경우가 훨씬 더 많습니다. 잠재적 중독성 물질의 사용은 분명히 흔적을 남깁니다. D-인자가 2 미만인 사람들 가운데 '나는 술이나 도박 때문에 (가족이나 친구 관계에서든, 재정적으로든, 직업적으로든) 심각한 문제를 겪은 적이 있다'라는 진술에 동의하는 비율은 5%에 불과합니다. 반면에 D-인자가 4를 초과하는 사람들 가운데서는 그 비율이 무려 30%로 6배나 증가합니다.

악한 성향이 강한 사람들이 진단이나 심리 치료를 더 자주 받는 것은 아니지만, 이러한 문제들은 높은 D-인자가 실제로 유의미한 기능 저하를 동반할 수 있음을 시사합니다. 따라서 높은 D-인자에서 특정한 기능 저하가 더 자주 나타나는지를 좀 더 면밀히 살펴볼 필요가 있습니다.

### 심리적 기능 수준

특히 성격 장애의 맥락에서는 심리적 기능 수준의 두 가지 주요 영역이 구분됩니다. 하나는 자기 자신에 대한 요구이고 다른 하나는 타인과 관련된 요구로서, 이 두 가지 일반적인 요구를 충족시키는 과정에서 심리적 기능 저하가 발생할 수 있습니다.

자기 자신과 관련된 기능 수준이 높다는 것은 정체성(자존감의 안정성, 자기 평가의 정확성, 감정을 조절하는 능력)과 자기 조절 능력(의미 있는 단기 목표와 장기적 삶의 목표를 추구하는 능력, 자신에 대해 구조적으로 성찰하고 자신의 생각과 감정을 이해하는 능력)이 제대로 기능하고 있다는 의미입니다. 타인과 관련된 기능 수준이 높다는 것은 공감 능력(타인의 경험과 동기에 대한 이해와 존중, 자신의 행동이 타인에게 미치는 영향에 대한 이해)과 친밀성(대인 관계에서 친밀감을 형성하는 능력, 상호 존중)이 제대로 기능한다는 의미입니다.

지금까지 살펴본 내용을 종합하면, 특히 타인과 관련된 요구들에서 악한 성향이 강한 사람들의 심리적 기능 수준이 더 낮을 것이라는 점은 충분히 예상할 수 있습니다. 실제로 이들은 다른 사람들을 전혀 이해하지 못하는 경우가 빈번하고, 자신과 다른 의견을 견디기 어려워하며, 타인의 반응을 납득하기 힘들다고 말할 때가 훨씬 많습니다. 또한 자신의 관계와 우정이 '오래가지 않는다'고 느끼며, 상대방과 자신에게 모두 만족스러운 방식으로 협력하는 데 자주 실패한다고 말합니다. 이는 높은 D-인자를 지닌 사람들이 불안정한 애착을 보이고 외로움을 느낀다는 앞에서의 설명과도 일치합니다.

높은 D-인자를 지닌 사람들의 심리적 기능 저하는 대인 관계 영역에만 국한되지 않습니다. 자기 자신과 관련된 영역에서도 더 낮은 기능 수준을 보입니다. 이들은 자신의 삶에 대해 미래의 전망이 없다고 말하는 경향이 더 강하고, 자신의 생각과 감정으로 인해 혼란스러워하거나 압도당하는 경우가 많으며, ‘나는 어떤 행동을 한 이유에 대해 스스로 설명하지 못할 때가 많다’거나 ‘내 감정은 내가 통제할 수 없는 방식으로 변한다’와 같은 진술에 훨씬 더 자주 동의합니다.

또한 악한 성향이 강한 사람들은 통제되지 않는 감정 폭발, 극심한 긴장감과 불안감, 심신증적 장애와 같은 좀 더 일반적인 심리적 증상에 시달리는 경향이 있습니다. 이렇게 볼 때 악한 성향이 강한 사람들의 심리적 기능 수준은 전반적으로 저하된 상태이며, 이는 대인 관계에서의 요구에만 국한된 문제가 아님을 알 수 있습니다.

대략 D-인자가 3.3 이상이 되면 평균적인 기능 저하는 임상적으로 유의미한 수준에 이를 정도로 심각합니다. 이는 치료가 필요한 정신적 장애가 존재할 가능성이 높거나 확실하다는 의미입니다. 다행히도 독일어권 지역 주민들 가운데는 약 6%만이 D-인자 3.3을 초과합니다. 마찬가지로 D-인자와 명확한 관련성이 입증된 성격 장애(반사회적 성격 장애, 편집성 성격 장애, 자기애성 성격 장애, 경계성 성격 장애)의 유병률, 즉 일반 인구에서의 발생 빈도 역시 합산하여 약 6%로 추정됩니다.[*]

---

[*] 경계성 성격 장애는 다른 세 가지 장애에 비해 D-인자와의 관련성이 현저히 낮은 제한적인 수준에 그칩니다.

결론

악하게 사는 것은 득이 되지 않습니다. 악한 성향이 강한 사람들은 평균적으로 자신이 원하는 것을 잘 이루지 못합니다. 명예, 돈, 권력을 더 많이 갖지도 못하고, 충만한 대인 관계를 누리지도 못합니다. 오히려 이들의 관계는 친밀감과 유대감이 부족하다는 특징을 보이며, 더 고립되어 있고, 다른 사람들이 결국 자신을 떠나거나 해칠 것이라고 여깁니다.

이들의 삶은 덜 행복하고, 덜 충만하며, 의미를 찾기 힘듭니다. 긍정적인 자아상을 유지하기 위해 극단적으로 우울하고 위협적인 세계관에 의존하게 됩니다. 그 결과 중독 가능성이 높고 건강에 해로운 활동으로 도피하게 되며, 이는 다시 더 많은 문제를 낳습니다. 이들은 다양한 기능 저하와 일반적인 심리적 증상으로 더 큰 고통을 받습니다.

악한 성향이 강한 사람들은 개별적인 도움이 필요해 보입니다. 자신의 행동을 제대로 설명하지 못하는 문제, 감정을 통제하지 못하는 문제, 타인과 협력하지 못하는 문제는 원칙적으로 개선이 가능합니다. 누구도 이러한 제약에 필연적으로 갇혀 있는 것은 아니며, 문제를 최소한 완화할 수 있는 효과적인 심리 치료 가능성이 존재합니다. 다만 그러한 도움을 스스로 찾아 나서고 활용해야 합니다.

문제는, 악한 성향이 강할수록 자신의 문제와 제약을 자기 것으로 인식하고 인정하는 일이 더 어려워진다는 점입니다. 악한 성향이 강한 사람들이 도움을 받지 못하는 가장 큰 이유는, 항상 자신이 아니라 타인을 문제로 여겨 도움을 찾아 나서지 않기 때문입니다. 이는 곧 악한 성향이 강한 사람들이 그들 자신의 성향과 신념의 피해자이기도 하다는 뜻입니다.

그렇다고 곧바로 이들에게 큰 연민을 느낄 필요는 없으며, 가해자와 피해자를 뒤바꾸는 오류에 빠져서도 안 됩니다. 우리는 모두 분명히 경계해야 합니다. 'D-인자를 조금만 더 발휘해 볼까?'라는 유혹은 독이 든 약속입니다.

우리는 일상에서 타인에게 합의 없이 해를 가하거나 일반적으로 공유되는 윤리와 도덕 관념에 부합하지 않는, 악하다고 말할 수 있는 행동들과 반복적으로 마주치게 됩니다. 사람들이 왜 악해지는지에 대해서는 서로 보완적인 다양한 설명들이 존재합니다. 분명한 것은, 특정한 상황에서 악한 행동이 나타날 가능성을 높이거나 낮추는 다양한 영향 요인들이 있다는 점입니다. 그러나 모든 조건이 동일하더라도 사람들은 여전히 더 악하거나 덜 악하게 행동하는 차이를 보입니다.

바로 이 지점에서 성격 심리학적 설명이 출발합니다. 사람들은 악한 행동을 보이려는 일반적인 성향에서 서로 차이를 보입니다. 물론 탐욕, 자기애, 사이코패스 성향, 가학성 등 여러 구체적인 악한 성격 특성들이 존재하지만, 이들은 모두 하나의 동일한 핵심을 공유합니다. 악한 행동의 기본 성향이라고 할 이 핵심을 설명하는 개념이 바로 '다크 팩터', 즉 D-인자입니다. D-인자는 정도의 차이만 있을 뿐 우리 모두에게 존재합니다.

D-인자는 직접 눈에 보이는 특성은 아니지만, 가치관과 도덕관, 정치적 태도와 결정, 자연과 기후와 환경에 대한 태도, 직업 세계와 대인 관계 등 일상 곳곳에서 표출됩니다. 심지어 D-인자는 삶이 전반적으로 얼마나 행복하고 만족스러운지에도 반영됩니다.

이런 폭넓은 영향력은 우리 자신이나 타인의 높은 D-인자를 더 잘 인식하는 데 도움을 줍니다. 이때 중요한 점은, 단 하나의 상황만으로 어떤 사람의 D-인자를 판단해서는 안 된다는 것입니다. 우리 모두는 때때로 좋지 않은 날을 보내기도 하고, 예상치 못하게 불리한 상황에 처하기도 하며, 몇몇 상황들은 악한 행동을 하도록 강하게 유혹하기도 합니다(기회는 도둑질을 더 쉽게 만듭니다). 이런 개별적인 일탈만으로는 아직 높은 D-인자의 징후라고 볼 수 없습니다. 그러나 어떤 사람이 장기간에 걸쳐 다양한 상황에서 생각, 감정, 행동 전반에 걸쳐 유사한 패턴을 보인다면, 이는 그 사람의 D-인자에 대한 판단을 가능하게 해줍니다.

그렇다면 악한 성향이 강한 사람들은 어떤 생각을 할까요?

이들은 자신을 남들보다 더 나은 존재로 여기고, 타인의 안녕에는 관심을 두지 않으며, 모든 것에 대해 항상 더 많이 기대하고 더 많이 요구합니다. 타인을 불신하며 악의적 의도가 있다고 단정하고, 세상을 전반적으로 위험하고 나쁘고 불공정한 곳으로 인식하며, 나아가 편집증적 사고의 경향까지 보입니다. 이들은 사람들과 집단들 간의 불평등을 정당하고 필요한 것으로 여기고, 고문과 가혹한 처벌, 나아가 사형제까지도 지지합니다. 권위주의적이고 반민주적이고 급진적이고 심지어 극단주의적인 성향을 보이고, 포퓰리즘과 음모론에 취약하고, 환경 보호를 부차적인 문제로 여기며, 인간이 초래하는 기후 변화를 부정합니다.

악한 성향이 강한 사람들은 무엇을 느끼며 살아갈까요? 이들은 공감, 배려, 연민이 부족하고, 만족감이 낮고, 대인 관계에서 감정적인 문제를 더 많이 겪고, 예민하며, 자신을 쉽게 피해자로 여깁니다. 복수심이 강하고, 스스로 그 이유를 모르는 채 성급하고 격렬하게 분노를 폭발시킵니다. 반면에 배려와 공정성 같은 도덕적 원칙을 침해하는 행동에 대해서는 연민이나 분노를 덜 느낍니다.

악한 성향이 강한 사람들은 어떻게 행동할까요? 높은 D-인자는 살인과 과실치사 같은 명백히 악한 행동이나 폭력, 탈세, 국민 선동같이 의심할 여지없는 범죄 행위에서만 표출되는 것은 아닙니다. 자주 거짓말을 하거나 속이고, 무기를 소지하려고 하고, 직장이나 협상에서 타인을 위협하거나 괴롭히고, 파트너를 극단적으로 통제하거나 불륜을 저지르고, 타인의 경계를 침범하고, 순전히 즐거움을 위해 다른 사람에게 망신을 주거나 악의적으로 위해를 가하고, 지속 가능하지 않고 환경을 고려하지도 않는, 전반적으로 비협조적인 삶을 살아가는 태도에서도 D-인자는 뚜렷하게 드러납니다.

높은 D-인자는 쉽게 알아볼 수 있습니다. 그것은 생각과 감정과 행동의 모든 차원에서 나타납니다. 이것은 그 자체로는 직접적인 '악'으로 인식되지 않는 측면들(불신과 질투, 불만족, 환경을 고려하지 않는 행동 등)의 경우도 마찬가지입니다. 그러나 악을 인식하는 것만으로는 충분하지 않습니다. 악한 행동을 예방하거나 최소한 억제하고자 한다면, 높은 D-인자를 지닌 사람들 또한 달라져야 합니다.

일정한 범위 내에서는 성격 특성도 실제로 달라질 수 있습니다. 우리는 대부분의 사람들에게서 D-인자가 생애에 걸쳐 감소한다는 사실도 확인했습니다. 다양한 상황에서 사람들의 행동을 변화시키려는 직접적인 시도들도 가능한데, 그중에서도 특히 심리 치료적 접근법은 유망하고 효과적인 방법일 수 있습니다. 개인이 스스로 특정한 행동 성향을 바꾸고자 노력한다면 더욱 효과적일 것입니다.

문제는 바로 이 지점에 있습니다. 사람들은 일반적으로 덜 악해지고 싶어 하지만, 이런 특성은 이미 D-인자가 비교적 낮은 사람들에게 주로 해당됩니다. 높은 D-인자를 지닌 사람들, 즉 그 변화로부터 사회가 가장 큰 이익을 얻을 수 있을 바로 그 사람들은 대체로 덜 악해지기를 원하지 않습니다. 이는 부분적으로 이들의 무지에 기인할 수 있는데, 악한 성향이 강한 사람들은 자신이 다른 대부분의 사람들에 비해 얼마나 더 악한지를 과소평가하는 경향이 있습니다. 이들은 자신의 행동을 정상적이거나 정당한 것으로 여기고, 오히려 다른 사람들이 악하다고 생각합니다. 설령 다른 사람들과 비교해서 자신이 높은 D-인자를 지니고 있다는 피드백을 받더라도, 이들 대부분은 자신의 D-인자 수준을 낮추기를 원하지 않으며, 심지어 15%는 더 높은 수준을 원하기까지 합니다.

그러나 평균 이상의 D-인자를 지닌 사람들 중에서 적어도 약 3분의 1은 덜 악해지고 싶어 합니다. 이것만 해도 아예 없는 것보다는 분명히 더 나은 일입니다. 게다가 자신의 D-인자 수준에 대한 자동화된 피드백은 비용이 들지 않는 간단한 조치입니다. 그러므로 자신의 D-인자를 평가받고, 그것이 너무 높다고 생각하여 바꾸고자 하는 모든 이들을 우리는 환영해야 합니다.

하지만 이것만으로는 충분하지 않습니다. 어쩌면 이 책이 누군가에게 필요한 계기를 제공할 수 있을지도 모릅니다. 이 책에서 단 한 가지만을 취한다면, 그것은 바로 악한 행동이 결코 이득이 되지 않는다는 사실일 테니까요. D-인자는 성공, 부, 권력을 주지도 않고, 행복하게 해주지도 않습니다. 오히려 고립과 불행을 주고, 심지어 병들게 만들기도 합니다.

물론 한 권의 책과 자신의 D-인자 수준에 대한 피드백만으로 악을 억제할 수 있다고 믿는 것은 순진한 생각일 것입니다. 그것은 우리 모두가 함께 노력할 때에만 이룰 수 있습니다. 개인, 가족, 친구 집단, 동아리와 공동체, 조직과 국가, 더 나아가 국제 사회 등 모든 차원에서 높은 D-인자가 보상받거나 기능하지 못하는 환경을 조성해야 합니다. 타인의 희생을 통해 자신의 이익을 추구하는 행위가 더 큰 성공이나 행복으로 이어져서는 안 됩니다. 또한 악한 행동을 정당화해 주는 그럴듯한 이유들도 용납해서는 안 됩니다. 이를 달성하기 위해서는 다양한 방안을 고려할 수 있습니다. 몇 가지만 꼽아보자면 다음과 같습니다.


- 집단, 공동체, 사회 전반의 규범은 윤리적·도덕적 행동이 바람직하다는 신호를 주어야 합니다.
- 따라서 스스로 모범적으로 행동해야 합니다.
- 협력적이고 타인을 돕는 조치들(예를 들어 장기 기증)을 표

준으로 정착시켜야 합니다.

- 인정과 보상을 통해 자원봉사와 공익 활동을 장려해야 합니다.

- 조직에서는 누가 책임을 맡을지를 신중하게 선별해야 합니다(그런 지위를 적극적으로 원하고 많은 주목을 끄는 사람들이 항상 최선의 선택은 아닙니다).

- 동료애를 바탕으로 한 행동과 성공적인 팀워크를 보상해야 합니다. 예를 들어 연봉 협상에 이를 반영해야 합니다.

- 충성심이 생길 수 있는 조건을 마련해야 합니다. 예를 들어 양질의 근로 조건을 조성하고, 그린워싱(greenwashing)이 아니라 지속 가능하고 사회적으로 책임 있는 방식으로 행동할 수 있는 환경을 조성해야 합니다.

- 윤리적·도덕적 사회적 규범을 수호하는 내부 고발자를 위한 옴부즈맨 제도와 실질적 보호 장치를 마련해야 합니다.

- 신뢰에 대한 신호를 보내는 환경을 조성해야 합니다. 예를 들어 '그러면 아무도 일하지 않는다'는 이유로 재택근무를 일괄적으로 거부하는 일이 없어야 합니다.

- 신뢰를 가능하게 하는, 혹은 신뢰가 악용당할 위험을 완화하는 환경을 조성해야 합니다(예를 들어 예금자 보호, 부당 해고 방지, 소비자 보호).

- 집단과 사회의 의사결정 과정은 개방적이고, 이해 가능



에필로그

하며, 투명하게 이루어져야 합니다.

- 명백히 잘못된 행동마저 익명으로 남을 수 있는 환경은 피해야 합니다(예를 들어 소셜 미디어).

- 악을 평범한 것으로 만들지 말아야 합니다. 악행에 대해서만 말하거나 보도하지 말고 선행의 사례들도 많이 부각해야 합니다(예를 들어 언론).

- 적발될 가능성이 높다는 것이 가혹한 처벌보다 더 효과적입니다. 따라서 '국가가 사형을 허용하므로 집행해도 된다'는 식의 극단적인 가혹한 처벌은 피해야 합니다. 그러나 잘못된 행동은 그때그때 처벌해 명확한 경계를 설정해야 합니다.

- 누구도 법 위에 있어서는 안 되며(부패), 돈으로 권력과 영향력을 살 수 있어서도 안 됩니다(로비 활동).

- 불평등을 완화하고, 모든 사람에게 최소한의 자원을 보장해야 합니다.

- 경제적 성공에만 집중하지 말고, 건강과 만족과 공동의 목표를 더 강하게 고려해야 합니다.


우리 모두가 함께한다면 D-인자와 그에 따른 악한 행동을 억제할 수 있는 수단은 충분히 많습니다. 필요한 것은 오직 의지입니다.

이 책은 상호 지원과 신뢰와 협력의 정신으로 이루어진, 진정한 의미에서의 공동 작업 결과물입니다. 비록 '단' 세 사람이 함께 집필했을 뿐이지만, D-인자에 관한 통찰은 많은 사람들의 기여를 토대로 형성되었습니다. 특히 D-인자 연구를 실질적으로 지원하고 진전시켜 준 우리 학생들, 그리고 동료들과 친구들에게 깊이 감사드립니다. 그중에서도 다음의 분들께 특별한 감사를 전합니다.

Martina Bader, Robert Böhm, Simon Columbus, Johanna Einsiedler, Jaime García-Fernández, Johanna Hartung, Daniel W. Heck, Lea de Hesselle, Helena Heuermann, Zoe Horlacher, Luisa K. Horsten, Nele Jaworski, Sina A. Klein, Lau Lilleholt, Jürgen Maier, Sofia

Tang Nussbaumer, Sophia Payer, Moritz Pischel, Natalie Popov, Luna Rabl, Christoph Schild, David D. Scholz, Robin Schrödter, Karolina A. Ścigała, Alicia Seidl, Carolin Steinhage, Julia Stern, Sebastian Stier, Cecilie Fenja Strandsbjerg, Nicholas Tan, Max Tantik, Isabel Thielmann, Shambhavi Tiwari, Johannes Zimmermann.

또한 지면의 한계로 이 자리에서 한 분 한 분 모두를 언급할 수는 없지만, D-인자 설문지를 번역해 주신 70명이 넘는 번역자들, 우리의 연구에 참여해 주신 약 250만 명의 참여자들, 그리고 이와 같은 규모의 연구가 가능하도록 지원해 주신 재단 및 연구 지원 기관들, 특히 독일 연구 재단, 덴마크 독립 연구 기금, 칼스버그 재단, 트뤼그 재단, 벨룩스 재단에 감사드립니다. 아울러 출판 과정에 참여해 주신 모든 분들께, 특히 케르스틴(Kerstin)과 요르단(Jordan)에게 깊이 감사드립니다.

더불어 우리 세 사람이 개인적으로 특별한 감사를 전하고 싶은 분들이 있습니다.

벤:

감사의 뜻을 전해야 마땅한 모든 분들을 여기서 다 언급하는 것은 불가능합니다. 그러나 아래의 분들이 없었다면 이

책, 그중에서도 제가 맡은 부분은 결코 존재하지 않았을 것입니다. 제게 모든 길을 열어 주시되 어느 길도 강요하지 않으신 어머니, 수십 년 동안 가장 가까운 동반자인 크리스(Chris)와 팔리(Vali, 제가 방향을 잃었을 때나 루비콘 강을 건널 다리가 필요했을 때 언제나 곁에 있어 주었습니다), 이 길에서 멀리 나아갈 수 있도록 도와 주었고 학문적으로나 인간적으로 본보기가 되어 준 멘토 에트가르(Edgar)와 뤼디거(Rüdiger), 그리고 모든 길의 끝에서도 항상 제 뒤에 서주는 잉가(Inga)에게 감사드립니다.

**모르텐:**

감사드려야 할 분들이 헤아릴 수 없이 많지만, 특히 세 분께 깊이 감사드립니다. 본래 이 책을 사랑하는 어머니께 헌정하고 싶었습니다. 그러나 어머니께서는 기쁜 마음으로 손주들에게 그 자리를 양보하셨을 것이라 확신합니다. 같은 이유로, 사랑하는 아버지께서도 분명 기쁜 마음으로 감사의 글로 만족하셨을 것입니다. 그리고 마지막으로: Tusen takk til Jenni for all god støtte – og for at du er den du er. Du er den beste!(Jenni에게 깊이 감사드립니다. 모든 따뜻한 지지에 대해, 그리고 당신이 바로 당신이기에. 당신은 최고입니다!)

잉고:

　제가 공동 집필한 첫 책이기에, 제 인생에서 다양한 방식으로 저를 방해하고, 동행하고, 가르치고, 조언하고, 도전하게 하고, 성장시키고, 위로하고, 즐겁게 해주었거나, 혹은 그 밖의 방식으로 저를 도와주신 모든 분들을 언급해야 마땅할 것입니다. 그러나 이는 지면을 초과할 것이고, 분명 누군가는 빠뜨리게 될 것이기에, (다른 분들에 대한 정당한 존중을 생각하면 다소 무례한) 지름길을 택하고자 합니다. 집필 전후로 가족으로서의 지지를 아끼지 않은 친티아(Cynthia), 제 부모님, 지몬(Simon), 그리고 무엇보다 한(Hạnh)에게 깊이 감사드립니다.

## 1장

Adorno, T. W., Frenkel-Brunswik, E., Levinson, D. J., & Sanford, R. N. (1950), 《권위주의적 성격(*The Authoritarian Personality*)》, Harper & Row.

Agnew, R. (2006), 《범죄로 내몰리다: 일반 긴장 이론의 개관 (*Pressured into Crime: An Overview of General Strain Theory*)》, Oxford University Press.

Bandura, A. (1973), 《공격성: 사회학습 분석(*Aggression: A Social Learning Analysis*)》, Prentice-Hall.

Becker, G. S. (1968), 〈범죄와 처벌: 경제학적 접근(Crime and Punishment: An Economic Approach)〉, *Journal of Political Economy*, 76, 169–217. www.jstor.org/stable/1830482

Gerlach, P., Teodorescu, K., & Hertwig, R. (2019), 〈거짓말의 진실: 부정직한 행동에 관한 메타분석(The Truth About Lies: A Meta-Analysis on Dishonest Behavior)〉, *Psychological Bulletin*, 145,

1 – 44. https://doi.org/10.1037/bul0000174

Hilbig, B. E., & Thielmann, I. (2017), 〈모든 사람에게는 '가격' 이 있는가? 윤리적 의사결정에서 보상의 크기가 갖는 역할 (Does Everyone Have a Price? On the Role of Payoff Magnitude for Ethical Decision Making)〉, *Cognition*, 163, 15 – 25. https://doi. org/10.1016/j.cognition.2017.02.011

Thielmann, I., Hilbig, B. E., Schild, C., & Heck, D. W. (2025), 〈속 이고 또 속이다: 구조적으로 유사한 상황에서 부정직한 행동의 일 관성(Cheat, Cheat, Repeat: On the Consistency of Dishonest Behavior in Structurally Comparable Situations)〉, *Journal of Personality and Social Psychology*, 128, 1209 – 1225. https://doi.org/10.1037/ pspp0000540


## 2장

Ashton, M. C. (2022), 《개인차와 성격(*Individual Differences and Personality*)》, Academic Press.

Caspi, A., Roberts, B. W., & Shiner, R. L. (2005), 〈성격 발달: 안정 성과 변화(Personality development: stability and change)〉, *Annual Review of Psychology*, 56, 453 – 484. https://doi.org/10.1146/ annurev.psych.55.090902.141913

Cohen, J. (1988), 《행동 과학을 위한 통계적 검정력 분석(제2판) [*Statistical Power Analysis for the Behavioral Sciences* (2nd ed.)]》, Lawrence Erlbaum Associates.

Funder, D. C. (2001), 〈성격 연구(Personality)〉, *Annual Review of Psychology*, 52, 197 – 221. https://doi.org/10.1146/annurev.

psych.52.1.197

Funder, D. C., & Colvin, C. R. (1991), 〈행동 일관성의 탐구: 개인, 상황, 그리고 행동의 특성(Explorations in behavioral consistency: properties of persons, situations, and behaviors)〉, *Journal of Personality and Social Psychology*, 60, 773－794. https://doi.org/10.1037/0022-3514.60.5.773


**3장**

Bader, M., Hilbig, B. E., Zettler, I. & Moshagen, M. (2023), 〈혐오적 성격의 재고: 다크 트라이어드 성향을 공통 핵심과 고유한 변형으로 분해하기(Rethinking aversive personality: Decomposing the Dark Triad traits into their common core and unique flavors)〉, *European Journal of Personality*, 91, 1084－1109. https://doi.org/10.1111/jopy.12785

Hilbig, B. E., Moshagen, M., Thielmann, I. & Zettler, I. (2022), 〈잘 못으로부터 옳음 만들기: 혐오적 성격 표현에서 신념과 정당화의 핵심적 역할(Making rights from wrongs: The crucial role of beliefs and justifications for the expression of aversive personality)〉, *Journal of Experimental Psychology: General*, 151, 2730－2755. https://doi.org/10.1037/xge0001232

Horsten, L. K., Moshagen, M. & Hilbig, B. E. (2023), 〈혐오적 성격의 공통 핵심에 접근하기 위해 필요한 혐오적 특성(의 수)에 관하여[On the (number of) aversive traits it takes to approximate the common core of aversive personality]〉, *Scientific Reports*, 13, 15021. https://doi.org/10.1038/s41598-023-42115-z

Moshagen, M., Hilbig, B. E. & Zettler, I. (2018), 〈성격의 어두운 핵심(The dark core of personality)〉, *Psychological Review*, 125, 656-688. https://doi.org/10.1037/rev0000111

Moshagen, M., Hilbig, B. E. & Zettler, I. (2025), 〈윤리적, 사회적으로 혐오되는 '어두운' 성격 특성의 재개념화[Reconceptualizing ethically and socially aversive ("dark") personality traits]〉, *Current Opinion in Psychology*, 65, 102111. https://doi.org/10.1016/j.copsyc.2025.102111


4장

Hilbig, B. E., Thielmann, I. & Heck, D. W. (2025), 〈결핍된 조각을 채우며: 부정직한 행동과 (무)관련한 성격 특성들(Filling in the Missing Pieces: Personality Traits (Un)Related to Dishonest Behavior)〉, *European Journal of Personality*. https://doi.org/10.1177/08902070241293621

Moshagen, M., Zettler, I. & Hilbig, B. E. (2020), 〈성격의 어두운 핵심 측정하기(Measuring the Dark Core of Personality)〉, *Psychological Assessment*, 32, 182-196. https://doi.org/10.1037/pas0000778

Rabl, L., Kienhöfer, V., Moshagen, M., Labek, K. & Viviani, R. (2024), 〈반사회적 성격에서의 인지와 '어두운' 성격 특성과의 관련성(Cognitions in Antisocial Personality and Their Association with "Dark" Traits)〉, *Scientific Reports*, 14, 19504. https://doi.org/10.1038/s41598-024-69473-6

## 5장

Hartung, J., Bader, M., Moshagen, M., & Wilhelm, O. (2021), 〈사회적으로 반사회적('어두운') 성격 특성에서의 연령 및 성별 차이[Age and gender differences in socially aversive ("dark") personality traits]〉, *European Journal of Personality*, 36, 3–23. https://doi.org/10.1177/0890207020988435

Moshagen, M., Bader, M., Zettler, I., & Hilbig, B. E. (2023), 〈가학적 성격에서의 충동 통제와 간섭 통제의 역할: 종합적 평가(The role of impulse and interference control in aversive personality: A comprehensive assessment)〉, *Acta Psychologica*, 239, 104018. https://doi.org/10.1016/j.actpsy.2023.104018

Zettler, I., Moshagen, M., & Hilbig, B. E. (2021), 〈안정성과 변화: 성격의 다크 팩터가 어두운 성격 특성에 미치는 영향(Stability and change: The dark factor of personality shapes dark traits)〉, *Social Psychological and Personality Science*, 12, 974–983. https://doi.org/10.1177/1948550620953288


## 6장

Kandler, C., Richter, J. und Zapko-Willmes, A. (2019), 〈HEXACO 성격 특성 차이의 선천성과 후천성(The nature and nurture of HEXACO personality trait differences)〉, *Zeitschrift für Psychologie*, 227, 195–206. https://doi.org/10.1027/2151-2604/a000378

Polderman, T. J. C., Benyamin, B., De Leeuw, C. A., Sullivan, P. F., Van Bochoven, A., Visscher, P. M. und Posthuma, D. (2015), 〈쌍둥이 연구 50년에 기초한 인간 특성의 유전성에 관한 메타분

 

석(Meta-analysis of the heritability of human traits based on fifty years of twin studies)〉, *Nature Genetics*, 47, 702-709. https://doi.org/10.1038/ng.3285

Rentfrow, P. J., Gosling, S. D. und Potter, J. (2008), 〈심리적 특성의 지리적 변이의 출현, 지속, 표현에 관한 이론(A theory of the emergence, persistence, and expression of geographic variation in psychological characteristics)〉, *Perspectives on Psychological Science*, 3, 339-369. https://doi.org/10.1111/j.1745-6924.2008.00084.x

Schermer, J. A. und Jones, D. N. (2020), 〈'다크 트라이어드'의 핵심과 고유 특성 요소의 행동유전학: 예비 연구(The behavioral genetics of the dark triad core versus unique trait components: A pilot study)〉, *Personality and Individual Differences*, 154, 109701. https://doi.org/10.1016/j.paid.2019.109701

Sng, O., Neuberg, S. L., Varnum, M. E. und Kenrick, D. T. (2018), 〈문화적 심리 변이의 행동 생태학(The behavioral ecology of cultural psychological variation)〉, *Psychological Review*, 125, 714-743. https://doi.org/10.1037/rev0000104

Zettler, I., Lilleholt, L., Bader, M., Hilbig, B. E. und Moshagen, M. (2025), 〈혐오적 사회 조건은 국가 및 미연방주 간의 '어두운 성격'의 차이를 설명한다(Aversive societal conditions explain differences in "dark" personality across countries and US states)〉, *Proceedings of the National Academy of Sciences*, 122, e2500830122. https://doi.org/10.1073/pnas.2500830122

García-Fernández, J., Postigo, A., González-Nuevo, C., Cuesta, M. & Moshagen, M. (2025), 〈비윤리적 가치 대 인간 가치: D-인자와 슈바르츠 인간 가치 이론의 관계(Unethical vs. human values: Relationship Between the D Factor and Schwartz's Theory of Human Values)〉, *Journal of Individual Differences*, 46, 89-96. https://doi.org/10.1027/1614-0001/a000439

Graham, J., Haidt, J., Koleva, S., Motyl, M., Iyer, R., Wojcik, S. P. & Ditto, P. H. (2013), 〈도덕 기반 이론: 도덕적 다원주의의 실용적 타당성(Moral foundations theory: The pragmatic validity of moral pluralism)〉, *Advances in Experimental Social Psychology*, 47, 55-130. https://doi.org/10.1016/B978-0-12-407236-7.00002-4

Schwartz, S. H. (2012), 〈슈바르츠 기본 가치 이론 개관(An overview of the Schwartz Theory of Basic Values)〉, *Online Readings in Psychology and Culture*, 2(1). https://doi.org/10.9707/2307-0919.1116

Steinforth, A. (2009), 〈재난 상황에서의 윤리: 항공보안법 문제를 통한 공리주의적 고찰(Ethik im Katastrophenfall: Utilitaristische Betrachtungen am Beispiel der Luftsicherheitsgesetzproblematik)〉, In M. Kloepfer & K. Meßerschmidt (Eds.), Anmerkungen zum Katastrophenrecht (S. 109-116). Studienstiftung des deutschen Volkes.

Dian, M., Maier, J. und Oschatz, C. (2023), 〈네거티브 캠페인은 '어둡다'— 단순히 불쾌하거나 부정직한 것이 아니다: 독일 후보자들의 자기 보고 결과(Negative campaigning is "dark"—Not just disagreeable or dishonest: Results from German candidates' self-report)〉, *Personality and Individual Differences*, 203, 112014. https://doi.org/10.1016/j.paid.2022.112014

Jost, J. T. (2021), 《좌와 우: 정치적 구분의 심리학적 의미(*Left & Right: The Psychological Significance of a Political Distinction*)》, Oxford University Press.

Maier, J., Oschatz, C., Stier, S., Dian, M. und Sältzer, M. (2025), 〈합리성을 넘어: 네거티브 캠페인 사용에 대한 보다 포괄적인 이해를 위하여(Beyond rationality. Toward a more comprehensive understanding of the use of negative campaigning)〉, *European Political Science Review*, 1 – 19. https://doi.org/10.1017/S1755773925000025

Moshagen, M., Hilbig, B. E. und Zettler, I. (2024), 〈혐오적 성격이 정치적 선호에서 어떻게 그리고 왜 드러나는가(How and why aversive personality is expressed in political preferences)〉, *Journal of Personality and Social Psychology*, 127, 664 – 683. https://doi.org/10.1037/pspp0000498

Thielmann, I. und Hilbig, B. E. (2023), 〈포퓰리즘과 음모론적 사고의 공통 기반으로서의 일반화된 성향적 불신(Generalized dispositional distrust as the common core of populism and conspiracy mentality)〉, *Political Psychology*, 44, 789 – 805. https://doi.org/10.1111/pops.12886

## 9장

Axelrod, R. (1980), 〈죄수의 딜레마에서의 더 효과적인 선택(More effective choice in the Prisoner's Dilemma)〉, *The Journal of Conflict Resolution*, 24, 379–403. www.jstor.org/stable/173638

Fehr, E., & Gächter, S. (2000), 〈공공재 실험에서의 협력과 처벌(Cooperation and punishment in public goods experiments)〉, *American Economic Review*, 90, 980–994. www.jstor.org/stable/117319

Hardin, G. (1968), 〈공유지의 비극(The tragedy of the commons)〉, *Science*, 162(3859), 1243–1248. https://doi.org/10.1126/science.162.3859.1243

Hilbig, B. E. (2024), 〈기후 변화에 대한 판단과 신념: 측정, 안정성, 그리고 행동적 결과(Judgments and beliefs about climate change: measurement, stability, and behavioral consequences)〉, *Judgment and Decision Making*, 19, e32. https://doi.org/10.1017/jdm.2024.33

Hilbig, B. E., Zettler, I., & Moshagen, M. (2024), 〈약간의 절제는 큰 차이를 만든다: 혐오적 ('다크') 성격과 친환경주의(A little parsimony goes a long way: Aversive ("dark") personality and pro-environmentalism)〉, *Journal of Environmental Psychology*, 96, 102291. https://doi.org/10.1016/j.jenvp.2024.102291

Van Lange, P. A. M., & Rand, D. G. (2022), 〈인간의 협력과 기후변화, 코로나19, 그리고 허위 정보의 위기(Human cooperation and the crises of climate change, COVID-19, and misinformation)〉, *Annual Review of Psychology*, 73, 379–402. https://doi.org/10.1146/annurev-psych-020821-110044

**10장**

Bader, M., Horsten, L. K., Hilbig, B. E., Zettler, I., & Moshagen, M. (2022), 〈독일어판 성격의 어두운 핵심 측정: 심리측정 특성, 측정 불변성, 예측 타당도 및 자기-타인 일치도(Measuring the dark core of personality in German: Psychometric properties, measurement invariance, predictive validity, and self-other agreement)〉, *Journal of Personality Assessment*, 104, 660-673. https://doi.org/10.1080/00223891.2021.1984931

Bolino, M., Long, D., & Turnley, W. (2016), 〈조직에서의 인상관리: 핵심 질문, 해답, 그리고 향후 연구 과제(Impression management in organizations: Critical questions, answers, and areas for future research)〉〉, *Annual Review of Organizational Psychology and Organizational Behavior*, 3, 377-406. https://doi.org/10.1146/annurev-orgpsych-041015-062337

Lemoine, G. J., Hartnell, C., & Leroy, H. (2019), 〈리더십의 도덕적 접근에 대한 종합적 검토: 윤리적 리더십, 진정성 리더십, 섬김의 리더십의 통합적 리뷰(Taking stock of moral approaches to leadership: An integrative review of ethical, authentic, and servant leadership)〉, *The Academy of Management Annals*, 13, 148-187. https://doi.org/10.5465/annals.2016.0121

Motowidlo, S. J., & Keil, H. J. (2013), 〈직무 성과(Job performance)〉, In N. W. Schmitt, S. Highhouse, & I. B. Weiner (Eds.), *Handbook of Psychology: Industrial and Organizational Psychology* (2nd ed., pp. 82-103). John Wiley & Sons, Inc. https://doi.org/10.1002/9781118133880.hop212005

Zettler, I. (2022), 〈직장에서의 친사회성에 대한 고찰(A glimpse into

prosociality at work)〉, *Current Opinion in Psychology*, 44, 140 – 145. https://doi.org/10.1016/j.copsyc.2021.09.009

Zettler, I., & Stahl, H. K. (2023), 〈섬김의 리더십 — D-인자는 경고 신호인가(Dienende Führung – Der D-Faktor als Warnsignal)?〉, In H. K. Stahl, E. Linden, H. H. Hinterhuber, & A. M. Pircher-Friedrich (Eds.), *Servant Leadership. Prinzipien dienender Führung in Unternehmen* (pp. 237 – 246). Berlin: Erich Schmidt Verlag.

## 11장

Craib, K., Patterson, S., Laborde, S., & Allen, M. S. (2024), 〈성격의 어두운 핵심은 파트너 가로채기, 질투, 사회적 성적 지향, 양가적 성차별, 그리고 성추행에 대한 태도를 예측한다(The dark core of personality predicts mate poaching, jealousy, sociosexual orientation, ambivalent sexism, and attitudes toward sexual harassment)〉, *Personality and Individual Differences*, 225, 112667. https://doi.org/10.1016/j.paid.2024.112667

De Rivas, S., Lecuona, Ó., Castro, Á., & Barrada, J. R. (2023), 〈스페인 청년 대학생의 일부일처 관계와 합의된 비일부일처 관계에서의 성격과 짝짓기 지향성(Personality and mating orientations in monogamy and consensual non-monogamy in young Spanish university students)〉, *Archives of Sexual Behavior*, 52, 1785 – 1798. https://doi.org/10.1007/s10508-022-02483-5

Glick, P., & Fiske, S. T. (1996), 〈양가적 성차별 척도: 적대적 성차별과 온정적 성차별의 구분(The Ambivalent Sexism Inventory:

Differentiating hostile and benevolent sexism）〉, *Journal of Personality and Social Psychology*, 70, 491－512. https://doi.org/10.1037/0022-3514.70.3.491

Scholz, D. D., Thielmann, I., & Hilbig, B. E. (2023), 〈핵심으로 돌아가다: 혐오적 관계 행동에서 어두운 성격 특성의 공통 핵심이 갖는 역할(Down to the core: The role of the common core of dark traits for aversive relationship behaviors）〉, *Personality and Individual Differences*, 213, 112263. https://doi.org/10.1016/j.paid.2023.112263

Schrödter, R., Laborde, S., & Allen, M. S. (2021), 〈성격의 어두운 핵심과 스포츠에서의 성차별(The dark core of personality and sexism in sport）〉, *Personality and Individual Differences*, 183, 111119. https://doi.org/10.1016/j.paid.2021.111119


12장

Hilbig, B. E., Thielmann, I., Klein, S. A., Moshagen, M., & Zettler, I. (2021), 〈성격의 어두운 핵과 사회적으로 혐오적인 정신병리(The dark core of personality and socially aversive psychopathology）〉, *Journal of Personality*, 89, 216－227. https://doi.org/10.1111/jopy.12577

Scholz, D., & Hilbig, B. E. (2024), 〈대인적 성격 기능 저하와 관련된 임상적 비임상적 사회적 혐오 성향의 공통 요소와 고유 요소의 구분(Disentangling the shared and unique aspects of clinical and subclinical socially aversive traits relevant for interpersonal personality dysfunction）〉, *Personality Disorders: Theory, Research, and*

*Treatment*, 15, 408 – 424. https://doi.org/10.1037/per0000695

Sharp, C., & Wall, K. (2021), 〈DSM-5 성격 기능 수준: 인간다움의 의미에 초점을 맞춘 성격 장애의 재정립(DSM-5 level of personality functioning: Refocusing personality disorder on what it means to be human)〉, *Annual Review of Clinical Psychology*, 17, 313 – 337. https://doi.org/10.1146/annurev-clinpsy-081219-105402

Tiwari, S., Moshagen, M., Hilbig, B. E., & Zettler, I. (2021), 〈성격의 D-인자와 위험 감수 행동(The Dark Factor of Personality and risk-taking)〉, *International Journal of Environmental Research and Public Health*, 18, 8400. https://doi.org/10.3390/ijerph18168400

정재승 (KAIST 뇌인지과학과 교수)

이 책은 인간의 어두운 면을 다루지만, 그 방식은 놀라울 만큼 냉정하고 정교하다. 우리는 흔히 악을 특별한 사람들의 극단적 행위로 정의하고 안심하려 한다. 그러나《다크 팩터》는 그 경계를 허문다. 이 책의 저자들은 방대한 데이터와 수십 년의 성격심리학 연구를 바탕으로, 탐욕, 자기애, 가학성, 냉소주의처럼 서로 달라 보이던 특성들이 사실 하나의 공통된 축, 즉 D-인자로 수렴된다고 설득력 있게 보여준다. 이 인자는 타인의 희생을 감수하면서까지 자신의 이익을 극대화하려는 경향, 그리고 그 행위를 정당화하는 능력으로 구성된다. 실험실에서의 작은 선택, 익명의 게임에서의 거짓말, 현실 세계의 범죄와 권력의 행사까지, 이 책은 인간 행동의 다양한 층위를 하나의 원리로 정교하게 관통한다. 그리고 문득, 독자는 어느 순간 범죄자에 대한 이야기라 믿었던 것이 사실은 자신과 그리 멀지 않다는 사실에 섬뜩하게 놀란다.

이 책의 진짜 힘은 개인의 성격을 넘어 사회현상까지 확장되는 설명력에 있다. D-인자는 정치적 극단주의, 환경 문제, 조직 내 권력 남용, 친밀한 관계의 균열에까지 영향을 미친다. 게다가 악한 성향이 지능이나 교육 수준과 거의 무관하다는 사실도 역설한다. 더 많이 배우고 더 똑똑하다고 해서 더 나은 선택을 하는 것은 아니라는 얘기다. 오히려 중요한 것은 '무엇을 믿고, 어떤 방식으로 자신의 행동을 정당화하는가'이다. 뇌과학적으로 보자면, 이는 단순한 성격 특성이 아니라 가치 평가 시스템과 자기 정당화 메커니즘이 결합된 하나의 적응 전략이다. D-인자는 어쩌면 인간의 보상 시스템이 사회적 맥락 속에서 변형된 결과일지도 모른다.

이 책의 메시지는 묵직하다. 인간의 어두운 성향은 고정된 것이 아니라, 환경과 제도에 의해 강화되거나 완화될 수 있다는 것이다. 불안정과 불평등, 그리고 신뢰의 붕괴가 지배하는 사회에서는 D-인자가 번성하고, 그 결과는 다시 사회를 더 거칠고 냉혹하게 만든다. 그러나 반대로, 법과 규범이 작동하고 타인에 대한 신뢰가 유지되는 환경에서는 이 인자는 힘을 잃는다. 이 책은 악을 제거할 수 있다고 말하지 않는다. 대신, 악이 자라나는 조건을 이해할 수 있다고 말한다. 그리고 그 이해가 개인의 선택뿐 아니라 사회의 설계까지 바꿀 수 있음을 시사한다. 이 책을 다 읽고 나면, 우리는 더 이상 "왜 저 사람은 저렇게 행동할까?"라고 묻지 않게 된다. 대신 묻는다. "어떤 환경이 이런 행동을 가능하게 만들었을까?" 이 질문은 여전히 불편하지만, 동시에 드물게 정직하다. 나는 이 책을 인간을 연구하는 사람뿐 아니라 인간의 어두운 그림자와 함께 살아가야 하는 우리 모두에게 주저 없이 추천한다.

# 다크 팩터

1판 1쇄 발행  2026년 4월 27일

지은이·벤야민 E. 힐비히, 모르텐 모스하겐, 잉고 제틀러
옮긴이·박규호
펴낸이·주연선

**㈜은행나무**
04035 서울특별시 마포구 양화로11길 54
전화·02)3143-0651~3 ｜ 팩스·02)3143-0654
신고번호·제 1997 — 000168호(1997. 12. 12)
www.ehbook.co.kr
ehbook@ehbook.co.kr

ISBN  979-11-6737-652-7  (03180)